COURS DE LANGUE FRANÇAISE.

LECTURE ET TRADUCTION

ENSEIGNÉE

SANS MAÎTRE.

PAR

T. IMAI ET T. OKITSU.

TOKYO
Z. P. MARUYA & Co.
LIBRAIRES-ÉDITEURS
1895.

8° X
11592

COURS DE LANGUE FRANÇAISE

LECTURE ET TRADUCTION

ENSEIGNÉE

SANS MAÎTRE.

PAR

T. IMAI ET T. OKITSU.

佛語譯讀自在

TOKYO
Z. P. MARUYA & Co.
LIBRAIRES-ÉDITEURS
1895.

Lettre-Préface
du Professeur
Michel Revon
de l'Université Impériale.

Tôkyô, le 5 juin 1895.

Messieurs,

Je ne saurais trop vous remercier, comme Français et comme ami du Japon, du remarquable ouvrage que vous avez eu l'aimable attention de m'offrir.

Ce livre est le premier de son espèce.

Depuis longtemps, l'étudiant pauvre qui travaille seul sous sa lampe, le jeune homme de province qui apprend le français sans aide, l'obscur chercheur qui, de vive force et sans maître, veut pénétrer dans la science occidentale par l'étude d'une langue universelle, tous ces vaillants, tous ces avides de lumière qui seront peut-être un jour sur le chandelier splendide, mais qui en attendant peinent dans l'ombre et la misère, réclamaient le livre que vous leur donnez aujourd'hui. Lorsqu'on voit s'avancer vos petites phrases françaises, entre leurs deux rangées de caractères japonais, l'une indiquant la prononciation en caractères phonétiques, l'autre, la traduction en caractères idéographiques, on devine la joie de tant de jeunes yeux qui suivront ces lignes claires, faciles à comprendre, et qui, par cette triple route, arriveront d'eux-mêmes au but qu'ils cherchaient.

Le système, sans doute, n'est pas nouveau ; mais c'est la première fois que nous le voyons appliquer, avec un tel bonheur, à la langue française. Vous n'avez pas atteint à la perfection, parce qu'on ne pourra jamais bien représenter une prononciation européenne avec des caractères phonétiques orientaux ; mais vous vous êtes approchés de cette perfection d'aussi près qu'il était possible. Votre livre rendra un éclatant service, et il aura sa place historique dans les annales de l'enseignement japonais.

Permettez-moi donc de vous féliciter hautement pour cette œuvre de longue patience, élémentaire en apparence, en réalité savante et forte. Désormais, les élèves privilégiés qui se pressent autour de vos chaires, au Lycée supérieur de Tōkyō, ne seront plus les seuls à recevoir votre enseignement; l'imprimerie va vous donner des disciples dans tout l'Empire ; du fond des provinces les plus éloignées, de jeunes esprits vous béniront, car par votre livre, ils apprendront ma chère langue française, et par la langue française, ils entreront de plain pied dans la sagesse de l'Occident. En écrivant ce petit volume, vous avez fait, au plus haut degré, œuvre de science et de civilisation ; vous avez forgé une clef qui ouvre un monde.

C'est donc de grand cœur que je vous adresse tous nos vœux pour l'heureux succès de votre œuvre, avec l'expression de mes meilleurs sentiments.

Michel Revon

textes gradués ハ初學者ニ於テハ簡易ニシテ最モ適切ナル等學校佛語教師アリヴェー氏ノ著ニ掛ルChoix deレザルハ大ヒニ吾等ノ遺憾トスル所ナリ抑モ第一高ハ未タ之カ階梯トナルヘキ譯讀書類ノ一モ世ニ顯ハ英語獨語等ハ世ニ其書アリト雖モ獨リ佛語ニ至リテルヲ以テ自然其目的ニ達スルヲ得ルモノナリ然ルニ當ナル讀本ニ由リ專ラ音讀和譯ノ要法ヲ解得セシムミテ言語ノ發音及語調等ヲ學ハサルヘカラス而ノ適凡ソ語學ヲ研究セント欲スル者ハ必ス先ヅ良師ヲ擇

譯者識

乎語研究ノ初學者原書ノ譯讀大略ヲ知ルニ於テ裨益ス
ル所アラバ亦以テ予カ微志ヲ達スルニ庶幾カラン
二意譯ヲ用ヒ讀者ヲシテ容易ニ文意ヲ知得セシム併
譯語ノ左傍ニ數字ヲ附シ其他了解シ難キ言語ニハ別
津教授ノ校閲ヲ請ヒ且ツ譯字讀下ノ順序ヲ示ス爲メ
謀リテ此書ニ基キ原文ノ毎字ニ挿譯ヲ施セリ殊ニ興
ル讀本トス仍ツテ茲ニ原著者ノ承認ヲ經又發行者ト

原　字

マジュスキューン
MAJUSCULES.
大　字

アー	ベー	セー	デー	エー	エフ	ジェ	アシュ
A	B	C	D	E	F	G	H

イー	ジー	カー	エル	エム	エヌ	オー	ペー
I	J	K	L	M	N	O	P

キュ	エール	エス	テー	ユー	ヴェ	ドゥブルヴェ	イックス
Q	R	S	T	U	V	W	X

イーグレツク	ゼット
Y	Z.

ミニユスキュール
MINUSCULES.
小　字

a b c d e f g h

i j k l m n o p

q r s t u v w x

y z.

A B C D E F G

H I J K L M N

O P Q R S T U

V W X Y Z

a b c d e f g h

i j k l m n o p

q r s t u v w x

y z

SYLLABAIRE JAPONAIS.

伊 呂 波

イ i	ロ ro	ハ ha	ニ ni	ホ ho	ヘ hé	ト to
チ tci	リ ri	ヌ nou	ル rou	ヲ o	ワ wa	カ ka
ヨ yo	タ ta	レ ré	ソ so	ツ tseu	ネ né	ナ na
ラ ra	ム mou	ウ ou	井 i	ノ no	オ o	ク kou
ヤ ya	マ ma	ケ ké	フ fou	コ ko	エ é	テ te
ア a	サ sa	キ ki	ユ you	メ mé	ミ mi	シ shi
ヱ ye	ヒ hi	モ mo	セ se	ス seu	ン n	

濁 音
次 清 音

ガ ga	ギ gui	グ gou	ゲ gué	ゴ go
ザ za	ジ zi	ズ zeu	ゼ zé	ゾ zo
ダ da	ヂ dji	ヅ dzeu	デ dé	ド do
バ ba	ビ bi	ブ bou	ベ bé	ボ bo

パ pa	ピ pi	プ pou	ペ pé	ポ po

ホワイェール
Voyelles.
母　音

アー　　エー　　イー　　オー　　ユー　　イーグレック
A　　　E　　　I　　　O　　　U　　　Y

（以上ノ字ハ自ヅカラ聲音ヲ發スヘキ字）

コンソンヌ
Consonnes.
子　音

ベー　セー　デー　エフ　アシュ　ジー　カー
B　　C　　D　　F　　H　　　J　　K

エル　エム　エン　ペー　キユ　エール　エス
L　　M　　N　　P　　Q　　R　　　S

テー　ヴェ　ドゥブルヴェ　イツクス　セット
T　　V　　W　　　　X　　　　Z

（以上ノ字ハ母音ノ助聲ヲ得ザレバ無音ナリ）

シッフル
Chiffres.
數　字

ウヲン　　ドゥ　　トロワ　　カートル　スエンク　シース
Un　　deux　　trois　　quatre　　cinq　　six
1　　　2　　　3　　　　4　　　　5　　　6

セット　ウヰット　ヌーフ　ジース　オンズ　ドゥズ
sept　huit　neuf　dix　onze　douz
7　　8　　9　　10　　11　　12

トレーズ　カトルッ　キャンズ　セーズ　ヂスセット
treize　quatorze　quinze　seize　dix-sept
13　　14　　　15　　　16　　17

<ruby>diz-huit<rt>ジス ウヰツト</rt></ruby>   <ruby>dix-neuf<rt>ジス ヌーフ</rt></ruby>   <ruby>vingt<rt>パン</rt></ruby>   <ruby>vingt-et un<rt>パン テ オン</rt></ruby>
18   19   20   21

<ruby>vingt-deux<rt>パン ドゥ</rt></ruby>   <ruby>vingt-trois<rt>パン トロワ</rt></ruby>   <ruby>vingt-quatre<rt>パン カートル</rt></ruby>
22   23   24

<ruby>vingt-cinq<rt>パン スエンク</rt></ruby>   <ruby>vingt-six<rt>パン シース</rt></ruby>   <ruby>vingt-sept<rt>パン セツト</rt></ruby>   <ruby>vingt-huit<rt>パン ウヰツト</rt></ruby>
25   26   27   28

<ruby>vingt-neuf<rt>パン ヌーフ</rt></ruby>   <ruby>trente<rt>トラント</rt></ruby>   <ruby>trente-et un<rt>トラン テ オン</rt></ruby>   <ruby>trente-deux<rt>トラント ドゥ</rt></ruby>...etc.
29   30   31   32

<ruby>quarante<rt>カーラント</rt></ruby>   <ruby>cinquante<rt>スエンカント</rt></ruby>   <ruby>soixante<rt>ソワサント</rt></ruby>   <ruby>soixante-dix<rt>ソワサント ジース</rt></ruby>
40   50   60   70

<ruby>soixante-et onze<rt>ソワサン テ オンズ</rt></ruby>   <ruby>soixante-douze<rt>ソワサント ドーズ</rt></ruby>   <ruby>quatre-vingts<rt>カートル パン</rt></ruby>
71   72   80

<ruby>quatre-vingt-dix<rt>カートル パン ジース</rt></ruby>   <ruby>quatre-vingt-onze<rt>カートル パン オンズ</rt></ruby>
90   91

<ruby>quatre-vingt-douze<rt>カートル パン ドウズ</rt></ruby>   <ruby>cent<rt>サン</rt></ruby>   <ruby>cent-un<rt>サン ウヲン</rt></ruby>   <ruby>cent-deux<rt>サン ドゥ</rt></ruby>
92   100   101   102

<ruby>cent-trois<rt>サン トロワ</rt></ruby>...etc.   <ruby>deux cents<rt>ドゥ サン</rt></ruby>   <ruby>trois cents<rt>トロワ サン</rt></ruby>...etc.
103   200   300

<ruby>mille.<rt>ミール</rt></ruby>
1000

SIGNES ORTHOGRAPHIQUES.
シーギュ　オルトグラフヒック

書 法 記 號

´ accent aigu　　　　　: é
　アクサン　テーギュ
　輕 韵 點

` accent grave　　　　: è, à, ù
　アクサン　グラーブ
　重 韵 點

^ accent circonflexe　: ê, â, î, ô, û
　アクサン　シュコンフレツクス
　長 韵 點

' apostrophe　　　　　: l'on, l'an
　アポストロツフ
　略 字 點

¨ tréma　　　　　　　: aï, aü, oï
　トレマー
　銳韵點

ç cédille　　　　　　: ça, ço, çu
　セジーユ
　和音符

DIFFERENTS SONS DE l'E.
ジフエラン　ソン　ドー　レー

E 韵 ノ 差 別

e muet　　　　　　　: Soie, mon-de.
　ミユエ　　　　　　　　ソワ　　モン　ド
　沈韵ノE　　　　　　　絹　　世界

é fermé　　　　　　　: é-té, é-pi-dé-mie.
　フェルメ　　　　　　　エテー　エピデミー
　閉口ノE　　　　　　　夏　　疫病

è ouvert　　　　　　: sé-vè-re, é-lè-ve.
　ウーベール　　　　　　セベール　エレーブ
　開口ノE　　　　　　　嚴キ　　生徒

ポンクチユアツシオン
PONCTUATIONS.

句　點

, ビルギュール Virgule
句讀

; ポアン ビルギュール Point-virgule
半段落

: ドゥ ポアン Deux point
重點

. ポアン Point
段落

? ポアン ダンテロガシオン Point d'interrogation
疑問點

! ポアン デキスクラマシオン Point d'exclamation
感叫點

« » ギユメ Guillemets
重句標

( ) パランテーズ Parenthèses
括弧

— トレー ジユニオン Trait d'union
連合點

名詞上ノ文章

(第 一)

Le mont Foudji. La rivière Sumida. Le
₂(山) ₁(富士) ₂(河) ₁(墨陀)
riz nourriture de l'homme. L'algue herbe de
₁(米) ₄(食物ナル) ₃(ノ) ₂(人) ₁(藻) ₄(草ナル) ₃(ノ)
mer. L'érable arbre de jardin. Les mots
₂(海) ₁(楓) ₄(樹木ナル) ₃(ノ) ₂(庭) ₁(言)
signes de la pensée. La guerre fléau de
₄(記號ナル) ₃(ノ) ₂(思考) ₁(戰爭) ₄(禍ナル) ₃(ノ)
l'humanité. L'eau élément des poissons.
₂(人間) ₁(水) ₄(原質ナル) ₃(ノ) ₂(魚)
L'heure du jour. Le brouillard de la nuit.
₃(時) ₂(ノ) ₁(日) ₃(露) ₂(ノ) ₁(夜)
L'onde de la mer. La corne du bœuf.
₃(漣) ₂(ノ) ₁(海) ₃(角) ₂(ノ) ₁(牛)
La poitrine de l'enfant. Le sapin de la
₃(胸) ₂(ノ) ₁(兒童) ₃(松) ₂(ノ)
montagne. Le pin de la forêt. Le ruisseau
₁(山) ₃(杉) ₂(ノ) ₁(森) ₃(小川)
du jardin.
₂(ノ) ₁(庭園)

(第 二)

La cascade de yoro. Le cou de la
₃(瀧) ₂(ノ) ₁(養老) ₃(頸) ₂(ノ)

　　　　シゴーギュ　　　ラ　　コルヌ　　ド　ラ　　シェーブル　　　ラ　ポー
cigogne. La corne de la chèvre. La peau
　₁(鸛)　　　　₃(角)　₂(ノ)　　₁(山羊)　　　　₃(革)

ド　ルールス　　　ル　　クリ　ド　　ラニムル　　　レスポワール
de l'ours. Le cri de l'animal. L'espoir
₂(ノ)　₁(熊)　　₃(叫ビ) ₂(ノ)　₁(動物)　　　₃(望)

ド　ラ　ナシオン　　　ラ　　グート　ド　　ロゼー　　　ラ
de la nation. La goutte de rosée. La
₂(ノ)　₁(人民)　　₃(一滴) ₂(ノ)　₁(露)

クールス　デ　シヤール　　ル　フイヤージュ　ジュ　シトロンニエー
course des chars. Le feuillage du citronnier.
₃(急行)　₂(ノ) ₁(二輪車)　₃(全體葉) ₂(ノ)　₁(橙樹)

ラ　　フイユ　　ド　　ロランジェー　　ラ　　クールス　デ
La feuille de l'oranger. La course des
　₃(葉)　₂(ノ)　₁(蜜柑樹)　　　₃(競走)　₂(ノ)

シュボー　　　レ　ヌーベール　ド　ラ　ギエール　　　ル
chevaux. Les nouvelles de la guerre. Le
₁(馬)　　₃(新聞)　₂(ノ)　₁(戰爭)

コムバ　ジュ　セルフ　　ル　ドウ　ジュ　シャモー　　　ル
combat du cerf. Le dos du chameau. Le
₃(爭鬪) ₂(ノ) ₁(鹿)　　₃(背) ₂(ノ)　₁(駱駝)

ソンメー　　ド　ラ　　モンターギュ
sommet de la montagne.
₃(嶺)　₂(ノ)　₁(山)

(第　三)

　　ル　ソン　ド　ラ　アルプ　　ラムピール　ジュ　ジヤツポン　　レ
Le son de la harpe. L'empire du Japon. Les
₃(音調)₂(ノ)　₁(立琴)　　₃(帝國)　₂(ノ) ₁(日本)

ロワイヨーム　　ドウーロップ　　レ　サーブル　ジュ　デゼール　　ラ　テート
royaumes d'Europe. Les sables du d'ésert. La tête
₃(王國)　₂(ノ)₁(歐羅巴)　₃(砂)　₂(ノ) ₁(荒原)　　₃(頭)

ジュ　ドラゴン　　ル　トラバイユ　ド　ルーブリエー　　ル　ブラー　ド
du dragon. Le travail de l'ouvrier. Le bras de
₂(ノ) ₁(龍)　　₃(業務)　₂(ノ)　₁(職工)　　₃(腕) ₂(ノ)

ラトレート　　ル　グレン　ド　ブレ　　ラ　マラジー　　ジュ　ペール
l'athlète. Le grain de blé. La maladie du père.
₁(力士)　₃(種子) ₂(ノ) ₁(麥)　₃(病痾)　₂(ノ) ₁(父)

ル　フリユイ　ジュ　ポワリエー　　ラ　ヒユメー　ジュ　フー　　ラ　クラテ
Le fruit du poirier. La fumée du feu. La clarté
₃(果實) ₂(ノ) ₁(梨樹)　　₃(烟)　₂(ノ)₁(火)　　₃(光)

ド　ラ　リユヌ　　　　ラ　ボワンド　ド　レペー　　　　ラ　リーブ　ジユ　フルーブ
de la lune.　La pointe de l'épée.　La rive du fleuve.
₂(ノ)　₁(月)　　　₃(尖)　₂(ノ)　₁(劍)　　　₃(岸)　₂(ノ)　₁(大河)

　ル　キユイール　ジユ　ブーフ　　　ラ　ルー　ド　ヲ　ボワチユール　　ル　レー
Le cuir du bœuf.　La roue de la voiture.　Le lait
　　₃(革)　₂(ノ)　₁(牛)　　₃(輪)　₂(ノ)　　₁(車)　　　　₃(乳)

ド　ラ　バーシユ
de la vache.
₂(ノ)　₁(牝牛)

(第 四)

　　　　レ　　ザビタン　　ド　トウキヨー　　レ　スリジエー　ド　ムコー
　　　Les habitants de Tôkio.　Les cerisiers de Monko-
　　　　　₃(住民)　₂(ノ)　₁(東京)　　　₃(櫻樹)　₂(ノ)　　₁(向

ジマ　　　レ　　プリユーム　ジユ　コツク　　　ラボワマン　　ジユ　シアン
djima.　Les plumes du coq.　L'aboiement du chien.
島)　　　　₃(羽)　₂(ノ)　₁(牡鷄)　　₃(吠聲)　₂(ノ)　₁(犬)

　　ラ　　クー　ジユ　スーリー　　ルーフ　ド　ブール　　レ　ブチー
La queue du souris.　L'œuf de poule.　Les petits
　　₃(尾)　₂(ノ)　₁(鼠)　　₃(卵)　₂(ノ)　₁(牝鷄)　　₃(子)

　ジユ　ルナール　　ル　クラン　ド　シユバール　　ラ　ボウ　ド　ルールス
du renard.　Le crin de cheval.　La peau de l'ours.
₂(ノ)　₁(狐)　　₃(鬣)　₂(ノ)　₁(馬)　　₃(革)　₂(ノ)　₁(熊)

　　ラ　　バルブ　ジユ　ブーク　　レ　ゾレイユ　　ダーヌ　　ラストル
La barbe du bouc.　Les oreilles d'âne.　L'astre
　　₃(髯)　₂(ノ)　₁(牡山羊)　　₃(耳)　₁(驢馬ノ)　₃(天體)

　ジユ　マタン　　　レトワール　　ジユ　ソワール　　ル　ブーブル　ド
du matin.　L'étoile du soir.　Le peuple de
₂(ノ)　₁(曉)　　₃(星)　₂(ノ)　₁(夕刻)　　₃(人民)　₂(ノ)

ローム　　　ラ　フォワ　デ　カルタジノワー　　ラ　ナシオン
Rome.　La foi des Carthazinois.　La nation
₁(羅馬)　₃(不信實)　₂(ノ)　₁*　　　　　₃(人民)

　デ　ゴーロワー
des Gaulois.
₂(ノ)　₁(ゴール國人)

　　＊ カルタジノアーワ他ノ國民ノ信實ナルヲ却テ罪科ノ樣ニ視做ト
　　思ワル.

(第 五)

　　　　レ　　バンク　ド　ガゾン　　　ラ　ターブル　ド　ボワ
　　　Les bancs de gazon.　La table de bois.
　　　　₃(腰掛)　₂(ノ)　₁(芝)　　　₃(机)　₂(ノ)　₁(木)

Le lit de feuillage. La gloire du soldat. Le
　₃(寝臺) ₂(ノ) ₁(木葉)　　₃(名譽) ₂(ノ) ₁(兵卒)
grade de sénateur. Le jour de fête. La
₃(等級) ₂(ノ) ₁(議官)　₃(日) ₂(ノ) ₁(祭)
statue d'airain. Le plat d'argent. Le cachet
₃(肖像) ₂(ノ)₁(唐銅)　₂(皿) ₁(銀ノ)　₃(封)
de cire. Le marteau de fer. La coupe
₂(ノ) ₁(蠟)　₃(槌) ₂(ノ) ₁(鐵)　₂(盃)
d'or. La lame de plomb. Le char de
₁(金ノ)　₃(板金) ₂(ノ) ₁(鉛)　₃(車) ₂(ノ)
feu.
₁(火)

（第 六）

La colonne de marbre. Le banc de pierre.
　₃(柱) ₂(ノ) ₁(大理石)　₃(腰掛) ₂(ノ) ₁(石)
La couronne de roses. La couleur de safran.
　₃(冠) ₂(ノ) ₁(薔薇花)　₃(色) ₂(ノ) ₁(泊夫藍)
Le drap de soie. Le bas de laine. La
₃(羅沙) ₂(ノ) ₁(絹)　₃(靴下) ₂(ノ) ₁(毛)
serviette de lin. Le sac de cuir. La
₃(布巾) ₂(ノ) ₁(麻)　₃(袋) ₂(ノ)₁(ナメシ革)
boulette de poix. Le bras de chair.
₃(玉) ₂(ノ) ₁(脂)　₃(腕) ₂(ノ) ₁(肉)*

* 肉體ノ腕(反對ハ木ノ腕ナリ)

（第 七）

L'homme d'origine illustre. La mère d'un
₄(人)　₃(ノ)₂(生レ) ₁(貴キ)　₅(母) ₄(ノ)₁(或ル)

sang pur. Le père d'un visage gai. La
₃(血系) ₂(純粹ナル) ₅(父) ₄(ノ)₁(或ル) ₃(容貌) ₂(悦シキ)

tante d'un soin rare. La femme d'une
₅(伯母) ₄(ノ)₁(或ル) ₃(注意) ₂(稀ナル) ₅(婦人) ₄(ノ)₁(或ル)

figure agréable. Le frère d'un beau
₃(容色) ₂(爽快ナル) ₅(兄弟) ₄(ノ)₁(或ル) ₂(美麗ナル)

maintien. Le fils d'un esprit diligent. La
₃(容貌) ₅(悴) ₄(ノ)₁(或ル) ₃(精神) ₂(生急ナル)

veuve d'une tristesse amère. Le chien d'un
₅(寡婦) ₄(ノ)₁(或ル) ₃(悲) ₂(苦々シキ) ₅(犬) ₄(ノ)₁(或ル)

attachement rare. Le chat d'une adresse
₃(情愛) ₂(稀ナル) ₅(猫) ₄(ノ)₁(或ル) ₃(巧ミ)

merveilleuse. Le lion d'un courage extra-
₂(不思議ナル) ₅(獅子) ₄(ノ)₁(或ル) ₃(勇猛) ₂(非常

ordinaire. Le sanglier d'un poil hérissé.
ナル) ₅(猪) ₄(ノ)₁(或ル) ₃(毛) ₂(サカ)

La poule d'une timidité rare. Le soleil
₅(牝鷄) ₄(ノ)₁(或ル) ₃(臆病) ₂(奇妙ナル) ₅(太陽)

d'un éclat ravissant.
₄(ノ)₁(或ル)₃(光リ) ₂(眩シキ)

(第 八)

L'âge d'étudier. Le temps de jouer. Le
₃(齢) ₂(ノ)₁(勤學) ₃(時) ₂(ノ) ₁(遊戯)

desir d'étudier. L'onneur de vaincre. La
₃(望ミ) ₂(ノ)₁(勤學) ₃(名譽) ₂(ノ) ₁(勝利)

honte de fuir. Le moment d'obéir. La
₃(恥) ₂(ノ)₁(逃レルコ) ₃(時) ₂(ノ)₁(從フコ)

グロワール　ド　コンマンデ　　　　　ラ・クレント　ド　マンチール
gloire de commander.　　La crainte de mentir.
₃(名譽) ₂(ノ) ₁(命令スルコ)　　₃(恐) ₂(ノ) ₁(虚言チ云フコ)

ラ　マニエール　ド　ギェリール　　ル　デレー　ド　ピユニール
La manière de guérir.　Le délai de punir.
₃(仕方) ₂(ノ) ₁(治スルコ)　　₃(期限) ₂(ノ) ₁(罪スルコ)

ラ　ファブール　ド　バビイエー　　ラ　レーゾン　ド　ス　テール
La faveur de babiller.　La raison de se taire.
₃(惠ミ) ₂(ノ) ₁(多言スルコ)　₃(理由) ₂(ノ) ₁(默スルコ)

ラ　クーチユーム　ド　シヤンテー　　レスペランス　ド
La coutume de chanter.　L'espérance de
₃(慣) ₂(ノ) ₁(歌フコ)　　₃(望ミ) ₂(ノ)

ルクイール　　ラール　ド　バーチール　　ラ　クレント　デッ
recueillir.　L'art de bâtir.　La crainte d'-
₁(集メルコ)　₃(術) ₂(ノ) ₁(建築スルコ)　₃(恐) ₂(ノ)

フレイエー　　ラ　フォルス　ド　ルプランドル　　ル　モワイヤン
effrayer.　La force de reprendre.　Le moyen
₁(恐怖サルコ)　₃(カラ) ₂(ノ) ₁(取返スコ)　₃(方法)

ド　レスペクテー　　ル　クーラージュ　ダジール　　ル　シユージエ
de respecter.　Le courage d'agir.　Le sujet
₂(ノ) ₁(敬フコ)　₃(勇氣) ₂(ノ) ₁(働クコ)　₃(目的)

ド　コムバットル　　ル　ブーボワール　ド　レーギエー　　ル
de combattre.　Le pouvoir de réguer.　Le
₂(ノ) ₁(戰フコ)　₃(權威) ₂(ノ) ₁(支配スルコ)

シヤクラン　ド　トロムペー　　ル　タラン　ダンセーギエー
chagrin de tromper.　Le talent d'enseiguer.
₃(悲傷) ₂(ノ) ₁(欺カルヽコ)　₃(才智) ₂(ノ) ₁(教ユルコ)

ラ　ブール　ド　ス　トロムペー　　ラ　ファブール　ド
La peur de se tromper.　La faveur de
₃(恐) ₂(ノ) ₁(欺カルヽコ)　₃(惠ミ) ₂(ノ)

パルレー　　ル　ドロワール　ド　ジエージエー　　ル　リユー　ド
parler.　Le droit de juger.　Le lieu de
₁(話スコ)　₃(權理) ₂(ノ) ₁(裁判スルコ)　₃(場所) ₂(ノ)

リユッテー
lutter.
₁(戰ヒ)

(第　九)

ラ　ホオント　ド　セーデー　ラ　ビクトワール　　ロンヌール
La honte de céder la victoire.　L'honneur
₄(耻辱) ₃(ノ) ₂(渡スコ) ₁(勝利ヲ)　₄(榮譽)

— 14 —

ド　ラムポルテー　ラ　パルム
de remporter la palme.
₃(ノ) ₂(得ル コ) ₁(勝利ヲ)

ラ　マニエール　ダプランドル
La manière d'apprendre
₄(方法) ₃(ノ) ₁(學ブ コ)

リストワール
l'histoire.
₁(史學ヲ)

ラ　ドゥールール　ド　ルスヴワール　オン　シャーチマン
La douleur de recevoir un châtiment.
₄(痛ミ) ₃(ノ) ₂(受ル コ) ₁(懲罪ヲ)

レスペランス　ド　クイール　デ　ローリエー
L'espérance de cueillir des lauriers.
₄(希望) ₃(ノ) ₂(摘ム コ) ₁(桂ヲ)

ラ　クーチューム
La coutume
₄(習慣)

ド　ペルドル　ル　タン
de perdre le temps.
₄(ノ)₃(徒費スル コ) ₁(時ヲ)

ラ　フューール　デーメール
La fureur d'aimer le
₄(怒レ) ₃(ノ) ₂(好ム コ)

ジュ
jeu.
₁(遊戯ヲ)

ラール　ド　ランセー　ラ　バール
L'art de lancer la balle.
₄(術) ₃(ノ) ₂(投ゲル コ) ₁(球ヲ)

ラ　フォルス　ド
La force de
₄(力) ₃(ノ)

ヴァンクル　レ　パシオン
vaincre les passions.
₂(打チ勝ツ コ) ₁(情欲ヲ)

ル　モワイヤン　ドブトニール　ラ
Le moyen d'obtenir la
₄(手段) ₃(ノ) ₂(保ツ コ)

ペー
paix.
₁(平和ヲ)

ル　モチーフ　デキシテー　ル　クーラージュ
Le motif d'exciter le courage.
₄(趣意) ₃(ノ) ₂(勵マス コ) ₁(勇氣ヲ)

ラ
La
ピユイッサンス　ド　フェール　ル　ビアン
puissance de faire le bien.
₄(威勢) ₃(ノ) ₂(爲ス コ) ₁(善事ヲ)

ラ　ファヴール　ド
La faveur de
₄(惠ミ) ₃(ノ)

ガーニェー　ラミチエー
gagner l'amitié.
₂(得ル コ) ₁(友誼ヲ)

ル　シャグラン　ダッチレー　ランビ
Le chagrin d'attirer l'envie.
₄(悲ミ) ₃(ノ) ₂(引付ル コ) ₁(羨ヲ)

ル　ドロワー　ド　ピュニール　ル　クーパーブル　ル　モマン
Le droit de punir le coupable. Le moment
₄(法律) ₃(ノ) ₂(罪スル コ) ₁(犯罪人ヲ) ₅(時)

ド　リール　セ　ウーヴラージュ
de lire cet ouvrage.
₄(ノ)₃(讀ム コ)₂(此ノ) ₁(著述ヲ)

ラ　クレント　ド　フェール
La crainte de faire
₄(恐) ₃(ノ) ₂(爲ス コ)

ル　マール　ラ　クーチューム　ド　ブラーメ　レ　ゾートル
le mal. La coutume de blâmer les autres.
₁(惡事ヲ) ₄(習慣) ₃(ノ) ₂(非難スル コ) ₁(他人ヲ)

ル　デジール　ド　サチスフェール　ヴォ　パラン
Le désir de satisfaire vos parents.
₅(願ヒ) ₄(ノ) ₃(滿足スル コ)₂(汝等ノ)₁(兩親ヲ)

ル　プレジール
Le plaisir
₄(樂ミ)

デチュジエー　リストワール
d'étudier l'histoire.
₃(ノ)₂(勉強スル コ) ₁(歴史ヲ)

形容詞上ノ文章

（第 十）

Le fleuve profond. L'aile blanche. La maison spacieuse. L'arbitre équitable. L'arbre élevé. Le roseau flexible. La nuit obscure. La barbe longue. La guerre cruelle. Les doux baisers. La vie courte. Le brouillard épais. Les cheveux blancs. Le rat aveugle. Le ciel azuré, Le son clair. Le diable boiteux. Le roi clément. La corneille sinistre. Le corps humain. La couronne civique. Le corbeau carnassier.

（第 十 一）

Le cristal poli. Le concombre rampant. La faute légère. Le couteau tranchant. Le

— 16 —

キュイブル　ジョーヌ
cuivre jaune.
₂(銅)　₁(黄)

ル　シープレー　フユチーブル
Le cyprès funèbre.
₂(圓柏)　₁(葬式ノ)

ル　シクロツプ
Le cyclope
₂(一眼巨人)

バルバール
barbare.
₁(野蠻ナル)

ラ　ダツト　デリシウーズ
La datte délicieuse.
₂(棗類)　₁(結好ナル)

ル　デモン
Le démon
₂(惡魔)

ジヤルー
jaloux.
₁(妬ミ深キ)

ラ　ペルト　イレパラーブル
La perte irréparable.
₂(損失)₁(償フベカラザル)

ル　デツフアンスール
Le défenseur
₂(辯解者)

オツフヒシウー
officieux.
₁(親切ナル)

ラ　ダン　カニーヌ
La dent canine.
₂(歯)　₁(犬ノ)

ル　ポエツト　ライユール
Le poète railleur.
₂(詩人)₁(嘲弄スヘキ)

ル　ジユール　ソランチール
Le jour solennel.
₂(日)　₁(公式ノ)

ラ　ピユイサンス　アブソリユウ
La puissance absolue.
₂(權)　₁(專)

ラ
La

ドウールール　キユイザント
douleur cuissante.
₂(痛ミ)　₁(堪ヘ難キ)

ル　パレー　ロワイヤール
Le palais royal.
₂(宮殿)　₁(王ノ)

ラ　リユーズ
La ruse
₂(僞計)

イノサンド
innocente.
₁(無害ナル)

ル　カナール　リユゼ
Le renard rusé.
₂(狐)　₁(狡猾ナル)

ル　コルボウ
Le corbeau
₂(烏)

スチユピード
stupide.
₁(鈍ナル)

（第　十　二）

ル　ポワール　ドース　プリユ　ドース　トレー　ドース　ル
Le poire douce, plus douce, très-douce. Le
₂(梨子)　₁(甘キ)　₁(コリ)₂(甘キ)₁(甚ダ)₂(甘キ)

パレー　マグニフヒイツク　プリユ　マグニフヒイツク　トレー　マグニフヒイツク
palais magnifique, plus magnifique, très-magnifique.
₂(宮城)　₁(華美ナル)　₁(コリ)　₁(華美ナル)₁(甚ダ)₂(華美ナル)

ル　プランス　ビアンフヘーザン　プリユ　ビアンフヘーザン　トレー　ビヤン
Le prince bienfaisant, plus bienfaisant, très-bien-
₂(皇族)　₁(惠ミ深キ)　₁(コリ)₂(惠ミ深キ)₁(甚ダ)₂(惠ミ

フヘーザン　ル　コムパドヨン　ド　ボワイヤージユ　ボン　メイユール
faisant. Le compagnon de voyage bon, meilleur,
深キ)　　　₄(仲間)　₃(ノ)₂(旅行)₁(好キ)₁(ヨリ好キ)

トレー　ボン　ラ　トゥウプ　メツシヤン　ピール　トレー
très-bon. La troupe-méchante, pire, très-
₁(甚ダ)₂(好キ)　₂(軍隊)　₁(惡心アル)　₁(ヨリ惡キ)₁(甚ダ)

— 17 —

メッシヤン　　　ル　　コロッス　　グラン　　プリユ　　グラン　　　トレー
méchant.　　Le　colosse　grand,　plus　grand,　très-
₂(惡心アル)　　　　　₂(像)　₁(大ナル)　₁(ヨリ)　₂(大ナル)　₁(甚タ)

グラン　　　　　ラ　　コリーヌ　プチット　プリユ　プチット　トレー　プチット
grand.　　La　colline　petite,　plus　petite,　très-petite.
₂(大ナル)　　　₂(丘)　₁(小キ)　₁(ヨリ)　₂(小キ)　₁(甚タ)₂(小キ)

ラナロジー　　フアツシール　プリユ　フアツシール　トレー　フアツシール　　　　ル
L'analogie　facile,　plus　facile,　très-facile.　　Le
₂(類似)　　₁(容易キ)　₁(ヨリ)　₂(容易キ)　₁(甚タ)₂(容易キ)

セスト　　ジユール　プリユ　ジユール　トレー　ジユール　　　ラ　　　ヘー
ceste　dur,　plus　dur,　très-dur.　　La　haie
₂(牛甲)₁(丈夫ナル)₁(ヨリ)₂(丈夫ナル)₁(甚タ)₂(丈夫ナル)　₂(生垣キ)

マンス　　プリユ　　マンス　　　トレー　ムンス　　　ル　　セルビツドール
mince,　plus　mince,　très-mince.　Le　serviteur
(薄キ)　₁(ヨリ)　₂(薄キ)　₁(甚タ)₂(薄キ)　　　₂(從者)

ユンブル　　プリユ　ユンブル　　トレー　ズンブル　　レスプリー
humble,　plus　humble,　très-humble.　L'esprit
₁(謙遜ナル)₁(ヨリ)₂(謙遜ナル)₁(甚タ)₂(謙遜ナル)　₂(精神)

フヘーブル　プリユ　フヘーブル　トレー　フヘーブル　　ル　　セルボー
faible,　plus　faible,　très-faible.　Le　cerveau
₁(弱キ)　₁(ヨリ)　₂(弱キ)　₁(甚タ)₂(弱キ)　　　₂(腦)

サンブラーブル　プリユ　サンブラーブル　トレー　サンブラーブル　ル　クラーヌ
semblable,　plus　semblable,　très-semblable.　Le　crâne
₁(似タル)　₁(ヨリ)　₂(似タル)　₁(甚タ)₂(似タル)　　₂(腦蓋)

ジフヘラン　プリユ　ジフヘラン　トレー　ジフヘラン　　ス　　プリユイ
différent,　plus　différent　très-différent.　Ce　bruit
₁(異リタル)₁(ヨリ)₂(異リタル)₁(甚タ)₂(異リタル)　₂(此ノ)₃(響キ)

ブレーサンブラーブル　プリユ　ブレーサンブラーブル　トレー　ブレーサンブラーブル
vraisemblable,　plus　vraisemblable,　très-vraisemblable.
₁(實ラシキ)　₁(ヨリ)　₂(實ラシキ)　₁(甚タ)₂(實ラシキ)

ル　ピラツド　リツシユ　プリユ　リツシユ　トレー　リツシユ　　ル
Le　pirate　riche,　plus　riche,　très-riche.　Le
₂(海賊)　₁(富タル)　₁(ヨリ)　₂(富タル)　₁(甚タ)₂(富タル)

マトロー　カツパーブル　プリユ　カツパーブル　トレー　カツパーブル　　マ
matelot　capable,　plus　capable,　très-capable.　Ma
₂(水夫)　₁(適當ナル)₁(ヨリ)₂(適當ナル)₁(甚タ)₂(適當ナル)　₂(私ノ)

メール　ピウーズ　プリユ　ピウーズ　トレー　ピウーズ　　　ル
mère　pieuse,　plus　pieuse,　très-pieuse.　Le
₃(母)　₁(慈悲深キ)₁(ヨリ)₂(慈悲深キ)₁(甚タ)₂(慈悲深キ)

ノン　ジスタンゲー　プリユ　ジスタンゲー　トレー　ジスタンゲー
nom　distingué,　plus　distingué,　très-distingué.
₂(名)　₁(高名ナル)　₁(ヨリ)　₂(高名ナル)　₁(甚タ)₂(高名ナル)

L'enfant vif, plus vif, très-vif. La roche
₂(童子) ₁(活潑ナル) ₁(ヨリ) ₂(活潑ナル) ₁(甚タ)₂(活潑ナル) ₂(磐石)
escarpée, plus escarpée, très-escarpée.
₁(嶮シキ) ₁(ヨリ) ₂(嶮シキ) ₁(甚タ)₂(嶮シキ)

(第 十 三)

La fourmi et l'araignée laborieuses. Le
₂(蟻) ₃(而) ₄(蜘蛛) ₁(出精ナル)
maître et le disciple studieux. Le laboureur
₂(先生) ₃(而) ₄(門人) ₁(勉勵ナル) ₂(百姓)
et le fermier jaloux. La cigale et le hibou
₃(而) ₄(小作人) ₁(妬ミ深キ) ₂(蟬) ₃(而) ₄(鴟梟)
importuns. Le magistrat et le marchand
₁(煩ハシキ) ₂(法官) ₃(而) ₄(商人)
intègres. Le chien et le dogue hargneux.
₁(義直ナル) ₂(犬) ₃(而) ₄(番犬) ₁(惡性ナル)
Le paon et le geai orgueilleux. La colombe
₂(孔雀) ₃(而) ₄(鵲) ₁(高慢ナル) ₂(土鳩)
et la brebis paisibles. Le général et le soldat
₃(而) ₄(牝羊) ₁(溫和ナル) ₂(將官) ₃(而) ₄(兵卒)
courageux. L'oiseleur et le chasseurs patients.
₁(勇猛ナル) ₂(鳥ヲ捕フル人)₃(而) ₄(獵師) ₁(堪忍アル)
L'hôte et l'aubergiste vigilants. La couleuvre
₂(客人) ₃(而) ₄(旅舘ノ主人) ₁(注意深キ) ₂(蛇ノ類)
et la vipère venimeuses. Le crapaud et le
₃(而) ₄(蚖) ₁(有毒ナル) ₂(蝦蟇) ₃(而)
hibou affreux. L'homme et l'ange créés.
₄(鴟梟) ₁(恐ロシキ) ₂(人) ₃(而) ₄(天使) ₁(創造サレタル)

_{ランフアン} _エ _ル _{ビエイヤール} _{モルテール}
L'enfant et le vieillard mortels.
₂(小兒) ₃(而) ₄(老翁) ₁(死ニヤスキ)

(第 十 四)

_ル _{パツスロー} _エ _{リロンデール} _{クリアール} _ル
Le passereau et l'hirondelle criards. Le
₂(雀) ₃(而) ₄(燕) ₁(叫ブベキ)

_{シユバール} _エ _ラ _{ジユマン} _{アツトレー} _ラ _{グルヌイユ} _エ
cheval et la jument attelés. La grenouille et
₂(馬) ₃(而) ₄(牝馬) ₁(車ニ繋レタル) ₂(蛙) ₃(而)

_{レクルビース} _{アツクワチツク} _ラ _{フヘルミエール} _エ _ル _{ベルジエ}
l'écrevisse aquatiques. La fermière et le berger
₄(海老) ₁(水中ニ生活スベキ) ₂(小作女) ₃(而) ₄(牧人)

_{アンジエストリウー} _ル _{シヤー} _エ _ラ _{スーリー} _{エンネミー}
industrieux. Le chat et la souris ennemis.
₁(出精ナル) ₂(猫) ₃(而) ₄(鼠) ₁(敵ナル)

_ル _{ロシヂヨール} _エ _ル _{スラン} _{ミユジシアン} _{ラベイユ}
Le rossignol et le serin musiciens. L'abeille
₂(鶯) ₃(而) ₄(カナリヤ) ₁(樂人ノ如キ) ₂(蜜蜂)

_エ _ル _{ベール} _{アー} _{ソワー} _{ラボリウー} _ル _{ベール} _エ _ル
et le ver à soie laborieux. Le ver et le
₃(而) ₄(蠶兒) ₁(勉強ナル) ₂(虫) ₃(而)

_{リマツソン} _{ソリテール} _ラ _{マジストラ} _エ _ル _{ラブールール}
limaçon solitaires. La magistrat et le laboureur
₄(蝸牛) ₁(靜隱ナル) ₂(法官) ₃(而) ₄(耕作人)

_{アンテーグル} _ル _{ペール} _エ _ラ _{フヒユ} _{シエリー} _ラ
intègres. Le père et la fille chéris. La
₁(廉直ナル) ₂(父) ₃(而) ₄(娘) ₁(親愛ナル)

_{メール} _エ _ル _{フヒス} _{マルールー} _{ロンクル} _エ _ラ
mère et le fils malheureux. L'oncle et la
₂(母) ₃(而) ₄(悴) ₁(不幸ナル) ₂(伯父) ₃(而)

_{タント} _{コンタン} _ル _{ルナール} _エ _ル _{ブー} _{アルテレ}
tante contents. Le renard et le bouc altérés.
₄(伯母) ₁(滿足ナル) ₂(狐) ₃(而) ₄(牡山羊) ₁(渇シタル)

_ル _{ピジヨン} _エ _ラ _{コロンブ} _{アンフエルメ} _{ラルーエツト}
Le pigeon et la colombe enfermés. L'alouette
₂(鳩) ₃(而) ₄(地鳩) ₁(閉込メラレタル) ₂(雲雀)

_エ _レ _{プチー} _{エツフレヰエー} _ル _{ブールジヨワ} _エ _ラ
et les petits effrayés. Le bourgeois et la
₃(而) ₄(雲雀兒) ₁(オビヤカサレタル) ₂(町人) ₃(而)

villageoise se rencontrant. Le cerf et la haie
₄(村人) ₁(出會シタル所ノ) ₂(鹿) ₃(而) ₄(生垣)
sauvages. Le lion et la lionne irrités. L'ours
₁(野生ノ) ₂(獅) ₃(而) ₄(牝獅) ₁(怒リタル) ₂(熊)
et la panthère cruels. Le singe et le chat
₃(而) ₄(豹) ₁(殘忍ナル) ₂(猿) ₃(而) ₄(猫)
perfides.
₁(不信實ナル)

(第 十 五)

Le tigre et l'ours furieux. La panthère
₂(虎) ₃(而) ₄(熊) ₁(恐猛ナル) ₂(豹)
et le bouc hideux. Le sanglier et la laie
₃(而) ₄(牡山羊) ₁(嫌フベキ) ₂(猪) ₃(而) ₄(牝猪)
hérissés. Le vieillard et la jeune fille sourds.
₁(毛ノ立タル) ₂(老人) ₃(而) ₄(若キ) ₅(娘メ) ₁(聾ナル)
Le perroquet et la pie bavards. Le chien
₂(鸚鵡) ₃(而) ₄(烏鵲) ₁(饒舌ナル) ₁(犬)
et le chat ennemis. L'abeille et le ver à soie
₂(而) ₃(猫ハ) ₄(敵ナルベシ) ₂(蜜蜂) ₃(而) ₄(蠶兒)
industrieux. Le frelon et la cigale paresseux.
₁(巧者ナル) ₂(熊蜂) ₃(而) ₄(蟬) ₁(怠惰ナル)
Le papillon et la mouche oisifs. Le boeuf
₂(蝶) ₃(而) ₄(蠅) ₁(閑暇ナル) ₂(牛)
et la génisse fatigués. Le paon et le hibou
₃(而) ₄(小牝牛) ₁(疲勞シタル) ₂(孔雀) ₃(而) ₄(鴟梟)
importuns. La baleine et l'éléphant monstrueux.
₁(ウルサキ) ₂(鯨) ₃(而) ₄(象) ₁(異常ナル)

Le moucheron et la sauterelle nuisibles. Le
ル　　ムーシユロン　　エ　ラ　　ソートレール　　　ニユイジーブル　　　　ル
　₂(小蠅)　₃(而)　　₄(螽)　　₁(有害ナル)

canard et l'oie aquatiques. Le rat et la
カナール　エ　ロワ　アツコワチツク　　　　　ル　ラ　エ　ラ
　₂(鴨)　₃(而)　₄(鵞)　₁(水中ニ生活スベキ)　　₂(鼠)　₃(而)

belette pernicieux. L'autruche et la poule
ブレツト　　　ペルニシユー　　　ロートリユツシユ　エ　ラ　　プール
₄(鼬ノ鼠ギ)　₁(有害ナル)　　₂(駝鳥)　₃(而)　₄(牝鷄)

ovipares. La colombe et la tourterelle plaintives.
オビパール　　　ラ　コロンブ　エ　ラ　ドールトレール　プレンチーブ
₁(卵生貝ナル)　　₂(地鳩)₃(而)　₄(クジヤク鳩)₁(ナグクベキ)

Le corbeau et la cigogne stupides.
ル　コルボー　エ　ラ　シゴーギコ　スチユピード
　₂(烏)　₃(而)　₄(鶴)　₁(愚昧ナル)

(第 十 六)

La joie et la douleur contraires. L'ombre
ラ　ジヨワ　エ　ラ　　ドールール　　コントレール　　　ロンブル
　₁(悦ビ)₂(而)　₃(心痛ハ)₄(反對ナルベシ)　₂(木蔭)

et le bois épais. La main et le bras ferme.
エ　ル　ボワ　ゼペー　　　ラ　マン　エ　ル　ブラ　フエルム
₃(而)　₄(森)　₁(厚キ)　₂(手)　₃(而)　、₄(腕ハ)₁(堅固ナル)

La rose et pavot blancs. La terre et le champ
ラ　ローズ　エ　パボ　ブラン　　　ラ　テール　エル　シヤン
　₂(薔薇)₃(而)₄(芥子)₁(白色ノ)　₂(土地)₃(而)　₄(田野)

féconds. Le buisson et l'épine désagréables.
フヘコン　　　ル　ビユイツソン　エ　レピーヌ　　デザグレアブル
₁(豐饒ナル)　　₂(林茂)₃(而)　₄(蕀)　₁(不快ナル)

La montagne et le rocher escarpés. Le
ラ　モンターギユ　エ　ル　ロツシエ　エスカルペ　　　ル
　₂(山)　₃(而)　₄(岩石)　₁(峻シキ)

sentier et le chemin étroits. L'épaule et le
サンチエ　エ　ル　シユマン　エトロワ　　レポール　エ　ル
　₂(徑路)　₃(而)　₄(道路)　₁(狹キ)　₂(肩)　₃(而)

côté gauches. La barbe et les cheveux roux.
コーテ　ゴーシユ　　ラ　バルブ　エ　レ　シユボー　ルー
₄(横腹)₁(左側ノ)　　₂(髭)₃(而)　₄(髪)　₁(樺色ノ)

La jambe et le pied droits. L'oreille et le
ラ　ジヤンブ　エ　ル　ピエ　ドロワ　　ロレイユ　エ　ル
　₂(脚)　₃(而)　₄(足)　₁(眞直ナル)　₂(耳)　₃(而)

nez fins. Le lin et la laine utiles. La
₄(鼻) ₁(鋭ナル) ₁(麻) ₂(而) ₃(毛織) ₄(必用ナル)

fraude et le crime honteux. Le casque et
₁(詐) ₂(而) ₃(罪科) ₄(恥辱ナルベキ) ₅(兜) ₄(而)

l'épée d'airain. La nuit et l'enfer ténébreux.
₃(劍) ₂(ノ)₁(唐銅) ₂(暗夜)₃(而) ₂(地獄) ₁(暗キ)

La colère et la haine dangereuses. Le figuier
₁(怒リ) ₂(而) ₃(恨) ₄(危險ナルベキ) ₂(無果樹)

et l'olivier sauvages. Le sommeil et le songe
₃(而) ₄(橄欖樹) ₁(野生ノ) ₁(睡眠) ₂(而) ₃(夢)

agréables.
₄(愉快ナルベキ)

(第 十 七)

Il~est~agréable de se promener. Il sera
₃(夫レハ)₅(有ル) ₄(快コク) ₂(ノ) ₁(散歩スルコ) ₃(夫レハ)₅(有ルダロウ)

doux d'aimer. Il~était difficile d'acquérir.
₄(溫和デ)₂(ノ)₁(愛スルコ) ₁(夫レハ)₅(有ッシ) ₄(困難デ) ₂(ノ)₁(得ルコ)

Il serait nécessaire de labourer. Il~
₁(夫レハ)₅(有ルダロー) ₄(必用デ) ₃(ノ) ₂(耕作スルコ) ₁(夫レハ)

eût~été avantageux d'écouter. Il~est barbare
₅(有ッタ) ₄(利益デ) ₃(ノ) ₂(聽聞スルコ) ₃(夫レハ)₅(有ル) ₄(殘酷デ)

de massacrer. Il~est honteux de prendre.
₂(ノ) ₁(殺害スルコ) ₁(夫レハ)₅(有ル) ₄(恥デ) ₃(ノ) ₂(取ルコ)

Il~a été dur de punir. Il~est facile de
₁(夫レハ)₅(有ッタ) ₄(酷デ) ₃(ノ)₂(罰スルコ) ₁(夫レハ)₅(アル) ₄(容易ク) ₃(ノ)

se taire. Il sera ridicule de crier. Il
₂(默スルコ) ₁(夫レハ) ₅(有ルダロー) ₄(奇妙デ) ₃(ノ) ₂(叫ブコ) ₁(夫レハ)

スレー ダンジュルウ ド クロワール レジエールマン イレー
serait dangereux de croire légèrement. Il ~
₆(有ルダロ-) ₅(危険デ) ₄(ノ) ₃(信スルコ) ₂(輕躁ニ) ₁(夫レハ)

フアチガン ド クーリル イル スレー グロリウー
est fatigant de courir. Il serait glorieux
₅(アル) ₄(疲勞スヘク) ₃(ノ) ₂(走ルコ) ₁(夫レハ) ₅(有ルダロ-) ₄(名譽デ)

ド デツフアンドル イレー トジウー ド トロンペ
de défendre. Il ~ est ~ odieux de tromper.
₃(ノ) ₂(防守スルコ) ₁(夫レハ) ₅(有ル) ₄(惡ムヘク) ₃(付テ) ₂(欺クコニ)

イルー テ テ フアシール ド コンジユイール イル スレー
Il ~ eût ~ été facile de conduire. Il serait
₁(夫レハ) ₅(有ツタ) ₄(容易ク) ₃(付テ) ₂(誘導スルコニ) ₁(夫レハ) ₅(有ルデアロ-)

子セツセール ダシュテ イル スラ フアシール ド
nécessaire d'acheter. Il sera facile de
₄(必用デ) ₃(付テ) ₂(購求スルコニ) ₁(夫レハ) ₅(有ルダロ-) ₄(容易ク) ₃(付テ)

ポルテ イレツテ ジフヒシール ド プルーレ イルー
porter. Il ~ était difficile de pleurer. Il ~
₂(運搬スルコニ) ₁(夫レハ) ₅(有リシ) ₄(困難デ) ₃(付テ) ₂(泣涕スルコニ) ₁(夫レハ)

テ テ オンドー フユイル イル スレー
eût ~ été honteux de fuir. Il serait ~
₅(有ツタ) ₄(耻辱デ) ₃(付テ) ₂(逃カルヽコニ) ₁(夫レハ) ₅(有ルダロ-)

ダグレアブル ド グーベ子ル イル スレー チユチール
agréable de gouverner. Il serait ~ utile
₄(悦ハシク) ₃(付テ) ₂(統御スルコニ) ₁(夫レハ) ₅(有ルダロ-) ₄(必要デ)

ダボワール イル スラ ジユスト ドベイール
d'avoir. Il sera juste d'obeir.
₃(付テ)₂(持ツコニ) ₁(夫レハ) ₅(有ルダロ-) ₄(正實デ) ₃(付テ) ₂(服從スルコニ)

(第 十 八)

ル タン エ クール ス シヤン スラ
Le temps est court. Ce champ sera
₁(時ガ) ₃(有ル) ₂(短ク) ₁(此ノ) ₂(田野ハ) ₄(有ルダロ-)

フヘエルチール ランブロワジ エツテ ユンヌ ヌーリツチュール
fertile. L'ambroisie était une nourriture
₃(豐饒デ) ₁(神食ハ) ₅(有リシ) ₃(一ノ) ₄(食物デ)

シユアーブ セ タルブル エツテ テルベ セット プラース
suave. Cet ~ arbre était ~ élevé. Cette place
₂(香美アル) ₁(此ノ)₂(樹木ハ) ₄(有リシ)₃(長タ高ク) ₁(此ノ)₂(塲所ハ)

スラ スパシウーズ セ タンノオー エツテ ドウル
sera spacieuse. Cet ~ anneau était d'or.
₄(有ルダロ-) ₃(廣ク) ₁(此ノ) ₂(鐶ハ) ₅(有リシ) ₄(デ)₃(金)

Mon âne est un plaisant musicien.
₁(私ノ) ₂(驢ハ) ₆(有ル)₃(或ル) ₄(悦バシムル所ノ) ₅(樂人ノ如キ者デ)

Votre serin est un oiseau charmant.
₁(汝ノ) ₂(カナリヤハ) ₆(有ル)₃(或ル) ₅(鳥デ) ₄(面白キ)

L'automne sera riche. Le bain est un
₁(秋ハ) ₃(有ルダロー)₂(富デ) ₁(入浴ハ) ₅(有ル)₃(或ル)

remède ordinaire, Le bélier est une
₄(醫藥デ) ₂(平常ノ) ₁(城壁ヲ壞ル具) ₆(有ル) ₄(一ツノ)

machine de guerre. Le baume est un
₅(機械デ) ₃(ノ) ₂(戰爭) ₁(香油ハ) ₅(有ル)₃(一ノ)

parfum odoriférant. L'arbousier est un
₁(薰香デ) ₂(香キ) ₁(楊梅ハ) ₅(有ル)₂(或ル)

arbrisseau rare. La pompe est une machine
₄(小樹デ) ₃(稀ナル) ₁(喞筒ハ) ₆(有ル)₄(或ル) ₅(機械デ)

très utile. Le serpent est venimeux. Ces
₂(甚タ)₃(必要ナル) ₁(蛇ハ) ₃(有ル) ₂(有毒デ) ₁(此ノ)

asperges sont délicieuses. La nuit était noire.
₂(天門堂ハ) ₄(有ル) ₃(結好デ) ₁(夜カ) ₃(有ル) ₂(暗ク)

(第 十 九)

Ces sapins sont elevés. L'eau de cette
₁(此ノ) ₂(松樹ハ) ₄(有ル) ₃(生長シテ) ₄(水ハ) ₃(ノ) ₁(此)

fontaine est amère. Ce marc d'huile est
₂(源泉) ₆(有ル) ₅(苦カク) ₁(此ノ) ₄(粕ハ) ₃(ノ)₂(油) ₆(有ル)

clair. Vos boucliers sont brillants. Nos
₅(透明デ) ₁(汝等ノ) ₂(楯ハ) ₄(有ル) ₃(輝ヲ) ₁(吾ノ)

années sont comptées. L'anse de cette cruche
₂(年カ) ₄(有ル) ₃(算用サレテ) ₄(手ハ) ₃(ノ) ₁(此) ₂(瓶)

エ　　　カツセ　　　　　　ス　　リウ　　スラ　　アーラブリ　ジュ　　パン
est cassée.　　Ce lieu sera à l'abri du vent.
₆(有ル)₅(壞レテ)　　₁(此)₂(塲所ハ)₅(有ルダロー)₄(防ケテ)　₃(風ヲ)

　ラジアン　　ア　エテ　　コンモン　　　　　ル　　ベタイユ　エ　　ラ
L'argent a été commun.　　Le bétail est la
₁(銀貨ハ)　₃(有タ)　₂(普通デ)　　　₁(家畜ハ)　₄(有ル)

リシエツス　ジュ　ヘエルミエ　　　　レ　ザルム　ソン　レ　マンブル
richesse du fermier.　　Les armes sont les membres
₃(富デ)　₂(農家ノ)　　₁(武器ハ)₄(有ル)　₃(肢手デ)

ジュ　ソルダー　　　セツト　ドクトリーヌ　エ　オーステール　　ボートル
du soldat.　Cette doctrine est austère.　Votre
₂(兵卒ノ)　₁(此)₂(敎ハ)　₄(有ル)₃(嚴重デ)　₁(汝ノ)

スクール　　エ　　ネセツセール　　　　セツト　ジュヌ　フヒーユ　エ
secours est nécessaire.　Cette jeune fille est
₂(扶助ハ)₄(有ル)₂(必要デ)　　₁(此)₂(若キ)₃(娘ハ)₅(有ル)

ベーグ　　　セ　　ソンジュ　　エテー　タグレアブル　　　　　ス
bègue.　Ces songes étaient agréables.　Ce
₄(吃リデ)　₁(此)₂(夢ハ)　₄(有リシ)₃(悅ハシク)　　₁(此)

ロチー　　エ　テキスキ　　　　ス　　パン　　ジュ　　ノール　エ
roti est exquis.　Ce vent du nord est
₂(燒肉ハ)₄(有ル)₃(結構デ)　₁(此)₄(風ハ)₃(ノ)　₂(北)₆(有ル)

グラシアル　　　　リベール　　エ　　ドージュル　　ロン　　　セ
glacial.　L'hiver est toujours long.　Cet
₅(寒ク)　₁(冬ハ)　₄(有ル)₂(常ニ)　₃(永ク)　₁(此)

タンフアン　エ　　ルール　　　ル　ビュイ　エ　ドーシュール　ベール
enfant est lourd.　Le buis est toujours vert.
₂(童兒ハ)₄(有ル)₃(重ク)　₁(黃楊木ハ)₄(有ル)₂(常ニ)₃(靑色デ)

　セ　ゼクラ　ド　リール　　ソン　テクセツシーフ　　イザツク　エ
Ces éclats de rire sont excessifs.　Isac et
₁(此)₄(聲ハ)　₃(ノ)₂(笑ヒ)₆(有ル)　₅(過度デ)　₁(イザツク帝)₂(而)

　トビー　　　オン　テテ　　アブーグル
Tobie ont été aveugles.
₃(トビー帝ハ)　₅(有タ)　₄(盲目)

　　　　　　　　　　（第　二　十）

　　　　ス　　ランガージュ　エ　　プレーザン　　　イル　スラ　　ベルミ
　　　Ce langage est plaisant.　Il sera permis
　　　₁(此)₂(國語ハ)₄(有ル)₃(滑稽デ)　₃(夫レハ)₅(有ルダロー)₄(許サレテ)

　ド　　パルレ　　　　セ　　レーザン　　ソン　タンジジエスト　　　ラ
de parler.　Ces raisins sont indigestes.　La
₂(ノ)₁(話スニ)　₁(此)₂(葡萄ハ)　₄(有ル)₃(不消化デ)

safran est salutaire. La cuirasse et le bouclier
₁(泊夫藍ハ) ₃(有ル) ₂(健康藥デ) ₂(鎧) ₃(而) ₄(楯)

militaires. Le loup et la biche se rencontraient.
₁(軍ノ) ₂(狼) ₃(而) ₄(牝鹿) ₁(出會スル所ノ)

L'aigle et les petits furent égorgés. Le traité
₁(鷲) ₂(而) ₃(鷲ノ子カ) ₅(有ル) ₄(切喉サレテ) ₂(條約)

et la paix étaient désirés. L'hôte et la
₂(而) ₃(平和カ) ₅(有リシ) ₄(希望サレラ) ₁(客人) ₂(而)

jeune fille restèrent muets. La canne et le
₃(若キ) ₄(娘カ) ₆(居殘タ) ₅(默シテ) ₁(杖) ₂(而)

bâton sont utiles. La gelée et la neige
₃(棒杖ハ) ₅(有ル) ₄(必要デ) ₅(霜) ₄(而) ₃(雪)

d'hiver. La pierre et la tuile sont très
₂(ノ)₁(冬) ₁(石) ₂(而) ₃(瓦ハ) ₆(有ル) ₄(甚タ)

nécessaires. Le voleur revient honteux. La
₅(必要デ) ₁(賊ハ) ₃(戻ル) ₂(恥テ)

pâleur de la lune est surprenante. Cette
₃(青白キハ) ₂(ノ) ₁(月) ₅(有ル) ₄(驚クベク) ₁(此)

lumière est obscure. Les yeux de ce petit
₂(光線ハ) ₄(有ル) ₃(暗ク) ₅(眼ハ) ₄(ノ) ₁(此) ₂(小)

chien sont devenus chassieux. Le bord de
₃(犬) ₈(有ル) ₇(成テ) ₆(眼脂出ル樣ニ) ₄(岸ハ) ₃(ノ)

cette rivière est escarpé. Il serait honteux
₁(此) ₂(河) ₅(有ル) ₄(嶮シク) ₅(夫レハ) ₇(有ルダロー) ₆(恥辱デ)

d'abandonner votre amie. Cette urne et cette
₄(ノ)₃(見棄ルコ) ₁(汝ノ)₂(友人フ) ₁(此) ₂(灰壺) ₃(而) ₄(此)

coupe étaient d'argent. Cet enfant a été
₅(盃ハ) ₇(有リシ) ₆(銀デ) ₁(此) ₂(童子ハ) ₄(アツタ)

　　　　ルコンヌツサン　　　　　　　　　セ　ゼコリエ　　　ドビアンドロン　　サヴァン
reconnaissant.　　Ces ecoliers deviendront savants.
　　₃(恩ヲ追想シテ)　　　　₁(此) ₂(生徒ハ) ₄(成ルデアロー) ₃(學者ト)
　　　レ　　ボワイヤジュール　ルビアンドロン　　　　コンタン
　　Les voyageurs reviendront contents.
　　　　　　₁(旅人ハ)　₃(歸リ來ルダロー) ₂(滿足シテ)

(第　廿　一)

　　　　ル　　クーラージュ　　デ　　ゴーロワ　　エ　　トレー　セレーブル　　　ダン
　　Le courage des Gaulois est très-célèbre dans
　　　　₂(勇氣ハ)　　₁(ゴール人ノ) ₇(有ル) ₅(甚タ) ₆(高名デ) ₄(中ニ)
　リストワール　　　　ル　　フルーブ　　ジュ　　ラン　　クール　　アントル　ラ
l'histoire.　Le fleuve du Rhin coule entre la
　₃(歴史ノ)　　　　₂(川ハ)　₁(ラン川名) ₇(流ルヽ) ₆(間ニ)
　　フランス　　エ　　ラルマーギュ　　　　　　ラ　　モール　　ジュ　　ジェネラール
France et l'Allemagne. La mort du général
₃(フランス國) ₄(而) ₅(獨逸國ノ)　　₃(死ハ)　　₂(大將ノ)
　チュレンヌ　　フュ　　トレー　　ドウルールウズ　　ア　　ドート　　ラルメ
Turenne fut très-douloureuse à toute larmée.
₁(チュレンヌ・人名)₉(有タ) ₇(甚タ) ₈(痛敷スベク) ₆(ニ) ₄(凡テノ) ₅(軍隊)
　ル　　エートル　　ド　　チチール　　フュ　　シャンテ　　ダン　　ラ
Le hêtre de Tityre fut chanté dans la
　₃(ブナノ木)₂(ノ) ₁(チチール昔ノ牧人) ₁₀(有タ) ₉(歌ハレテ) ₈(中ニ)
　プルミエール　　エグローグ　　ド　　　　ビルジール　　　　レ　　　ムールス
première églogue de　　Virgile.　　Les mœurs
　₆(第一ノ) ₇(山家歌) ₅(ノ) ₄(ビルジール昔ノ詩人ノ名)　₂(習慣)
　　デ　　ラセデモニアン　　　　プープル　　　ベリクー　　　　エテー
des Lacedémoniens, peuple belliqueux, étaient
　　　₁(ラセデモーヌ人ノ) ₄(人民ハ) ₃(勇敢ナル) ₇(有リシ)
　トレー　ヅウステール
très-austères.
₅(甚タ) ₆(嚴格デ)

(第　廿　二)

　　　　ラ　　クーチュム　　ド　　ス　　ペイ　　エ　　プレフェラーブル　　オー
　　La coutume de ce pays est préférable aux
　　　　₄(風習ハ) ₃(ノ) ₁(此) ₂(國) ₁₀(有ル) ₉(撰ムベク) ₈(ヨリ)
　ジュサージュ　　ド　　ボートル　　パトリー　　　レ　　シトワイヤン　　ジュ　　ブール
usages de votre patrie.　Les citoyens du bourg
(慣習) ₇(ノ) ₅(汝ノ) ₆(故郷)　　　₃(民ハ)　　₂(大村)

voisin ont~été toujours très~attachés au souverain.
ボワザン　オン テテ　ドゥジュール　トレ ザツタシエ　オー スープレン
1(近隣ノ) 9(有ツタ) 4(常ニ) 7(甚ダ) 8(結付ラレテ) 6(於テ) 5(君主)

Cette femme âgée, quelquefois d'une humeur
セツト　フアンム　アージエ　ケルクフホワ　ジユンヌ　ユムール
1(此) 3(婦人ハ) 2(老ヒタル) 4(時ニ因リテハ) 8(付テ) 5(或ノ) 7(耐經ニ)

fâcheuse, est très-bonne et très-compatissante
フシユーズ　エ　トレ　ボンヌ　エ　トレ　コンパツサント
6(憂欝ナル) 16(有ル) 9(甚ダ) 10(善ク) 11(而) 14(甚ダ) 15(隣心デ)

envers les malheureux. L'épouse d'un caractère
アンベール レ　マルールウ　レプーズ　ドン　カラクテール
13(向テ) 12(不幸者ニ) 5(妻ハ) 4(ノ)1(或ル) 3(性質)

doux est la gloire de l'époux et les délices
ドウ エ ラ グロワール ド レプウ エ レ デリース
2(温和ナル) 14(有ル) 13(名譽デ) 12(ノ) 11(夫) 10(而) 9(樂ンデ)

de ses~enfants. Le vice d'un~exemple
ド セ ザンフアン ル ビース ドン イクザンプル
8(ノ) 6(彼ノ) 7(小供等) 5(惡弊ハ) 4(ノ)1(或ル) 3(例)

dangereux est très-commun, et souvent~impuni.
ダンジユルー エ トレ コンモン エ スーバン タンピユニ
2(危險ナ) 8(有ル) 6(甚ダ) 7(普通デ) 9(而) 10(數々) 11(無處分ナリ)

Le chien, d'une fidélité rare et d'une at-
ル シアン ジユンヌ フヒデリテ ラール エ ジユンヌ アツ
10(犬ハ) 4(ノ)1(或ル) 3(忠實) 2(稀ナル) 5(而) 9(ノ) 6(或ル)

tachement sincère, est l'ami et le compagnon
タシュマン サンセール エ ラミー エ ル コンパイヨン
8(愛情) 7(信實ナル) 18(有ル) 17(朋友デ) 16(而) 15(仲間)

de l'homme dans les voyages. L'espérance de
ド ロンム ダン レ ボワヤージユ レスペランス ド
14(ノ) 13(人) 12(中) 11(旅行) 3(希望ハ) 2(ノ)

vaincre est le principe du courage et un gage
バンクル エ ル プランシツプ ジユ クーラージユ エ オン ガージユ
1(勝利) 12(有ル) 6(基根) 5(ノ) 4(勇氣) 7(而) 8(或)11(質物デ)

assuré du succès.
アツシユレ ジユ シユクセ
10(確信サレタル)9(ノ) 8(成功)

(第 廿 三)

Le moment de pardonner est précieux: quand~
ル モマン ド パルドンテ エ プレッシウー カン
3(場合ハ) 2(ノ) 1(赦免スル) 5(有ル) 4(貴重デ) 6(若シ)10(時ニ)

il est échappé, il ne revient pas toujours.
チー レー テシヤツペ イル ヌ ルビアン パ ドージュウル
7(夫レカ) 9(有ル) 3(逃レテ) 11(彼ハ) 13(戻ラヌ) 12(常ニ)

La soif d'entasser des trésors est une maladie
ラ ソワフ ダンタセ デ トレゾール エ チユンヌ マラジー
4(渇望ハ) 3(ノ) 2(蓄積スルコ) 1(財寶ヲ) 13(有ル) 7(或ル) 6(病氣)

bien dangereuse, et nuisible au bonheur. Le
ビアン ダンジユルーズ エ ニユイジーブル オー ボヌール ル
5(甚ダ) 6(危險ナル) 9(而) 12(有害デ) 11(ニ) 10(幸ヒ)

désir d'apprendre est louable quand il
デジール ダツプランドル エ ルーアブル カン チール
3(切望ハ) 2(ノ) 1(勤學スルコ) 5(有ル) 4(賞スベク) 6(若シ) 11(時ニ) 7(夫レカ)

est bien réglé. L'art d'écrire une lettre
エ ビアン レグレ ラール デクリール ユンヌ レットル
10(有ル) 8(善ク) 9(規定サレテ) 5(技術) 4(ノ) 3(書クコ) 1(或ル) 2(手翰ヲ)

et le talent de composer un discours sont
エ ル タラン ド コンポゼ オン ジスクール ソン
6(而) 11(知識ハ) 10(ノ) 9(組成スルコ) 7(或ル) 8(論説ヲ) 14(有ル)

très utiles. L'envie de voir la ville de
トレー ジユチール ランビ ド ボワール ラ ビール ド
12(甚タ) 13(必用デ) 6(望ハ) 5(ノ) 4(見物スルコ) 3(街ヲ) 2(ノ)

Rome fut la cause principale du voyage de
ローム フユ ラ コウズ プランシパール ジュ ボアイヤージュ ド
1(羅馬國) 13(有タ) 12(原因デ) 11(主タル) 10(旅行ノ) 9(ノ)

votre parent. Le temps de parcourir la mer
ボートル パラン ル タン ド パルクーリール ラ メール
7(汝ノ) 8(親族) 5(時ハ) 4(ノ) 3(經過スルコ) 2(海ヲ)

d'Asie a été très-favorable aux savants. La
ダジ ア エテ トレー ファボラブル オー サバン ラ
1(亞細亞) 10(有ツタ) 8(甚タ) 9(都合ヨク) 7(於テ) 6(學者ニ)

saison de chasser le cerf et le sanglier s'était
セーゾン ド シヤツセ ル セルフ エ ル サングリエ セテ
6(氣候ハ) 5(ノ) 4(獵スルヰ) 1(鹿) 2(而) 3(野猪ヲ) 14(有リシ)

écoulée trop promptement au gré de plusieurs
テクーレエ トロウ プロンプマン オー グレ ド プリユジウール
13(經過シテ) 11(餘リ) 12(速カニ) 10(望ニ) 9(ノ) 7(多ク)

personnes. Le jour de récompenser cet élève
ペルソンヌ ル ジュール ド レコンパンセ セツ テレーブ
8(人) 9(當日ハ) 8(ノ) 7(賞美スルコ) 5(此) 6(學生ヲ)

d'une application assidue brillera bientôt.
ジユンヌ アツプリカシオン アツシユ ブリユラ ビアントウ
4(付テ) 1(或ル) 3(事業ニ) 2(精勤サレタル) 11(輝ヤクデアロー)* 10(順テ)

ル　　　デジール　　ドブトニール　　レ　ゼロージュ　　ドン　　　メートル
　　Le　désir　d'obtenir　les～éloges　d'un　maitre
　　　　₁₁(願意ハ)₁₀(ノ)₉(得ルコ)　₈(賞詞ヲ)₇(カラ)₅(或ル)₆(教師)

　　ドン　　　ジユウジユマン　　エキスキ　　エ　　　トレー　　ルウアブル
　　d'un　jugement　exquis　est　très-louable.
　　₄(付テ)₁(或ル)　₃(審判ニ)　₂(結構ナル)₁₄(有ル)₁₂(甚タ)₁₃(名譽デ)

　　レスチーム　エ　ラミッチエ　　ド　　ヴォ　　パラン　　　　ジユンヌ
　　L'estime　et　l'amitié　de　vos　parents,　d'une
　　₁₀(尊敬ハ)　₉(而)　₈(友誼)　₇(ノ)　₅(汝)　₆(両親)　₄(就テ)(或ル)

　　レピユタシオン　　ジスタンゲ　　ソン　トン　ビアン　トレ　プレツシウ
　　réputation　distinguée, sont～un　bien　très-précieux
　　₃(名譽ニ)　₁(區別サレタ)₂₀(有ル)₁₈(一ノ)₁₉(財産デ)₁₆(甚タ)₁₇(貴キ)

　　プール　オン　アンファン　ビアン　子
　　pour　un～enfant　bien　né.
　　₁₅(對シテ)₁₃(或ル)₁₄(童子ニ)₁₁(善ク)₁₂(生レタル)
　　　　　　　　　　　　　　†

　　＊ 來ルダロフ
　　† 好性質

　　　　　　　　（第 廿 四）

　　ラ　　メーゾン　　エ　ル　　タンプル　　キ　オン テテ　ランベルセ
　　La　maison　et　le　temple,　qui　ont～été　renversés,
　　₆(家ハ)　₅(而)　₄(寺院)　₃(所)　₂(タ)　₁(顛覆シ)

　　エツテ　　トレ　マギフヒツク　　　　　　　ル　ベルジエ　エ　ル
　　étaient　très-magnifiques.　Le　berger　et　le
　　₉(有リシ)　₇(甚タ)₈(華美デ)　₆(牧人ハ)₅(而)

　　トルツポウ　　キ　　セツテー テガレー　　オン テテ　ルトルーベ
　　troupeau　qui　s'étaient～égarés,　ont～été　retrouvés,
　　₄(家畜)　₃(所ノ)　₂(有リシ)₁(迷フテ)　₁₄(有タ)₁₃(再ビ見出サレテ)

　　プリュ　トウ　ク　　ジユ　ヌ　クロワイエ　　レール　エ
　　plus　tôt　que　je　ne　croyais.　L'aile　et
　　₁₁(自リ)₁₂(速カニ)₁₀(自リモ)₇(私カ)₉(ヌ)₈(信セシ)　₆(羽ハ)₅(而)

　　ラ　　パツト　ド　セ　トワゾム　　アベエ テテ　カツセ
　　la　patte　de　cet～oiseau　avaient～été　cassées.
　　₄(足)　₃(ノ)　₁(此)　₂(鳥)　₈(有ツタ)　₇(折レテ)

　　ス　レーザン　エ　セ　フレーズ　ス　ガート　　　　　レ
　　Ce　raisin　et　ces　fraises　se　gâtent.　Les
　　₁(此)₂(葡萄)　₃(而)₄(此)₅(草覆盆子ハ)　₆(腐敗スル)

　　ザルプ　　エ　セ　モンターギユ　　ソン　ジフヒシール　ア
　　Alpes　et　ces　montagnes　sont　difficiles　à
　　₁(アルプ山)₂(而)　₃(此)　₄(山ハ)　₅(有ル)₇(困難デ)₆(於テ)

franchir. Le froid et la faim ne sont pas
5(跋渉スルコニ) 3(寒ハ) 2(而) 1(飢渇) 8(ヌ) 7(有ラ)
facile à supporter. La lance et l'épée qui
6(容易ク) 5(於テ) 4(凌クコニ) 1(鎗) 2(而) 3(劍) 4(夫ハ)
ont~été enlevées. La figure et la portrait
6(有ツタ) 5(取り上ゲラレテ) 1(形圖) 2(而) 3(肖像ハ)
sont très ressemblants. Le bras et la main,
6(有ル) 4(甚ダ) 5(類似スル所ノモノデ) 6(腕ハ) 5(而) 4(手)
qui ont~été pansés, sont quéris. La famine
3(所) 2(有ツタ) 1(繃帯サレテ) 8(有ル) 7(恢復シテ) 1(飢饉)
et la guerre sont deux fléaux très-redoutables.
2(而) 3(戰爭ハ) 8(有ル) 6(二ノ) 7(禍デ) 4(甚ダ) 5(恐怖スベキ)
La lyre et la harpe, qui ont~été apportées,
4(小琴) 5(而) 6(立琴ハ) 3(所) 2(有ツタ) 1(持參サレテ)
étaient d'ivoire. Le bitume et la poix sont
9(有リシ) 8(デ) 7(象牙) 1(土瀝青) 2(而) 3(松油) 8(有ル)
très~utiles aux~ouvriers. Ces murs et
6(甚ダ) 7(必用デ) 5(於テ) 4(職工ニ) 1(此) 2(石垣) 3(而)
cette voûte sont de marbre. Ces soucis et
4(此) 5(圓頂格ハ) 8(有ル) 7(デ) 6(大理石) 1(此) 5(金盞花) 6(而)
ces roses, qui ont~été arrachés, étaient fleuris.
7(此) 8(薔薇花ハ) 3(所) 2(有ツタ) 1(引拔カレテ) 10(有リシ) 9(花咲テ)
La faute et le mensonge, qui ont~été commis,
4(過失) 5(而) 6(詐ハ) 3(所) 2(有ツタ) 1(犯サレテ)
sont très-criminels.
9(有ル) 7(甚タ) 8(罪ベク)

　＊信ゼショリ

(第廿五)

　　ス　　　ペイ　　　エ　　プレン　　ダルブル　　ザドミラーブル　　　ア
　　Ce　pays　est　plein　d'arbres～admirables　à
　1(此) 2(國ハ) 9(有ル) 8(充満シテ) 7(カラ) 6(樹木) 5(感服スヘキ) 4(於テ)

　ポワール　　セ　　ポット　　ソン　サンブラーブル　　オー　ミエンヌ
　voir.　Ces　bottes　sont　semblables　aux　miennes.
　3(見ルコニ) 1(此) 2(長靴ハ) 6(有ル) 5(齊ク) 4(ニ) 3(私ノ)

　セ　　ザンフアン　　オン ドウ　ジュ　グウ　　プール　ランストリユクシオン
　Ces～enfants　ont～eu　du　gaût　pour　l'instruction.
　1(此) 2(童子等ハ) 6(持タ) 5(味ヲ) 4(向テ) 3(教育)

　レ　　ギェリエ　　ソン　タビード　ド　　コンバ　　　　　オン
　Les　guerriers　sont～avides　de　combats.　Un
　　1(軍人ハ) 5(有ル) 4(欲心ガ) 3(ノ) 2(戰爭) 1(或ル)

　トレ　　ボン　　ロワ　　エ　サンブラーブル　ア　オン　ペール　ド
　très-bon　roi　est　semblable　à　un　père　de
　2(甚タ)3(善キ) 4(國王ハ) 11(有ル) 10(齊ク) 9(ニ) 7(或ル) 8(父) 6(ノ)

　フアミーユ　　　　　ル　トラバイユ　エ　タバンタジュ　ア　ラ　サンテ
　famille.　Le　travail　est～avantageux　à　la　santé.
　5(一家親族) 1(勉強ハ) 5(有リ) 4(利益デ) 3(ニ) 2(健康)

　ランブルール　　　テオドース　　エッテ　　ポルテ　　　ア　ラ　コレール
　L'empereur　Théodose　était　porté　à　la　colère.
　2(帝ハ) 1(テヲドース) 6(有リシ) 5(保タレテ) 4(於テ) 3(怒)

　アンニバール　　ラバシヤン　　　リタリ　　　エテ　　イリテ　　コントル
　Annibal　ravageant　l'Italie　était　irrité　contre
　8(アンニバール大將ハ) 2(掠亂スル所ノ) 1(伊國ヲ) 7(有シ) 6(激怒シテ) 5(叛シテ)

　レ　　ローメン　　　ル　　ソルダ　　タックウチュメ　ア　ラ　フアチーグ
　les　Romains.　Le　soldat～accoutumé　à　la　fatigue,
　4(羅馬人民ニ) 2(兵卒ハ) 6(馴レタル) 7(於テ) 6(疲勞ニ)

　エ　　キ　　ヌ　　マンク　　パ　ド　　クーラージュ　　ツーブリ
　et　qui　ne　manque　pas　de　courage,　oublie
　5(而) 4(所ノ夫レ) 3(ヌ) 2(落サ) 1(勇氣ヲ) 11(忘スル)

　レ　　ダンジエ　　　ラ　　ブルビ　　キ　　スーフレ　　ランジュル
　les　dangers.　La　brebis　qui　souffre　l'injure.
　10(危難ヲ) 4(牝羊) 3(所ノ) 2(患フル) 1(害ヲ)

　エ　　ル　　ルウ　　アビード　ド　　カルナージュ　　フュル　　ジーニュ
　et　le　loup　avide　de　carnage,　furent　dignes
　5(而) 9(狼ハ) 8(貪欲ナル) 7(付テ) 6(殺戮ニ) 10(タ) 11(價シ)

　ド　　ラッタンシオン　　ド　　フヘードル　　　ラルチザン　　キ　ヌ
　de　l'attention　de　Phèdre.　L'artisan　qui　ne
　13(付テ) 12(注意ニ) 11(ノ) 10(フヘードル) 6(職工) 5(所ノ) 4(ヌ)

sait pas son métier, et qui désire son
₃(知ヲ) ₁(彼) ₂(仕事ヲ) ₈(而) ₁₂(所ノ夫レハ) ₁₁(渇望スル) ₉(彼)

salaire, n'est pas né pour l'utilité de la
₁₀(給料ヲ) ₁₉(ヌ)₁₈(アラ) ₁₇(生レテ) ₁₆(向テ) ₁₅(必要ニ) ₁₄(ノ)

société. César, porté à la douceur, et
₁₃(會社) ₄(セザール人名) ₃(達シタル) ₂(於テ) ₁(温和ニ) ₅(而)

qui se souvenait des services reçus était
₉(所ノ夫レハ) ₈(記臆スル) ₇(職務ヲ) ₆(受ケタル) ₁₄(有リシ)

né pour le bonheur des peuples. Le
₁₃(生レテ) ₁₂(對シテ) ₁₁(幸福ニ) ₁₀(人民ノ)

pauvre qui manque de secours, et qui
₄(貧者ハ) ₃(所ノ) ₂(缺ク) ₁(扶助ヲ) ₅(而) ₁₁(所ノ夫レハ)

est content de son sort, est un
₁₀(有ル) ₉(滿足シテ) ₈(付テ) ₆(彼) ₇(運命ニ) ₁₅(有ル) ₁₆(一ノ)

spectacle digne d'admiration.
₁₇(觀物デ) ₁₅(價値アル) ₁₄(ノ) ₁₃(贊美)

（第廿六）

Ce discours, digne d'un fameux orateur,
₆(此) ₇(演舌ハ) ₅(價値アル) ₄(ノ)₁(或ル) ₂(有名ナル) ₃(演舌家)

est admirable à entendre. Le mensonge,
₁₁(有ル) ₁₀(賞賛スベク) ₉(於テ) ₈(聽聞スルニ) ₅(虛言ハ)

indigne de l'honnête homme, est facile à
₄(價値ナキ) ₃(ノ) ₁(正直ナル) ₂(人) ₉(有ル) ₈(容易デ) ₇(於テ)

mépriser. Un esprit porté à la dissimulation,
₆(見下スニ) ₇(或ル)₈(情心ハ) ₃(保ツ)₂(於テ) ₁(僞ニ)

accoutumé à la fourberie, est indigne d'un
₆(馴タ) ₅(於テ) ₄(欺ニ) ₁₀(有ル)₁₄(價値ナク)₁₃(付テ)₁₁(或ル)

enfant bien né. Cet~homme, doué d'une
12(兒童ニ) 9(善ク) 10(生レタ) 11(此) 12(人ハ) 10(附與サレタ) 9(付テ) 6(或)
ナンファン ビアン 子 セ トンム ドーエ ジュンヌ

vaste érudition, et utile à ses concitoyens,
7(廣キ) 8(博學ニ) 5(而) 4(必要ナル) 3(於テ) 1(彼ノ) 2(同國人ニ)
バスト エリュジシオン エ ユチール ア セ コンシトワイヤン

est digne d'éloges. La calomnie, facile
16(有ル) 15(價値スベク) 14(付テ) 13(賞詞) 4(誣告ハ) 3(容易ナル)
エ ジーギ デロージュ ラ カロンニ ファシール

à inventer, est difficile à détruire. Hérode,
3(於テ) 1(發見スルニ) 8(有リ) 7(困難デ) 6(於テ) 5(打崩スコニ)* 4(ヘロッド人名)
ア アンバンテ エ ジフヒシール ア デトリュイル ヘロウド

avide du sceptre, était irrité contre les
3(強欲ナル) 2(就テ) 1(笏ニ)† 8(有リシ) 7(憤激シテ) 6(反シテ)
アビード ジュ セツトル エテ イリテ コントル レ

mages. Les héros étaient alliés aux dieux
5(大僧ニ) 1(英雄ハ) 8(有リシ) 7(同盟シテ) 6(於テ) 5(神ニ)
マージュ レ ヘロー エテー アリエ オー ジュ

ou aux déesses. L'homme qui se souvient
4(或ハ) 3(於テ) 2(女神ニ) 7(人ハ) 6(所) 5(記臆スル)
ウー オー デエツス ロンム キ ス スービアン

des~injures et oublie les bienfaits, est porté
4(無禮) 3(而) 2(忘却シ) 1(恩惠ヲ) 14(有ル) 13(保タレテ)
デ ザンジュル エ ウーブリ レ ビアンフヘ エ ポルテ

à l'ingratitude et à la vengeance. Job,
12(於テ) 11(忘恩ニ) 10(而) 9(於テ) 5(復讎ニ) 5(ジョーブ人名)
ア ラングラチチュード エ ア ラ バンジャンス ジョーブ

qui souffrit des maux~innombrables était doué
4(所) 3(患フル) 2(災害ヲ) 1(無限ノ) 11(有リシ) 10(附與サレテ)
キ スーフリ デ モー ジンノンブラーブル エテ ドーエ

d'une patience admirable.
9(カラ) 7(或ル) 8(耐忍ニ) 6(感賞スベキ)
ジュンヌ パシアンス アドミラーブル

* 譏毀スルハ容易ナルモ之ヲ消滅スルハ難シ

† 王位ヲ熱望シタル

‡ incliné 傾テ

(第 廿 七)

L'homme de bien est porté à pardonner,
3(人ハ) 2(ノ) 1(善) 13(有ル) 12(擔ハレテ)* 5(於テ) 4(容赦スルコニ)
ロンム ド ビアン エ ポルテ ア パルドンネ

ル　　メツシヤン　ア　　バンジエ　　ユンヌ　　アンジユル　　ルツシユ
le méchant à venger une injure reçue.
　　₆(惡人ハ)　₁₁(於テ)₁₀(復讐スルコニ)₈(或ル)₉(無禮)　₇(受ケタル)

ル　　ブルーアジユ　ジユ　メドサン　　フヒイリツプ　　エツク　プロプル
Le breuvage du médecin Philippe était propre
　　₃(藥料ハ)　　₂(醫者ノ)　₁(フヒリツプナル)　₈(有リシ)₇(適當デ)
　　　　　　　　　　　　　人名

ア　　ギエリール　　アレキサンドル　　　レ　ザンビロン　　　　ド
à guerir Alexandres. Les environs de
₆(於テ)₅(治療スルコニ)₄(アレキサンドルヲ人名)　　₄(近傍ハ)　₃(ノ)

セツト　　ビール　　ソン　　タグレアブル　　ア　　　ポワール　　　ジウー
cette ville sont agréables à voir. Dieu,
₁(此)₂(市街)₈(有ル)₇(愉快テ)₆(爲メニハ)₅(見ル)　₅(神ハ)

キ　　　スーフル　　ノオ　　エガールマン　　エ　　ポルテ　　　ア
qui souffre nos égarements, est porté à
₄(所ノ)₃(堪ユ)₁(吾ノ)₂(迷ヒヲ)₉(有ル)₈(擔任サレテ)†₇(於テ)

パルドン子　　　ロンム　　　エ　　子　　　プール
pardonner. L'homme est né pour
₃(赦免スルコニ)　₁(人ハ)　₁₁(有ル)₁₀(生レテ)₃(爲メニ)

トラバイエ　　ル　　ブーフ　　　プール　　ラブーレ　　　　ロワゾー
travailler, le boeuf pour labouler, l'oiseau
₂(事業ノ)　₄(牛ハ)　₆(爲メニ)₅(耕作スル)　　₇(鳥ハ)

プール　　ボレ　　　チユレンヌ　　エツテ　タクーチユメ　　　ア
pour voler. Turenne était accoutumé à
₉(爲メニ)₈(飛行スル)₁(チユレンヌハ人名)₆(有リシ)₇(慣馴テ)₃(於テ)

バンクル　　エ　ア　　パルドン子
vaincre et à pardonner.
₂(打勝コニ)₄(而)₆(於テ)₅(容赦スルコニ)

　* incliné 慣テ

　† incliné

（第　廿　八）

レ　　　ザンフアン　ソン　　　ドージユール　　プレ　　ア　　クーリール
Les enfants sont toujours prêts à courir
₁(童子ハ)　₉(有ル)₂(平常)₈(用意シテ)₇(於テ)₆(走ルコニ)

ウー　　ア　　　ジユーエ　　　ル　　プランス　　キ　　ウーブリ　　ド
ou à jouer. Le prince qui oublie de
₅(或ハ)₄(於テ)₃(遊ブコニ)　₅(皇族ハ)₈(所ノ)₇(忘却スル)

ス　　バンジエ　エ　　キ　　　ス　　スーピアン　ド　　レコン
se venger, et qui se souvient de récom-
₅(復讐スルヲ)₄(及ビ)₃(所ノ夫レ)₂(記憶スル)　₁(賞譽ス

penser, est né pour le bonheur des peuples. Cet ouvrage difficile à comprendre est propre à exercer l'attention. Les parents sont disposés à oublier les torts des enfants. Ce récit est bien propre à consoler le pauvre. La saison paraît propre pour chasser. Le silence de la nuit est avantageux pour la peche. Ces eaux pleines d'eau sont commodes pour abreuver les chevaux. L'adversité est utile à l'homme de bien. Le cheval paraît né pour les combats. Il serait difficile d'excuser cette faute.

* 善人

(第廿九)

Le cheval est plus courageux que le cerf.
ル シュバール エ プリュ クーラジュー ク ル セルフ
₁(馬ハ) ₆(有ル) ₄(ヨリ) ₅(勇猛デ) ₃(ヨリ) ₂(鹿)

Le cèdre est plus ~ élevé que le chêne. La
ル セードル エ プリュ ゼレベ ク ル シェーヌ ラ
₁(柏樹ハ) ₆(有ル) ₄(ヨリ) ₅(長ヶ高ク) ₃(ヨリ) ₂(樫)

chevelure d'Absalon lui fut plus nuisible
シュブリュール ダブサロン リュイ フュ プリュ ニュイジーブル
₃(頭髪ハ) ₂(ノ) ₁(アブサロン人名) ₄(彼ニ) ₆(有タ) ₇(ヨリ) ₈(害デ)

qu'utile. Cette coquille est plus large que
キュチール セット コキイユ エ プリュ ラルジュ ク
₆(ヨリ)₅(必要) ₁(此) ₂(貝ハ) ₈(有ル) ₆(ヨリ) ₇(廣ク) ₅(コリ)

ce gobelet. Le fer est plus ~ utile que
ス ゴブレ ル ヘエル エ プリュ ジュチール ク
₃(此) ₄(杯) ₁(鐵ハ) ₄(有ル) ₄(ヨリ) ₅(必要デ) ₃(ヨリモ)

l'or. Ce fleuve est plus large que profond.
ロール ス フルーブ エ プリュ ラルジュ ク プロフォン
₂(金) ₁(此) ₂(大河ハ) ₇(有ル) ₅(ヨリ) ₆(廣ク) ₄(ヨリモ) ₃(深サ)

Cet ~ enfant agit plus ~ étourdiment que pru-
セ タンファン アジ プリュ ゼットンヌマン ク プリュ
₁(此) ₂(小兒ハ) ₇(働ク) ₅(ヨリ) ₆(輕忽ニ) ₄(ヨリモ)

demment. Nos pères étaient plus pieux
ダンマン ノオ ペール エッテ プリュ ピウ
₃(用心) ₁(我ノ) ₂(父ハ) ₇(有リシ) ₅(ヨリ) ₆(慈悲深ク)

que nous. L'ennemi combattit plus courageuse-
ク ヌウ レンヌミ コンバッチ プリュ クーラジューズ
₄(ヨリ) ₃(我々) ₁(敵ハ) ₆(戰フタ) ₄(コリ) ₅(勇猛ニ)

ment que longtemps. Cette méthode paraît
マン ク ロンタン セット メトード パレ
₃(ヨリモ) ₂(久キ間)* ₁(此) ₂(方法ハ) ₇(見ユル)

plus ~ abrégée que súre. La ponce est plus
プリュ ザブレジエ ク シウル ラ ポンス エ プリュ
₅(ヨリ) ₆(簡略サレテ) ₄(ヨリ) ₃(確實) ₁(輕石ハ) ₆(有ル) ₄(コリ)

légère que la craie. Ce prince gouverne plus
レジエール ク ラ クレー ス プランス グーベルヌ プリュ
₅(輕ロク) ₃(ヨリ) ₂(白墨) ₁(此) ₂(君主) ₇(支配スル) ₅(ヨリ)

sagement que sévèrement. Ce jeune homme
サージュマン ク セベールマン ス ジューヌ オンム
₆(賢明ニ) ₄(ヨリ) ₃(嚴格) ₁(此) ₂(若キ) ₃(人ハ)

— 38 —

étudie plus assidûment qu'attentivement. Ce
₈(勤學スル) ₆(ヨリ) ₇(精勤ニ) ₅(ヨリ) ₄(注意) ₁(此)

village est plus éloigné qu'il ne paraît.
₂(村落ハ) ₉(有ル) ₇(ヨリ) ₈(遠隔シテ) ₆(ヨリ) ₃(夫レカ) ₅(ヌ) ₄(見へ)†

Le chant du paon est plus désagréable que
₂(鳴聲ハ) ₁(孔雀ノ) ₈(有ル) ₆(ヨリ) ₇(不快デ) ₅(ヨリ)

le croassement du corbeau. L'abeille est plus
₄(鳴聲) ₃(烏ノ) ₁(蜜蜂ハ) ₆(有ル) ₄(ヨリ)

industrieuse que la mouche. Le chien est
₅(巧者デ) ₃(ヨリ) ₂(蠅) ₁(犬ハ) ₆(有ル)

plus fidèle que le chat.
₄(ヨリ) ₅(忠實デ) ₃(ヨリ) ₂(猫)

* 時間ノ度ト勇猛ノ度トヲ比較セハ勇猛優レリ

† plus que ne
見ルコリ

(第 三 十)

La vertu est plus nécessaire que la science.
₁(德行ハ) ₆(有ル) ₄(ヨリ) ₅(必要デ) ₃(ヨリ) ₂(學問)

Votre frère est plus riche qu'il n'était.
₄(汝ノ) ₂(兄弟ハ) ₈(有ル) ₆(ヨリ)* ₇(富デ) *₅(ヨリモ) ₃(夫レカ) *₄(有ラザリシ)

Rien n'est plus glorieux que de pardon-
₁(何事モ) ₆(有ラヌ) ₄(モ早ヤ) ₅(名譽ノコハ) ₃(ヨリ) ₂(赦免スル)

ner. Cet homme est plus bavard que savant.
₁(此) ₂(人ハ) ₇(有ル) ₅(饒口) ₆(多辯デ) ₄(ヨリ) ₃(博學)

Les enfants sont souvent moins sages et
₁(小兒ハ) ₁₀(有ル) ₇(數々) ₈(ヨリハヅカ) ₉(賢ク) ₆(而)

moins vertueux que les pères. Turenne
₄(一リハヅカ) ₅(德實) ₃(ヨリ) ₂(父) ₁(チユレンヌハ人名)

était plus brave et plus pieux que vous
11(有ル) 9(ヨリ) 10(勇敢デ) 8(而) 6(コリ) 7(慈悲深ク) 5(ヨリ) 2(汝カ)
ne pensez. Le soleil est plus grand que
4(ヌ) 3(思慮セ) 1(大陽ハ) 6(有ル) 4(ヨリ) 5(大ク) 3(ヨリ)
la terre. Agissez plus sagement que votre
2(地球) 6(働ケヨ) 4(ヨリ) 5(賢明ニ) 2(コリ) 1(汝)
frère. Les habitants de cette ville paraissent
2(兄弟) 4(住民ハ) 3(ノ) 1(此) 2(街ノ) 8(見ユル)
plus pauvres que riches. Rien n'est plus
7(ヨリ) 8(貧乏ニ) 6(コリ) 5(富貴) 1(何事モ) 6(有ラヌ) 4(ヨリ)
dangereux que l'oisiveté.
5(危険ハ) 3(ヨリ) 2(怠惰)

* plus que ne
有シコリ富テ

(第三十一)

Ce chemin paraît plus long que difficile.
1(此) 2(道路ハ) 7(見ユル) 5(ヨリ) 6(長ク) 4(ヨリ) 3(困難)
La pluie tombe plus rarement qu'abondamment.
1(雨ハ) 6(降ル) 4(ヨリ) 5(稀ニ) 3(ヨリ) 2(多量)
Ce joug est plus léger que vous ne croyez.
1(此) 2(軛ハ) 9(有ル) 7(ヨリ)* 3(輕ク) 6(ヨリ)* 8(汝カ) 5(ヌ)* 4(思ヒハ)
Rien n'est plus dangereux que de se mettre
1(何事モ) 8(有ラヌ) 6(ヨリ) 7(危険ナルコトハ) 5(ヨリ) 4(従事スル)
en colère. Le fumier est plus nécessaire
3(於テ) 2(怒ニ) 1(肥料ハ) 10(有ル) 3(ヨリ) 9(必用デ)
à la terre que vous ne pensez. La
2(於テ) 6(土地ニ) 5(ヨリ) 2(汝カ) 4(ヌ) 3(想ヒセ)

réputation est plus chère à l'homme de
₁(名譽ハ) ₁₀(有ル) ₈(ヨリ) ₉(貴重デ)† ₇(於テ) ₆(人ニ) ₅(ノ)
bien que les richesses. Les-ignorants sont
₄(善良) ₃(ヨリ) ₂(富貴) ₁(無學者ハ) ₆(有ル)
plus nombreux que les savants. Ces greniers
₄(ヨリ) ₅(多數デ) ₃(ヨリ) ₂(學者) ₁(此) ₂(穀物倉ハ)
sont plus vides que pleins. Cette entreprise
₇(有ル) ₅(ヨリ) ₆(空シク) ₄(ヨリ) ₃(滿ツル) ₁(此) ₂(企ハ)
est plus juste que facile à exécuter.
₉(有ル) ₇(ヨリ) ₈(正シク) ₆(ヨリ) ₅(容易ナル) ₄(於テ) ₃(施行スルコニ)
L'eau de ce lac est plus trouble que claire.
₄(水ハ) ₃(ノ) ₁(此) ₂(湖) ₁(有ル) ₇(一層) ₈(濁デ) ₆(ヨリ) ₅(澄デル)
La pointe de cette lance est plus aiguë que
₄(尖ハ) ₃(ノ) ₁(此) ₂(鎗) ₉(有ル) ₇(一層) ₈(銳ク) ₆(ヨリ)
le fer n'en ~ est brillant. Cet-homme
₅(鐵) ₁₃(ヌ) ₁₀(夫ニ付テ) ₁₂(有ル) ₁₁(輝テ) ₁(此) ₂(人ハ)
est plus libéral que riche. Les-heures de
₇(有ル) ₅(ヨリ) ₆(仁惠デ) ₄(ヨリ) ₃(富デ) ₃(時ハ) ₂(ノ)
travail paraissent plus courtes que longues à
₁(勉强) ₁₁(見ル) ₉(ヨリ) ₁₀(短ク) ₈(ヨリ) ₇(永ヒ) ₆(於テ)
l'écolier diligent. Cet-enfant est plus doux
₅(生徒ニ) ₄(出精ナル) ₁(此) ₂(小兒ハ) ₈(有ル) ₆(ヨリ) ₇(溫和デ)
qu'il n'était. Ces preuves sont plus claires
₅(ヨリ)₃(夫レカ)₄(有シ) ₁(此) ₂(證據ハ) ₇(有ル) ₅(ヨリ) ₆(明瞭デ)
que le jour. Ces figues sont plus mûres
₄(ヨリ) ₃(日光) ₁(此) ₂(無花果ハ) ₉(有ル) ₇(ヨリ) ₅(熟シテ)
qu'agréables au goût.
₉(ヨリ) ₅(愉快) ₄(於テ) ₃(味ニ)

* plus que ne
何々ニスルヨリ

† précieuse.

Ce fer de lance est brillant.

(第三十二)

Le plus chaud des pays est l'Afrique. Le
₁(最モ)₂(暖キモノハ) ₃(國ノ)₅(有ル) ₄(亞非利加デ)
plus barbare des tyrans fut Néron.
₂(最モ) ₃(野蠻ナルモノハ) ₁(暴君ノ) ₅(有タ)₄(子ルソン帝デ)
L'écolier le plus vif de la classe est le
₅(生徒ハ) ₃(最モ)₄(活潑ナル)₂(ニテ) ₁(教場) ₈(有ル)
plus laborieux. La vertu est le plus véritable
₆(最モ) ₇(出精デ) ₁(德行ハ)₆(有ル) ₄(最モ) ₅(信實デ)
de tous les biens. Le Messie était le plus
₄(付テ)₂(凡ノ) ₃(善事ニ) ₁(救世者ハ)₅(有リシ) ₃(最モ)
clément des~hommes. La terre promise
₄(慈悲深モノデ) ₂(人ニ) ₂(土地ハ)* ₁(契約シタル)
était le pays le plus fertile de la contrée.
₅(有シ) ₇(國デ) ₅(最モ)₆(豐饒ナル) ₄(ノ) ₃(地方)
Le plus~adroit de ces deux~enfants est
₅(最モ)₆(巧ナル者ハ) ₄(ノ)₁(此) ₂(二人ノ) ₃(小兒) ₉(有ル)
votre neveu. Alexandre était fils de
₇(汝ノ) ₈(甥デ) ₁(アレキサンドル帝ハ)₅(有リシ)₄(子息デ)₃(ノ)
Philippe; celui-ci était le plus railleur.
₂(フヒ井リップ人名) ₆(此人ハ)₉(有リシ) ₇(最モ) ₈(嘲哢者デ)
Cette nouvelle me parait très~incertaine. Le
₁(此) ₂(新報ハ)₃(私ニ)₆(見ユル) ₄(甚ダ) ₅(不慥ニ)

miel est le plus doux des mets. La France
ミエル エ ル プリユ ドー デ メー ラ フランス
1(蜂蜜ハ) 6(有ル) 4(最モ) 5(甘ク) 3(ノ) 2(食品) 1(佛國ハ)

est un des pays les plus fertiles. Quel
エ トン デ ペ井 レ プリユ フヘルチール ケール
7(有ル) 6(一デ) 5(ノ) 4(國) 2(最モ) 3(豐饒ナル) 1(イカナル)

animal plus sale que le porc ? Démosthène
アニマール プリユ サール ク ル ポルク デモステーヌ
2(動物カ) 5(ヨリ) 6(不潔ナルカ) 4(ヨリ) 3(豕) 1(デモステーヌハ)

était le plus éloquent des orateurs d'Athènes.
エツテー ル プリユ ゼロツカン デ ゾラツドール ダツテーヌ 人名
8(有シ) 6(最モ) 7(雄辯ナル者デ) 5(ノ) 4(演舌家) 3(ノ) 2(アテーヌ國)

Le soucis est la plus jaune des fleurs.
ル スーシ エ ラ プリユ ジヨーヌ デ フルウール
1(金盞花ハ) 6(有ル) 4(最モ) 5(黄色ナル者デ) 3(ノ) 2(花)

La soie est le plus délié des fils. Le
ラ ソワ エ ル プリユ デリエ デ フヒ井 ル
1(絹ハ) 5(有ル) 3(最モ) 4(繊微ナル者デ) 2(系ノ)

cèdre est le plus haut des arbres. Le chien
セードル エ ル プリユ オー デ ザルブル ル シアン
1(杉ハ) 5(有ル) 4(最モ) 5(高キモノデ) 3(ノ) 2(樹木) 1(犬ハ)

est le plus reconnaissant des animaux. Votre
エ ル プリユ ルツコン子ツサン デ ザニモー ボートル
6(有ル) 4(最モ) 5(感恩シタルモノデ) 3(ノ) 2(動物) 1(汝)

mère était la plus gaie de la société.
メール エツテー ラ プリユ ゲー ド ラ ソシエテ
2(母ハ) 7(有シ) 5(最モ) 6(愉快ナル者デ) 4(ノ) 3(社會)

** palestine.

(第三十三)

Le plus courageux de ces deux soldats a été
ル プリユ クーラジユー ド セ ド― ソルダ ア エテ
5(最モ) 6(勇猛者ヲ) 4(ノ) 1(此) 2(二人) 3(兵卒) 8(レタ)

récompensé. Les murailles de cette ville sont
レコンパンセ レ ミューライユ ド セツト ビール ソン
7(賞與サ) 4(圍壁ハ) 3(ノ) 1(此) 2(街) 9(有ル)

les plus escarpées de toutes. Le style de
レ プリユ ゼスカルペ ド ドート ル スチール ド
7(最モ) 8(峻岨ナルモノデ) 6(ノ) 5(凡テノモノ) 4(文躰ハ) 3(ノ)

セ　トウトール　　エ　プリュ　モルダン　　ク　ル　シュジエ　子
cet~auteur est plus mordant que le sujet n'-
₁(此) ₂(著述者) ₁₁(有ル)₉(ヨリ) ₁₀(刺撃テ) ₈(ヨリ) ₅(題ガ) ₇(ヌ)

キジージエ　　シセロン　　エ　ル　プリュ　　フアムー　　　デ
exige. Cicéron est le plus fameux des~
₆(望ム) 　₁(シセロンハ人名)₈(有ル) ₆(最モ) ₇(有名ナル者デ) ₅(ノ)

ヅラツドール　ド　　ローム　　　　　ドウ　　ド　セ　ザンフアン　ソン
orateurs de Rome. Deux de ces~enfants sont
₄(演舌家) ₃(ノ) ₂(羅馬) ₄(二人カ) ₃(ノ) ₁(此) ₂(小兒) ₃(タ)

ブニユ　　　セツト　タージュ　エ　プリュ　　ペニーブル　　ク　ヲ
venus. Cette tâche est plus pénible que la
₅(來) 　₁(此) ₂(仕事ハ) ₇(有ル) ₅(コリ) ₆(困難デ) ₄(ヨリ)

ボートル　　　ル　　ピエ　　　ドロワ　　エ　　トルジテールマン　　　　ル
vôtre. Le pied droit est~ordinairement le
₃(汝ノ) 　　₂(足ハ) ₁(右ノ) ₆(有ル) ₃(普通ニ)

プリュ　フオール　　レ　シューヌ　ジヤン　ソン　プリュ　　ペチユラン
plus fort. Les jeune gens sont plus pétulants
₄(最モ)₅(強コク) 　₁(若キ) ₂(輩ハ) ₇(有ル) ₅(ヨリ) ₆(放逸デ)

ケキスペリマンテ　　　　　ラジヨー　　エ　プリュ　　　ドウ
qu'expérimentés. L'agneau est le plus doux
₄(コリ) ₃(熟練ナル) 　₁(羊兒ハ) ₆(有ル) ₄(最モ) ₅(温和ノ者デ)

デ　ザニモー
des~animaux.
₃(ノ) ₂(動物中)

動詞上ノ文章
(第三十四)

La mère et la fille se promènent. Vous
₁(母) ₂(而) ₃(娘カ) ₄(散歩スル) ₁(汝)

et moi, nous avertissons. Votre frère et
₂(而) ₃(私) ₄(我々カ) ₅(告知スル) ₁(汝) ₂(兄弟) ₃(而)

vous, vous arrêterez. Cet événement et votre
₄(汝) ₅(汝等ハ) ₆(留ルダロー) ₁'此) ₂(事件) ₃(而) ₄(汝)

avis le touchent. Votre père et moi, nous
₅(說ヲ)₆(夫レニ) ₇(感シサスル) ₁(汝) ₂(父) ₃(而) ₄(私) ₅(我々カ)

récompenserons. La foule applaudira. La
₆(賞譽スルデアロー) ₁(群衆カ) ₂(喝采スルダラウ)

grêle et la neige ont beaucoup nui. Votre
₁(霰) ₂(而) ₃(雪カ) ₆(タ) ₄(多ク) ₅(害シ) ₁(汝)

frère et vous, vous compterez. Votre mère
₂(兄弟) ₃(而) ₄(汝) ₅(汝ガ) ₆(精算スルダロー) ₁(汝) ₂(母)

et nous, nous prierons. Le vainqueur et
₃(而) ₄(我々) ₅(我々カ) ₆(願フダロー) ₁(勝人) ₂(而)

vous, vous triomphiez. Vous et moi, nous
₃(汝) ₄(汝ガ) ₅(凱陣シタ) ₁(汝) ₂(而) ₃(私) ₄(我々ガ)

avons résolu. Le paysan et le prince sont
₆(シタ) ₅(決定) ₁(農夫) ₂(而) ₃(皇族ハ) ₇(有ル)

sujets à la mort. Le pain et les habits
₆(屬シテ) ₅(於テ) ₄(死ニ) ₁(麵包) ₂(而) ₃(衣服ハ)

sont très-nécessaires. Ces écoliers et vous,
₆(有ル) ₄(甚ダ) ₅(必用デ) ₁(此) ₂(生徒) ₃(而) ₄(汝)

vous avez écrit très-joliment. Cette étoffe et
₅(汝ガ) ₉(タ) ₈(書) ₆(甚タ) ₇(美麗ニ) ₁(此) ₂(織物) ₃(而)

cette toile paraissent neuves. Votre jeune
₄(此) ₅(木綿織物) ₇(見ユル) ₆(新ク) ₁(汝ノ) ₂(若キ)

frère et vous, vous avez babillé trop longtemps.
₃(弟) ₄(而) ₅(汝) ₆(汝ガ) ₁₀(シタ) ₉(多辯) ₇(余リ) ₈(久シク)

Vos parents et nous, nous avons beaucoup
₁(汝等ノ) ₂(兩親) ₃(而) ₄(我々) ₅(我々ガ) ₈(タ) ₆(多ク)

souffert. Cette chose est évidente. Nos
₇(苦) ₁(此) ₂(事物ガ) ₄(有ル) ₃(明白デ) ₁(我々ノ)

amis et nous, nous appréhendâmes. Les
₂(友人) ₃(而) ₄(我々) ₅(我々ガ) ₆(恐タ)

voyageurs qui sont arrivés, et moi, nous nous
₄(旅人) ₃(所ノ) ₂(シタ) ₁(到着) ₅(而) ₆(私) ₇(我々ハ) ₈(*)

assîmes. Ces poires, qui mûrissent, sont
₉(坐タ) ₃(此) ₄(梨子ハ) ₂(所ノ) ₁(熟スル) ₅(有ル)

délicieuses à manger. Ces blés, qui sont
7(結搆デ) 6(於テ) 5(食スルコニ) 4(此) 5(麥ハ) 8(所ノ) 2(有ル)

jaunes, paraissent murs. Ce hêtre et ce
1(黄色デ) 7(見ユル) 6(熟シテ) 7(此) 8(ブナノ木ハ) 6(而) 4(此)

noyer, qui sont touffus, sont bien vieux.
5(胡桃樹) 3(所ノ) 2(有ル) 1(繁茂シテ) 11(有ル) 9(甚ダ) 10(古ク)

* s'asseoir. v. p.

(第三十五)

Les citoyens vertueux estiment et respectent
2(國民ハ) 1(德實ナル) 5(尊ヒ) 6(而) 7(尊敬スル)

le magistrat intègre. Les peuples le chérissent
4(役人ヲ) 3(潔白ナル) 1(人民ハ) 2(夫レヲ) 3(親愛スル)

et l'admirent. La terre, cette bonne mère,
4(而) 5(夫レヲ) 6(賞美スル) 4(土地) 1(此) 2(善キ) 3(母ナル)

nourrit ceux qui la cultivent. Le chagrin
9(養フ) 8(モノヲ) 7(所ノ) 5(夫レヲ) 6(耕作ス) 1(悲哀)

et la tristesse ont suffoqué mon ami. Le
2(而) 3(蕎憂カ) 7(シタ) 6(絶息サ) 4(私ノ) 5(友人ヲ)

fermier labourera les champs de mon oncle.
1(小作人カ) 6(耕スルデアロー) 5(田野ヲ) 4(ノ) 2(私ノ) 3(伯父)

Ces négociants avaient augmenté leur fortune;
1(此) 2(豪商ガ) 6(シタ) 5(増加) 3(彼ノ) 4(財産ヲ)

mais la tempête a submergé le vaisseau.
7(併シナカラ) 8(嵐ガ) 11(シタ) 10(沈没サ) 9(船ヲ)

Un bon père rend heureux ses enfants.
1(或ル) 2(良キ) 3(父ガ) 7(爲ス) 6(幸福ニ) 4(彼ノ) 5(小兒ヲ)

Jeunes gens, vous avez chanté de jolis airs,
1(若キ) 2(諸ヨ) 3(汝ハ) 8(タ) 7(歌フ) 6(付テ) 4(美キ) 5(譜ニ)

votre gosier est desséché, buvez cette bière.
9(汝ノ) 10(咽喉ガ) 12(有ル) 11(乾テ) 15(飲メヨ) 13(此) 14(麥酒ヲ)

Imitons nos ancêtres, et suivons les exemples
₃(似セヨ) ₁(我々カ) ₂(祖先ニ) ₄(而) ₉(從ヘヨ) ₈(例ニ)
de nos pères. L'homme sage évite et
₇(ノ)₅(我々カ) ₆(先祖) ₂(人ハ) ₁(賢明ナル) ₉(避ケ) ₁₀(而)
déteste également un causeur et le grand rieur.
₁₁(嫌フ) ₃(齊シク) ₄(或ル) ₅(多辯者) ₆(而) ₇(大ナル)₈(嘲弄者ヲ)
La mite ronge le fromage. Les vainqueurs
₁(蛆カ) ₃(噬ル) ₂(乾酪ヲ) ₁(勝者ガ)
ont inhumainement massacré les prisonniers. C'et
₅(シタ) ₂(不人情ニモ) ₄(殺害) ₃(囚人ヲ) ₁(此)
artiste sait ciseler le cuivre et l'airain.
₂(職工ハ) ₇(知ル) ₆(彫刻スコヲ) ₃(銅) ₄(而) ₅(鳥銅ヲ)

(第三十六)

La chasse plaît aux jeunes gens. Les prix
₁(狩ハ) ₅(氣ニ入ル)₄(於テ) ₂(若キ) ₃(諸ニ) ₁(賞與ハ)
seront réservés pour les écoliers studieux. La
₆(有ルダロー) ₅(蓄ラレテ) ₄(向テ) ₃(生徒ニ) ₂(出精ナル)
libéralité convient à l'homme riche. Tous les
₁(大度ハ) ₅(適當ス) ₄(ニ) ₃(人) ₂(富貴ノ) ₁(凡ノ)
mortels ignorent l'avenir. Le célibataire ignore
₂(人間ハ) ₄(知ヌ) ₃(未來ヲ) ₁(獨身者ハ) ₆(知ヌ)
les sollicitudes de la tendresse paternelle. Une
₅(心配ヲ) ₄(ノ) ₃(愛情) ₂(父ノ) ₁(或ル)
récolte abondante attend le cultivateur industrieux.
₃(收納ハ) ₂(多分ナル) ₆(待ツ) ₅(耕作人ヲ) ₄(巧者ナル)
Ces enfants attendent l'arrivée de leur mère;
₁(此) ₂(小兒ハ) ₇(待ツ) ₆(到着ヲ) ₅(ノ)₃(彼ノ) ₄(母)
ils ont cueilli des roseaux et ont fait une
₈(彼ハ) ₁₁(タ) ₁₀(採) ₉(蘆葦ヲ) ₁₂(而) ₁₄(タ) ₁₅(作) ₁₃(或ル)

corbeille. Le renard de la fable désirait prendre
14(籠ヲ) 3(狐ハ) 2(ノ) 1(小説) 6(望シ) 5(取ルコヲ)

les raisins et il ne les atteignit pas. Les
4(葡萄ヲ) 7(而) 8(彼ハ) 9(夫レヲ) 10(達セヌ)

petits villageois ont cueilli ces châtaignes, et les
1(小キ) 2(村人ガ) 6(タ) 5(摘取) 3(此) 4(栗ヲ) 7(而)8(夫レヲ)

ont apportées. Les taupes ont creusé ces trous,
10(タ)9(待チ來タシ) 1(モグラガ) 5(タ) 4(堀) 2(此) 3(穴ヲ)

je les ai vues. L'espoir de la victoire
6(私ハ)7(夫レヲ)9(タ) 8(見) 3(望ハ) 2(ノ) 1(勝利)

anime les combattants. Vous avez commencé
5(奬勵スル) 4(戰士ヲ) 1(汝ハ) 4(タ) 3(始メ)

l'affaire, vous la terminerez. L'exercice est
2(事務ヲ) 5(汝ハ) 6(夫レヲ)7(終ルダロー) 1(運動ガ) 6(有ル)

avantageux pour digérer les aliments. Les
5(利益デ) 4(爲メニ) 3(消化スル) 2(食物ヲ)

cyclopes forgeaient les armes de Vulcain.
1(一眼巨人ガ) 5(鍛鍊セシ) 4(武器ヲ) 3(ノ) 2(ビユルケン神)

L'artisan polit les métaux. Cet enfant a
1(職工ガ) 3(琢磨スル) 2(金屬ヲ) 1(此) 2(小兒ハ) 8(タ)

mangé un morceau de pain et bu une tasse
7(食フ) 5(一ト) 6(片ヲ) 4(ノ) 3(麵包) 9(而)14(飲ダ) 12(一ー) 13(碗ヲ)

de lait.
11(ノ) 10(乳)

(第三十七)

Un riche financier avait donné à son fils
1(或ル) 2(富タル) 3(財産家ガ) 11(タ) 10(與ヘ) 6(ニ) 4(彼) 5(息子)

un superbe coursier. Un écuyer habile l'-
7(或ル) 8(裝麗ナル) 9(駿馬ヲ) 2(或ル) 3(乘馬師ガ)1(巧者ナル)4(夫レヲ)

avait rendu souple, docile ; aussi lorsque le
₈(タ) ₇(成シ) ₅(柔軟ニ) ₆(從順ニ) ₉(是故ニ) ₁₆(ドニ)

père le présenta à son fils : " Vous pouvez
₁₀(父ガ)₁₁(夫レヲ) ₁₅(顯シタ) ₁₄(ニ) ₁₂(彼) ₁₃(息子) ₁₇(汝ハ) ₂₁(出來キ得ル)

lui dit-il, monter ce cheval ; mon
₂₂(彼ニ) ₂₄(云フタ) ₂₃(彼ガ) ₂₀(乘ルコガ) ₁₈(此) ₁₉(馬ニ) ₂₅(私ノ)

écuyer l'a dompté. Mais suivez mon
₂₆(乘馬師ガ) ₂₇(夫レヲ) ₂₉(タ) ₂₈(馴ラシ) ₃₀(乍併) ₃₃(從ヘヨ) ₃₁(私ノ)

conseil : afin que la fougue du jeune âge
₃₂(諫言ニ) ₄₁(爲メニ) ₄₀(コノ) ₃₇(姓急ナ者カ) ₃₆(ノ) ₃₄(若キ) ₃₅(年齡)

ne l'emporte pas, saisissez fortement la bride."
₃₈(夫レヲ)₃₉(打越ヘヌ) ₄₄(取レヨ) ₄₂(固ク) ₄₃(手綱ヲ)

Le jeune homme se plut d'abord à profiter
₁(若キ) ₂(人ガ) ₈(滿足シタ) ₃(最初ニ) ₇(於テ) ₆(利益スルコニ)

de ce conseil et le coursier fougueux, que la
₄(此) ₅(諫言ヲ) ₉(而) ₁₄(駿馬ハ) ₁₃(姓急ナル) ₁₂(所ノ)

bride retient, modère son ardeur. Le jeune
₁₀(手綱ガ) ₁₁(保タ) ₁₇(和ラゲタ) ₁₅(彼) ₁₆(熱心ヲ) ₆(若キ)

homme, enhardi par ce premier essai,
₇(人ガ) ₅(大膽ニナリタル) ₄(依テ) ₁(此) ₂(第一ノ) ₃(試驗ニ)

fait une seconde promenade, et sans bride,
₁₁(成タ) ₈(或ル) ₉(第二ノ) ₁₀(遊乘ヲ) ₁₂(而) ₁₄(無ク) ₁₃(手綱)

ose emmener le cheval. Celui-ci qui n'ignore
₁₇(肯シタ) ₁₆(導クコヲ) ₁₅(馬ヲ) ₆(此者ガ) ₅(所ノ) ₄(知ラナク)

pas le prix de la liberté, bondit et caracole,
ハナキ) ₃(價ヲ) ₂(ノ) ₁(自由) ₇(飛ビ躍ル) ₈(而) ₉(旋亙シ)

et se plait à courir à travers les champs.
₁₀(而) ₁₅(滿足シタ) ₁₄(於テ) ₁₃(走ルコニ) ₁₂(横キリテ) ₁₁(田野ヲ)

Notre jeune cavalier crie d'abord : " Arrête ! "
₁(我々ノ) ₂(若キ) ₃(騎者カ) ₅(叫ンタ) ₄(最初ニ) ₆(留メヨ)

"arréte !"   Le cheval semble ignorer le danger
₇(留メヨ)   ₁(馬ハ) ₈(見ユル) ₇(知ラヌト) ₆(危險ヲ)

que court le pauvre cavalier ; il lui était
₅(所ノ) ₄(走ル) ₂(憐ム可キ) ₃(騎者ガ) ₉(夫レハ) ₁₀(彼ニ) ₁₅(有リシ)

réservé de faire la culbute.
₁₄(蓄レテ)* ₁₃(付テ) ₁₂(スルコニ) ₁₁(顚到ヲ)

* inévitable.
避ガタク

(第三十八)

Le cavalier honteux se relève.   Bientôt le
₂(騎者カ) ₁(耻タル) ₃(復起タ)   ₁(頓テ)

père n'ignore plus la triste aventure.
₂(父ガ) ₆(知ラヌニハ非ズ) ₅(最早ヤ) ₃(憐ムベキ) ₄(出來事ヲ)

Il saisit l'occasion, et donne à ce fils une
₁(彼ハ) ₃(握タ) ₂(機會ヲ) ₄(而) ₁₂(與タ) ₇(ニ) ₅(此) ₆(息子ニ) ₁₀(或ル)

leçon fort sage ; "Je ne suis pas surpris
₁₁(敎訓ヲ) ₈(甚タ) ₉(賢明ナル) ₁₈(私ハ) ₁₉(有ラヌ) ₁₇(驚テ)

de cet accident, mon fils, lui dit-il ;
₁₆(付テ) ₁₄(此) ₁₅(過失ニ) ₁₉(私ノ) ₂₀(息子ヨ) ₂₁(彼ニ) ₂₃(云タ) ₂₂(彼ガ)

il t'~attendait. Ce cheval a fait ce
₂₄(彼カ) ₂₅(汝ニ) ₂₆(待チシ) ₁(此) ₂(馬ガ) ₃(タ) ₈(成シ) ₇(モノヲ)

qu'il devait faire. Il devait se
₆(所ノ) ₂(彼カ) ₅(成ラス) ₄(成サネバ) ₁(彼ハ) ₁₂(ナラヌ)

laisser emporter par une fougue que la
₁₁(マヽニセネバ) ₁₀(特行ク) ₉(依テ) ₇(或ル) ₈(烈サニ) ₆(所ノ)

bride seul pouvait arrêter.   C'est ainsi
₂(手綱) ₃(ノミガ) ₅(得シ) ₄(留メ) ₅(夫レハ) ₉(有ル) ₆(左樣ニ)

pour l'ordinaire que nous nous conduisons,
₈(對テ) ₇(普通ニ) ₄(フノ) ₁(我々カ) ₉(我々ヲ) ₃(行フ)

lorsque nous avons secoué le joug de la
19(キニ) 10(我々カ) 18(タ) 17(振フ) 16(束縛ヲ) 15(付テノ)

morale et de la religion. Nous ne suivons
14(道徳ニ) 13(而) 12(付テ) 11(宗教ニ) 1(我々カ) 8(従事セヌ)

plus alors que la passion pour guide;
5(モ早ヤ) 2(然ルキニ) 7(ナラデハ) 6(情慾) 4(對テハ) 3(案内者ニ)

une seule chose nous occupe; il faut
9(或ル) 10(單ナル) 11(モノカ) 12(我々ヲ) 13(占領スル) 14(夫ハ) 17(要ス)

la satisfaire. Ce frein est aussi néces-
15(夫ヲ) 16(満足サスルコヲ) 1(此) 2(轡ハ) 12(有ル) 7(又) 11(必要デ)

saire au cœur humain que la bride au
10(於テ) 9(心ニ) 8(人間ノ) 6(如ク) 5(手綱) 4(於ル)

cheval. Trop souvent, au contraire, quand
3(馬ニ) 1(余リ) 2(數々) 4(ニ) 3(反對) 9(キニ)

nous avons secoué le joug, nous ne sommes
5(我々カ) 8(タ) 7(振) 6(束縛ヲ) 10(我々ガ) 18(有ラヌ)

plus capables de le souffrir dans la suite."
16(モ早ヤ) 17(適當デ) 15(ノガ) 13(夫レヲ) 14(撼ル) 12(於テ) 11(後ニ)

La fougue du cheval ne fut que passagère.
2(烈サハ) 1(馬ノ) 5(有ラヌ) 4(ナラデハ) 3(一時)

Plus prudent et plus sage, le jeune cavalier
1(ヨリ) 2(用心ヲ以テ) 3(而) 4(ヨリ) 5(賢キ) 6(若キ) 7(騎者カ)

n'osa plus l'emmener sans bride.
13(肯セヌ) 12(モ早ヤ) 10(夫レヲ)11(導クコヲ) 9(無ク) 8(手綱)

(第三十九)

Etudiez l'histoire, qui est plus utile que
9(勉励セヨ) 8(史學ヲ) 7(所ノ) 6(有ル) 4(ヨリ) 5(要用デ) 3(ニヨリ)

vous ne pensez. Charlemagne et François
1(汝カ) 2(想像スル) 1(シヤルマーニュ帝) 2(而) 3(フランソワー人名)

premier ont favorisé beaucoup les gens de lettres.
4(第一世ハ) 9(タ) 8(籠愛シ) 7(多ク) 6(者ヲ) 5(文學)

Les écoliers qui manquet au devoir de la classe,
6(生徒ハ) 5(所ノ) 4(欠ク) 3(課業ヲ) 2(ノ) 1(敎場)

ne contentent ni les maîtres ni les parents. Les
11(滿足サセヌ) 8(モ) 7(敎師) 10(モ) 9(兩親)

magistrats ont assisté à la distribution solennelle
1(文官カ) 7(タ) 6(出席シ) 5(ニ) 4(授與式) 2(盛大ナル)

des prix. La foudre menaça longtemps nos
3(褒賞) 1(雷カ) 4(脅迫シタ) 2(久ク) 3(我々ノ)

cités. Il est permis de jouer gaiement
4(市街ヲ) 11(夫カ) 13(有ル) 12(許サレテ) 10(ノ) 9(遊ブコ) 8(快ヨク)

à celui qui s'est livré au travail. Félici-
7(於テ) 6(者ニ) 5(所ノ) 4(タ) 3(從事シ) 2(於テ) 1(勉強ニ) 6(祝スベ)

tons ceux qui ont assisté l'indigent. Il
シ) 5(者ヲ) 4(所ノ) 3(タ) 2(扶助シ) 1(貧者ヲ) 17(夫カ)

n'est rien de plus avantageux à l'homme
19(有ラヌ) 18(何事モ) 16(ノ) 12(ヨリ) 15(利益) 14(於テ) 13(人ニ)

que de commander avec modération à ceux
11(ヨリハ) 10(付テ) 9(命令スルコ) 8(以テ) 7(溫和ヲ) 6(於テ) 5(者ニ)

qui lui sont soumis.
4(所ノ) 1(彼ニ) 3(有ル) 2(服從シテ)

(第 四 十)

Un jeune enfant avait bien étudié la
1(或ル) 2(若キ) 3(小供カ) 7(有シ) 5(甚タ) 6(勉學テ)

grammaire. Il avait contenté son précep-
4(文法書ヲ) 1(彼カ) 5(タ) 4(滿足サシ) 2(彼ノ) 3(師匠ヲ)

teur: le père voulut favoriser le jeune élève
6(父カ) 15(欲シタ) 9(籠愛スルコ) 7(若キ) 8(生徒ヲ)

et lui procurer une promenade. Rien ne
10(而) 11(彼ニ) 14(得サスルコトヲ) 12(或ル) 13(遊歩ヲ) 1(何ニ事モ)

manquait à la joie de l'enfant. Le riant
6(缺ナカツタ) 5(於テ) 4(喜ビ) 3(ノ) 2(小兒) 3(愉快ナル)

spectacle de la nature était présent aux yeux
4(觀物ガ) 2(ノ) 1(天然) 13(有シ) 12(顯ハシテ) 11(於テ) 10(眼ニ)

de l'un et de l'autre; le ciel était pur,
6(ノ) 5(甲ノ者) 7(而) 9(ノ) 8(乙ノ者ノ) 14(天カ) 17(有シ) 15(淸淨デ)

serein; nul orage ne menaçait la petite
16(晴朗デ) 18(イカナル) 19(嵐モ) 22(脅迫セザリシ) 20(小サキ)

société. Comme ils se promenaient tous
21(仲間ヲ) 1(時ニ) 2(彼カ) 5(遊歩セシ) 3(凡テ)

deux, un arbrisseau se présente, un violent
4(二人デ) 6(或ル) 7(小樹カ) 8(現出スル) 9(或ル) 10(烈キ)

orage l'avait courbé. Le père, qui se
11(嵐カ) 12(夫ヲ) 14(タ) 13(曲ケ) 12(父カ) 11(所ノ)

plaisait à donner à ce cher fils une
10(滿足セシ) 9(於テ) 8(與フルニ) 4(ニ) 1(此) 2(親シキ) 3(息子) 5(或ル)

leçon salutaire, lui dit: "Vois mon fils,
7(教訓ヲ) 6(善キ) 13(彼ニ) 14(云フタ) 20(見ヨ) 15(私ノ) 16(息子ヨ)

ce jeune arbrisseau; il était droit, quel
17(此) 18(若キ) 19(小樹ヲ) 21(彼ハ) 23(有シ) 22(眞直デ) 24(何ンナ)

accident lui est survenu? Je le vois
25(過失ガ) 26(彼ニ) 27(有ルカ) 27(不意ニ來テ) 29(私ハ) 32(夫レヲ) 33(測ル)

tout courbé. Il serait avantageux que
30(全ク) 31(曲リタルヲ) 1(夫ハ) 7(有ルダロー) 6(利益デ) 5(コガ)

tu le redressasses. Va, porte-lui du
2(汝カ) 3(夫ヲ) 4(直ス) 1(サア) 4(持行ヨ) 2(彼ニ)

secours. Volontiers, dit l'enfant." Il fait
3(助ケヲ) 1(悅ンデト) 3(云フタ) 2(小兒カ) 1(夫ガ) 4(成タ)

quelques efforts, le redresse. "Fort bien, lui
₂(或ル) ₃(盡力ヲ) ₅(夫ヲ) ₆(直シタ)　₁(極ク) ₂(宜シ) ₃(彼ニ)

dit le père; mais ne te fâche pas contre
₅(云フ) ₄(父ガ) ₆(併シ) ₇(汝ハ) ₁₆(怒ルナヨ)　₁₅(反テ)

moi, si je te montre ce chêne; rends-
₁₄(私ニ) ₁₃(トモ) ₈(私ガ) ₉(汝ニ) ₁₂(現ハス) ₁₀(此ノ) ₁₁(樫ヲ) ₂₀(成セヨ)

lui le même service; il ne lui est pas
₁₇(彼ニ) ₁₈(同シ) ₁₉(仕事ヲ) ₂₁(夫ハ) ₂₂(彼ニ) ₂₉(有ラヌ)

moins nécessaire qu'à cet arbrisseau,
₂₇(ヨリ僅カノ) ₂₈(必要カ) ₂₆(ヨリハ) ₂₅(於テ) ₂₃(此ノ) ₂₄(小樹ニ)

va, mon fils, redresse - le de même.
₃₀(サア) ₃₁(私ノ) ₃₂(息子) ₃₅(直セヨ) ₃₃(夫ヲ) ₃₄(同一ニ)

（第四十一）

"Quel exercice j'aurais! répond en
₁(如何カナル) ₂(働キヲ) ₃(私ガ) ₄(持デアローゾ)　₈(答タ) ₇(ナガラ)

riant l'enfant. Mais efforts me causeraient
₆(笑ヒ) ₅(小兒カ)　₁(併シ) ₂(盡力カ) ₃(私ニ) ₇(生スルデアロ―)

beaucoup de fatigue; je ne réussirais pas.
₆(多クヲ) ₅(ノ) ₄(疲勞)　₈(私ハ) ₉(成就セヌデアロ―)

Si vous m'eussiez proposé cette besogne
₁₁(ナラバ) ₁(汝カ) ₂(私ニ) ₁₀(タテアロフ) ₉(示メサレ) ₇(此) ₈(仕事ヲ)

lorsque l'arbre était jeune, je vous eusse
₆(ドニ) ₃(樹木カ) ₅(有シ) ₄(若ク) ₁₂(私ノ) ₁₃(汝ニ) ₁₅(タデモアラフ)

obéi; vous ne me ferez pas un crime
₁₄(服従ナシ) ₁₆(汝ハ)　₁₇(私ニ) ₂₃(ナサヌダロフ)　₂₁(或) ₂₂(罪ヲ)

de ce refus, je vous prie; quand j'-
₂₀(付テ) ₁₈(此) ₁₉(斷リニ) ₂₄(私カ) ₂₅(汝ニ) ₂₆(請フ) ₃₂(ニモセヨ)₂₇(私カ)

aurais les forces de Samson, il ne m'-
₃₁(持ツデアロ―) ₃₀(力ヲ) ₂₉(ノ) ₂₈(サムソン) ₃₃(夫カ) ₃₄(私ニ)

古ヘ有名ノ人名

arriverait pas de réussir. Mon fils,
37(到著セヌデアロー) 36(付テ) 35(成就スルコニ) 1(私ノ)2(息子コ)

lui dit le père, je ne t'accuserai pas
3(彼ニ)5(云タ) 4(父カ)6(私カ) 7(汝ニ)10(訟ヘヌデアロー)

de désobeissance ; je ne saurais me fâcher
9(付テ) 8(不從順ニ) 11(私ハ) 16(得ヌダロフ)14(我ヲ) 15(怒ワサルコヲ)

contre toi ; mais tire de ces deux arbres
13(反テ)12(汝ニ) 17(併シ) 25(引ヨ)* 21(付テ) 18(此)19(二本ノ)20(樹木ニ)

une leçon utile. Il est avantageux.
22(或ル) 24(教訓ヲ) 23(必要ナル) 1(夫ハ) 15(有ル) 14(利益デ)

pendant que tu es jeune encore, de faire
7(間ニ) 6(コノ)2(汝カ)5(アル) 4(若年デ) 3(未ダ) 13(付テ) 12(成スコニ)

la guerre à tes défauts. Semblable à ce
11(爭ヲ) 10(於テ) 8(汝カ) 9(缺點ニ) 5(齊シク) 4(於テ)1(此)

jeune arbrisseau, ta volonté flexibles se redres-
2(若キ) 3(小樹ニ) 6(汝ノ) 8(意志カ)7(撓ムベキ) 10(矯正サル)

sera aisément. Mais si ces mêmes défauts
ダロー) 9(容易ク) 1(併シ)5(ナラバ)2(此等ノ) 3(同シ) 4(過カ)

croissaient avec l'âge, alors, semblables à
7(増長セシ) 6(共ニ) 5(齡ヒト)9(其キニハ) 13(齊シク)14(於テ)

ce chêne, tu ne pourrais les corriger."
10(此) 11(樫ニ)14(汝カ) 17(デキヌデアロー)15(夫ヲ)16(匡正スルコカ)

* fais. ナセコ

(第四十二)

Le cerf a un bois très-haut. Ce
1(鹿ハ) 6(モツ)4(或ル) 5(角ヲ) 2(甚ダ)3(高キ) 7(此)

cerisier avait de fort grosses cerises. La
2(櫻樹ハ) 6(持シ) 3(極メテ) 4(大ヒナル) 5(櫻實ヲ)

mort de ma mère, femme très-respectable, m'-
₇(死亡ガ) ₆(ノ) ₄(私ノ) ₅(母) ₃(婦人ナル) ₂(甚ダ)(尊敬スベキ) ₈(私ニ)

a causé une très-vive douleur. Cette
₁₄(タ) ₁₃(引キ興シ) ₉(一ツノ) ₁₀(甚ダ)₁₁(銳キ) ₁₂(悼ミヲ) ₁(此)

entreprise mal exécutée vous a causé de
₄(企カ) ₂(惡シク) ₃(施行サレタル) ₅(汝ニ) ₉(タ) ₈(引キ興シ)

cuisants chagrins. Les Carthaginois semblai-
₆(甚ヘ難キ) ₇(愁傷ヲ) ₁(カルタヂノアーハ) ₁₁(見ヘル)

ent faire un crime à tous les autres peu-
₁₀(成スコト) ₈(或ル) ₉(罪科ヲ) ₅(於テ) ₂(凡テ) ₃(他ノ) ₄(國

ples de la bonne foi. Les cicatrices de votre
民) ₇(付テ) ₆(信實ニ) ₇(疵痕カ) ₆(ノ) ₄(汝ノ)

oncle, général de l'armée, lui ont procuré de
₅(伯父) ₃(將校ナル) ₂(ノ) ₁(軍隊) ₈(彼ニ) ₁₄(タ) ₁₃(得サシ)

la gloire et de justes éloges. La cendre et
₁₂(名譽ヲ) ₁₁(而) ₉(正キ) ₁₀(賞詞) ₄(灰ガ)† ₃(而)

la poussière du tombeau restent aux plus
₂(塵) ₁(墓碑ノ) ₁₁(名力殘ル) ₁₀(於テ) ₇(最モ)

grands héros après la mort. Les deux flottes,
₈(高名ナル) ₉(英雄ニ) ₆(後ノ) ₅(死)† ₄(兩) ₅(船隊カ)

l'espagnole et l'anglaise, étaient présentés à
₁(イスパニヤ國名)₂(而) ₃(英國ノ) ₁₂(有シ) ₁₁(現ハレテ)₁₀(於テ)

l'attaque de cette forteresse. Des barreaux
₉(攻擊ニ) ₈(ノ) ₆(此) ₅(要砦) ₁(鐵棒ノ格子カ)

manquent à cette prison.
₅(不足スへ) ₄(ニ) ₂(此) ₃(監獄)

* カルタヂ人ハ他ノ人民ノ眞實ニスルコトヲ罪科トスルト見エタリ

† 英雄モ死ノ後ニ存在スルモノハ墳墓ノ灰塵ノミナリ

(第四十三)

La tendresse d'une mère est ingénieuse.
₄(愛情カ) ₃(ノ) ₁(或ル) ₂(母) ₆(有ル) ₅(巧ミデ)

Avec quelle adresse elle étudie le caractère
₃(以テ) ₁(何ンナ) ₂(巧ミヲ) ₄(彼ハ)₉(研究スルコ) ₈(姓質ヲ)

de son poupon! Avec quelle patience elle
₇(ノ) ₅(彼ノ)₆(肥大ナル小兒) ₃(以テ)₁(何ンナ) ₂(忍耐ヲ) ₄(彼カ)

supporte les caprices du jeune âge! Fanfan
₈(耐ルヨ) ₇(出來心ヲ) ₅(若キ)₆(齡ヒノ) ₁(小兒カ)

était malade, il fallait le guérir; mais
₃(有シ) ₂(病氣デ) ₄(夫ハ) ₇(要セシ)₅(夫ヲ)₆(治療スルコヲ) ₈(併シ)

comment contenter ce petit capricieux?
₆(如何ニシテ) ₁₃(滿足スルコカ) ₁₀(此) ₁₁(小サキ) ₁₂(我儘者ヲ)

L'appétit lui manque; il ne peut être rappelé
₁(空腹カ) ₂(彼ニ) ₃(缺ク) ₄(彼カ) ₁₂(能ハヌ) ₁₁(有リ) ₁₀(回復サレテ)

que par un breuvage amer. Quel malheur
₉(ナラデハ)₈(依テ) ₅(或ル) ₇(藥料ニ) ₆(苦キ) ₁(何ンナ)₂(不幸カ)

menace ce petit délicat! La mère se
₆(脅迫スルゾ)₃(此) ₄(小キ) ₅(脆弱ナル者ヲ) ₁(母カ)

présente tenant une coupe fatale: elle reçoit
₆(現ハレタ) ₅(保チツツ) ₃(或) ₄(器ヲ) ₇(不幸ナル)(彼ハ) ₁₁(受クタ)

un refus formel: Fanfan ne veut point
₉(或ハ) ₁₀(拒絶ヲ)(明ラカナル) ₁₂(小兒カ) ₁₅(望マヌ)₁₅(決シテ)

prendre de médecine; de dépit, il prend le vase,
₁₄(探ルコヲ) ₁₃(醫藥ヲ) ₁₇(憤リテ)₁₈(彼カ) ₂₀(探リ) ₁₉(器ヲ)

le jette à terre et le casse. La mère
₂₁(夫ヲ)₂₃(投ケ葉テ)₂₂(地上ニ)(而)₂₅(夫ヲ)₂₆(挫ク) ₁(母ハ)

ne se fâche point contre lui: la santé de ce
₅(憤ラナカッタ) ₄(決テ) ₃(反テ) ₂(彼ニ) (健康モ)₄(ノ) ₆(此)

fils lui est plus chère que le refus qu'-
7(息子) 10(彼ニ) 22(有ル) 20(ヨリ) 21(高價デ) 19(ヨリ) 15(拒絶) 14(所ノ)

il lui a fait ne l'a offensée. La
11(彼カ) 12(彼ニ) 13(成シタ) 16(夫ヲ)15(有ヲヌ) 17(害シテ)

tendresse lui suggère un moyen: de différentes
1(愛情ガ) 2(彼ニ) 8(告知シタ) 6(或ル) 7(方法ヲ) 5(付テ) 3(種々ナル)

drogues, elle compose un biscuit, le
4(藥ノ分量ニ) 9(彼カ) 12(調合スル) 10(或ル) 11(麺包菓子) 16(夫ヲ)
ビスケツトヂ

poudre bien de sucre, le présente au
17(粉ヲフリカケタ) 15(多ク) 14(ノ) 13(砂糖) 15(夫ヲ) 21(示シタ) 20(ニ)

malade. "Eh bien! dit-il en le considé-
19(病人) 1(サラバ) 6(云タ)5(彼カ) 4(ツヽ) 3(夫ヲ) 8(定見

rant, puisqu'il le faut, je l'ava-
シ) 7(奈ントナレバ) 8(夫ハ) 9(夫ヲ) 10(要ス) 11(私カ) 12(夫ヲ) 13(呑ミ

lerai." Ainsi pendant trois jours il eut
込ムデアロー) 1(斯如キコ) 4(間) 2(三) 3(日) 5(彼カ) 8(持ツ)

la même complaisance, et fut bientôt rétabli.
6(同様ナル) 7(優待ヲ) 9(而) 12(有タ) 10(頓テ) 11(回復シテ)

(第四十四)

Le mauvais riche ne manquait de rien;
1(惡キ) 2(金持カ) 5(不足セヌ) 4(付テモ) 3(何ニコニ)

mais la tendre compassion lui manquait. Le
6(併シ) 7(温和ナル) 8(憐情ガ) 9(彼ニ) 10(缺乏セリ)

magistrat se réjouit du grand nombre de
1(交官カ) 11(自ラ) 12(満足スル) 10(付テ) 8(大ヒナル) 9(數ニ) 7(ノ)

malheureux qu'il a secourus. Je jouirai
6(不幸者) 5(所ノ) 2(彼カ) 4(タ) 3(扶助シ) 1(私ハ) 3(享クルデアロー)

du bonheur, disait l'âne, si je ne suis
2(幸福ヲ) 5(云ヒシ) 4(驢カ) 14(ナラバ) 6(私カ) 13(有ラヌ)

plus condamné à ces travaux pénibles.
₁₁(モ早ヤ) ₁₂(束縛サレテ) ₁₀(於テ) ₇(此) ₉(職業ニ) ₈(困難ナル)

L'ennemi s'est servi fort à propos du bouclier
₁(敵ガ) ₆(タ) ₆(用ヒ) ₉(甚タ) ₃(適當ニ) ₅(楯ヲ)

léger. Les anciens se servaient moins que
₄(輕キ) ₁(古人ハ) ₆(用ヒタ) ₄(僅カ) ₃(ヨリモ)

nous des armes; ils étaient plus heureux.
₂(我々) ₅(武器ヲ) ₇(彼ラハ) ₁₀(有リシ) ₈(ヨリ)* ₉(幸福デ)

Il est ridicule de se glorifier des riches-
₁(夫ハ) ₆(有ル) ₅(笑フベク) ₄(付テハ) ₃(自負スルコ) ₂(財寶

ses; mais il est beau de se réjouir des
ヲ) ₇(併シナカラ) ₈(夫ハ) ₁₄(有ル) ₁₃(美シク) ₁₂(付テ) ₁₁(悦フコニ)

avantages des autres. Je me réjouissais de
₁₀(利益ヲ) ₉(他人ノ) ₁(私) ₄(滿足セシ)

votre arrivée; aucun de nous ne vous attendait
₂(汝ノ) ₃(到著ニ) ₆(誰モ) ₅(我々ノ) ₇(汝ヲ)₁₀(待チ居ラザリシ)

aussi promptement. Jouir du bonheur de la
₄(亦タ) ₉(忽チニ) ₅(祈ルコ) ₄(幸福ヲ) ₃(ノ)

vie présente et renoncer aux promesses de la
₂(生活) ₁(現在ノ) ₆(而) ₁₁(見捨ルコ) ₁₀(約束ヲ) ₉(ノ)

vie future, est une chose fort commune. Le
₈(生活)₇(未來ノ)₁₅(有ル) ₁₄(物デ) ₁₂(甚ダ) ₁₃(普通ノ)

conquérant qui se rend maitre des villes et des
₈(勝者ハ) ₇(所ノ) ₆(成ル) ₅(主君ト) ₁(市街) ₂(而) ₄(ノ)

royaumes, est moins heureux que l'homme
₃(王國) ₂₀(有ル) ₁₈(僅カ) ₁₉(幸福デ) ₁₇(ヨリ) ₁₆(人)

qui commande aux passions qui l'agitent.
₁₅(所ノ) ₁₄(命令スル) ₁₃(ニ) ₁₂(情慾) ₁₁(所ノ) ₉(夫ヲ)₁₀(觸カス)

* 我々ヨリ

(第四十五)

Une vigne abondait en rejetons, en bois,
₁(或ル) ₂(葡萄樹カ) ₉(富ミシ) ₄(於テ) ₃(新枝ニ) ₆(於テ) ₅(蔓ニ)

en feuillage; elle semblait ne manquer de
₈(於テ) ₇(葉ニ) ₁₀(彼ハ) ₁₅(見エシ) ₁₄(無ク) ₁₃(缺クルコ) ₁₂(付テモ)

rien. Le vigneron, au contraire, afin de
₁₁(何ニ)   ₁₁(葡萄耕作人ハ)   ₁₀(相ヒ反シテ)₉(爲メニ) ₈(ノ)

jouir un jour d'une vendange copieuse,
₇(收益) ₁(或ル) ₂(日) ₆(付テ)₄(或ル) ₅(收穫ヲ) ₃(澤山ナル)

s'acquittait avec zèle du soin de la
₁₅(責任ヲ盡シタ) ₁₇(以テ) ₁₆(熱心ヲ) ₁₅(注意ヲシテ) ₁₄(ノ) ₁₂(夫ヲ)

tailler. La vigne s'en plaignit. "Pour-
₁₃(切ルコ) ₁(葡萄樹カ)₂(夫ニ付テ) ₃(歎息シタ)   ₁(何ニタル

quoi, dit-elle, usez-vous avec moi de cette
解ケカ) ₃(云フニ)₂(彼ガ) ₁₀(取扱フカ)*₄(汝ハ)₆(以テ) ₅(私ヲ) ₉(付テ) ₇(此)

rigueur? Vous vous plaisez à me montrer
₈(嚴格ニ)   ₁(汝ハ) ₂(汝ヲ) ₈(悦ブノ)₇(於テ) ₃(私ヲ) ₆(顯スコ)

votre tendresse, vous m'arrosez de vos sueurs,
₄(汝ノ) ₅(溫和ヲ) ₉(汝ハ) ₁₀(私ニ)₁₄(濕ス) ₁₃(付テ)₁₁(汝ノ) ₁₂(汗ニ)

je puis me glorifier de votre bonté;
₁₅(私ハ) ₂₁(得ル) ₁₆(私ヲ)   ₂₀(自負シ) ₁₉(付テ) ₁₇(汝ノ) ₁₈(惠ニ)

et cependant vous m'arrachez des pleurs.
₂₂(而) ₂₃(併シナガラ) ₂₄(汝ハ) ₂₅(私ニ)₂₇(出サシムルゾ)   ₂₆(涙ヲ)

L'amour use-t-il d'une telle sévérité?—
₁(愛情ハ) ₆(使用スルカ) ₅(付テ)₂(一ノ) ₃(如斯) ₄(嚴格ニ)

Ah! lui dit le vigneron, si vous connais-
₁(呼嗚) ₂(彼ニ) ₄(云タ) ₃(葡萄耕作人カ) ₉(ナラバ)₅(汝ハ) ₈(認知ス

siez ma pensée, vous vous réjouiriez du mal
ル) ₆(私ノ) ₇(考ヲ) ₁₀(汝) ₁₁(汝) ₁₅(悦ブデモアラフ) ₁₇(惡事ヲ)

— 60 —

que je semble vous faire, puisqu'-il
16(所ノ) 12(私カ) 15(見ユル) 13(汝ニ) 14(爲スト) 19(奈ントナレバ) 20(夫ハ)
                                                    25(故ニ)
doit causer votre profit. Si je ne
24(ナラヌ) 23(生セ子バ) 21(汝ノ) 22(利益ヲ) 6(ナラバ) 1(私カ)

retranchais ce bois inutile, si je ne m'-
5(伐ラヌ) 2(此) 4(蔓ヲ) 3(無益ナル) 15(ナラバ) 7(私カ)

acquittais de cette fonction, qui vous semble
14(盡ヌ) 12(此) 13(役ヲ) 11(所ノ) 8(汝ニ) 10(見ユル)

pénible, vous ne jouiriez jamais de cette heureuse
9(困難ニ) 16(汝ハ) 24(得ヌタロウ) 23(決シテ) 20(此) 21(幸福ナル)

fécondité que vous désirez." Tel est
22(豐饒ヲ) 19(所ノ) 17(汝カ) 15(希望スル) 1(斯如キハ) 4(有ル)

ce vigneron, tel est un sage maître :
2(此) 3(葡萄耕作人デ) 5(斯如キハ) 9(有ル) 6(或ル) 7(賢キ) 8(主人デ)

la rigueur qu'il emploie paraît d'abord
13(嚴格カ) 12(所ノ) 10(彼カ) 11(用ユル) 16(見ユル) 14(最初ニ)

amère, mais il ne manque jamais de
15(苛酷ニ) 17(併シナカラ) 18(彼カ) 21(缺カヌ) 19(決テ)

tendresse ; il ne cherche que le bien de
20(愛情ヲ) 30(彼カ) 31(求メヌ) 29(ナラデハ) 28(良キコ)

ceux envers qui il semble user de
27(其者ノ) 26(夫ニ因テ) 25(所ノ) 21(彼カ) 24(見ル) 23(用ユルト)

sévérité.
22(嚴格ヲ)

＊此ノ嚴格ヲ予ニ用ユルカ

(第 四 十 六)

Un pommier regorgeait de fruit ; il ne
1(或ル) 2(林檎樹カ) 5(充満セシ) 4(付テ) 3(果實ニ) 6(彼カ)

manquait pas de gens qui lui rendaient
12(缺カツタ) 11(人ヲ) 10(所ノ) 7(彼ニ) 9(成セシ)

visite, et il se glorifiait sottement de ce
8(見廻ヲ) 13(而) 14(彼カ) 20(自負セシ) 10(愚昧ニ) 18(付テ) 15(此)

nombreux concours. "Voyez, disait-il aux
16(數多ノ) 17(集合ニ) 8(見ラレヨト) 10(云ヒシ) 9(彼カ) 3(於テ)

autres arbres, l'honneur dont je jouis. Maitre,
1(他) 2(樹木ニ) 7(名譽ヲ) 6(所ノ) 4(私カ) 5(得ル) 1(主人)

maitresse, enfants, valets, tous s'acquittent
2(女主人) 3(小兒等) 4(奴僕等) 5(凡テカ) 11(盡ス)

envers moi du devoir de la politesse. Heureux
10(向テ) 9(私ニ) 3(義務ヲ) 7(ノ) 6(尊敬) 9(幸ヒゾヤ)

celui qui comme moi regorge de biens ! il
7(者カ) 6(所ノ) 2(如ク) 1(私) 5(富ム) 4(カラ) 3(福祉) 1(彼カ)

peut se glorifier d'un grand nombre d'amis,
10(能フ) 8(自負シ) 7(付テ) 4(或ル) 5(大ヒナル) 6(數ニ) 3(ノ) 2(朋友)

jouir de mille avantages que le pauvre ignore."
15(得コカ) 14(付テ) 12(多ノ) 13(利益ニ) 11(所ノ) 9(貧者カ) 10(知ヌ)

Un vieux poirier l'entend: "Voisin, dit-
1(一本ノ) 2(古キ) 3(梨樹カ) 4(夫ヲ) 5(聽ク) 1(近隣者ヨ) 3(云フ)

il, je veux m'acquitter d'un devoir d'ami,
2(彼カ) 4(私ハ) 17(望ム) 9(盡スコヲ) 7(或ル) 8(義務ヲ) 6(ノ) 5(朋友)

et vous dire ce que je pense.
10(而) 15(汝ニ) 16(云フコヲ) 14(モノヲ) 13(所ノ) 11(私カ) 12(想像スル)

Jouissez de votre bonheur présent; mais attendez
5(得コ) 4(付テ) 1(汝ハ) 3(名譽ニ) 2(現在ノ) 6(併シ) 9(待タレヨ)

l'hiver prochain, et servez-vous de mon avis, si
8(冬季ヲ) 7(來ル) 10(而) 15(用ヒヨ) 16(我カ) 17(說ヲ) 18(ナラバ)

vous voulez n'être pas surpris. Quand le
11(汝カ) 12(望ム) 13(アラザルコヲ) 12(恐怖シテ) 7(時ニハ)

fruit dont vous ne manquez pas sera
₄(果實カ) ₃(所ノ) ₁(汝カ) ₂(不足セヌ) ₆(アルダロー)

cueilli, n'attendez plus pareil concours."
₅(摘ミ取ラレテ) ₁₁(待ナヨ) ₈(モ早ヤ) ₉(同様ナル) ₁₀(人ノ集合ヲ)

Le poirier ne manquait pas de bons sens: le
₁(梨子樹カ) ₃(不足セサリシ) ₂(良智)

pommier laissé seul s'étonne de ce change-
₃(林檎樹ハ) ₂(棄テ置レタル) ₁(獨リ) ₇(驚タ) ₆(付テ) ₄(此) ₅(變

ment. "Tous ces gens, s'écrit-t-il en
化ニ) ₅(凡テノ) ₆(此) ₇(輩ハ) ₄(叫ンタ)₃(彼カ) ₂(ツヽ

soupirant n'en voulaient qu'à mes pommes."
₁(嘆息シ) ₁₂(熱望セザリシカ) ₁₁(ナラデハ)₁₀(於テ) ₈(我ノ) ₉(檎子實ニ)

Si vous regorgez de biens, les amis vous
₅(ナラバ)₁(汝カ) ₄(溢ル) ₃(付テ) ₂(財寶ニ) ₆(朋友カ) ₇(汝ヲ)

assaillent. La misère vous surprend—elle, tous
₈(襲撃スル) ₁(不幸カ) ₂(汝ヲ) ₃(襲フナラバ)* ₄(凡テカ)

vous abandonnent.
₅(汝ヲ) ₆(見棄ル)

* Si la misère vous surprend..........

(第四十七)

Un vieillard des plus riches se voyait près
₃(或ル) ₄(老人カ) ₁(最モ)₂(富貴ナル) ₈(在リシ)₇(間際ニ)

de mourir. Comme il voulait se survivre,
₆(ノ) ₅(死) ₉(恰モ) ₁₀(彼カ) ₁₂(希望セシ) ₁₁(後ニ傳エント)

et laisser aux races futures quelques
₁₂(而) ₁₃(委托スルヲ) ₁₀(ニ) ₁₅(相續人) ₁₄(未來ノ) ₁₆(貳參ノ)

restes de lui-même, il demande deux peint-
₁₇(遺物ヲ) ₁₅(ノ) ₁₃(彼) ₁₄(自ラ) ₂₃(彼カ) ₂₇(請タ) ₂₅(二人ノ) ₂₆(畫師

res célèbres. Il avait appris d'un voisin
=)24(有名ナル)　1(彼カ)9(タ)8(傳聞シ)4(付テ)2(或ル)3(隣人ニ)

l'extrême habileté de chacun. "Allons, dit-
6(非常ノ)7(巧者ナルコヲ)　5(各人カ)　1(サラバ)3(云フ)

il à l'un et à l'autre, faites chacun mon portrait;
2(彼カ)4(相ヒ互ニ)　8(畫ケコ)5(各々カ)6(私ノ)7(肖像ヲ)

je promets un présent à celui qui
2(私カ)20(契約ス)18(或ル)19(贈物ヲ)17(於テ)16(者ニ)15(所ノ)

sera le moins éloigné de la vérité." Nos
14(有ルダロー)12(最モ僅カ)13(遠ツテ)11(カラ)10(信物)1(我々ノ)

deux peintres aussitôt se mettent à l'ouvrage;
2(二人ノ)3(畫師カ)　4(忽チ)　6(始メタ)　5(仕事ヲ)

mais ils se font un plan tout différent.
7(併シ)8(彼等カ)　13(畫タ)11(或ル)12(圖ヲ)9(全ク)10(異タル)

51 être.

(第四十八)

L'un était simple, franc, plein de droiture.
1(一ツハ)7(有リシ)2(單一ニ)3(誠實ニ)4(充チテ)6(付テ)5(正直ニ)

Il manquait du talent de flatter aux dépens de
1(彼ハ)7(缺キシ)　6(才能ヲ)5(ノ)4(諂フコト)　3(害シテ)

la vérité. Il peint donc le vieillard, aucun
2(信實ヲ)　1(彼カ)4(畫ク)2(然ルトキニ)　3(老人ヲ)5(如何ナル)

des traits n'échappe au pinceau du peintre:
8(容貌モ)10(遁レナカツタ)6(於テ)5(毛筆ニ)　7(畫師ノ)

il retrace le front ridé, les joues creu-
11(彼ハ)24(畫タ)　13(額ノ)　12(皺ノ)　15(頬ノ)14(痩セ凹)

ses, le corps cassé par les années, appuyé
ミタル)23(體格ヲ)22(衰弱シタル)21(依テ)20(年齡ニ)19(支ヘラレテ)

sur un bâton. Le tableau est fait avec
₁₈(上ニ) ₁₆(或ル) ₁₇(杖ノ) ₁(畫像カ) ₇(有ル) ₆(畫カレテ) ₅(以テ)

beaucoup d'art, et chacun à la vue seule
₄(多クヲ) ₃(ノ)₂(彼僞) ₈(而) ₁₂(各々カ) ₁₁(於ル) ₁₀(見エニ) ₉(單ナル)

reconnaissait aisément le vieillard.
₁₅(認メシ) ₁₃(容易ク) ₁₄(老人ナルコヲ)

（第四十九）

L'autre peintre, plus fin et moins ami du
₅(他ノ) ₆(畫師ハ) ₁(ヨリ)₂(狡猾ナル) ₃(而) ₄(實物ヲ好マサ

vrai, peint notre homme tout autrement.
ル) ₁₁(畫々) ₉(我々ノ) ₁₀(人ヲ) ₇(全ク) ₈(異リテ)

Averti du caractère du vieillard, il lui donne
₈(知リタル) ₂(性質ヲ) ₁(老人ノ) ₄(彼ハ) ₅(彼ニ) ₆(與フ)

un air jeune, lui prête des couleurs;
₇(或ル) ₈(風采ヲ) ₆(少年ノ) ₁₀(彼ニ) ₁₂(與ヘタ) ₁₁(彩色ヲ)

en un mot, le tableau présente à ceux qui
₁₃(一言ニ云ヘバ) ₁₄(畫圖カ) ₂₁(差出ス) ₁₉(於テ) ₁₈(者ニ) ₁₇(所ノ)

le regardent un homme fait et nullement
₁₅(夫ヲ) ₁₆(審ス ル) ₂₀(壯年者ヲ) ₂₂(而) ₂₃(少シモアラス)

un vieillard. Les deux tableaux, finis sont
₂₄(老人ニハ) ₂(二ツノ) ₃(畫圖カ) ₁(給結シタル) サレタ)

apportés à notre homme Aussitôt il met
₇(持チ來タ) ₆(ニ) ₄(我々ノ) ₅(人) ₁(忽チ) ₂(彼カ) ₃(著クル)

ses lunettes, et lorgne le portrait qu'avait
₃(彼) ₄(眼鏡ヲ) ₆(而) ₁₃(遠鏡ニテ視ル) ₁₂(肖像ヲ) ₁₁(所ノ) ₁₀(タ)

fait le premier peintre. Il l'accuse d'-
₅(畫ヒ) ₇(第一ノ) ₈(畫師カ) ₁(彼) ₂(夫ヲ)₃(罪ユル) ₄(付テ)

ignorance, rejette ce portrait, qui cependant
₅(無識ニ) ₁₅(投ツ) ₁₆(此) ₁₄(肖像ヲ) ₁₇(所ノ) ₉(併シナカラ)

était notre homme peint au naturel.
₁₁(有シ) ₉(我々ノ) ₁₀(人デ) ₈(畵レタル) ₇(天然二)

(第 五 十)

L'orsqu'il a vu l'autre, qui n'offre aux
₁₂(ドニ) ₁(彼) ₁₁(タ) ₁₀(覩) ₉(他モノヲ) ₈(听ノ) ₇(顯サヌ) ₆(鑒

regards qu'un éclat mensonger, il s'éxtasie,
定ヲ) ₅(ナラデハ) ₃(或ル) ₄(光彩) ₂(虛偽ノ) ₁₃(彼ハ) ₁₄(感喜シ)

il l'admire. "Ah! s'écrie-t-il aussitôt,
₁₅(彼ハ) ₁₆(夫ヲ) ₁₇(賞賛シ) ₁(嗚呼) ₄(叫ブ) ₂(彼ガ) ₃(乍チ)

voilà véritablement mes traits; je reconnais
₈(見ヨ) ₅(信實ニ) ₆(我ノ) ₇(顏貌ヲ) ₉(私カ) ₁₉(認知スル)

ma ressemblance;" et sur-le-champ il paye
₁₀(私ノ) ₁₁(似寄ヲ) ₁₃(而) ₁₄(直ニ) ₁₅(彼カ) ₁₉(拂ウタ)

au flatteur la récompense toutefois promise au
₁₇(ニ) ₁₆(諂諛者) ₁₈(賞譽ヲ) ₂₀(然レル) ₂₃(約束シタル) ₂₂(於テ)

premier. Celui-ci, offensé de cet in-
₂₁(第一ノ者ニ) ₆(此人カ) ₅(辱カシメラレタル) ₄(付デ) ₁(此) ₂(不公

juste jugement, se contente de dire: "Le
平ナル) ₃(意見ニ) ₉(滿足シタ) ₈(付デ) ₇(云フコニ)

mensonge plaît toujours à qui veut être
₁(虛偽ハ) ₇(氣ニ入ル) ₂(常ニ) ₆(所ノ者ニ)* ₅(窒ム) ₄(ルルヲ)

trompé; la vérité déplaît lorsqu'elle est con-
₃(欺カ) ₉(信實カ) ₁₀(氣ニ入ラヌ) ₁₇(ドニハ) ₁₁(彼カ) ₁₆(有ル) ₁₅(反

traire à nos inclinations."
對デ) ₁₄(於デ) ₁₂(我々ノ) ₁₃(傾向ニ)

* à celui qui.

(第 五 十 一)

La Fable donne le caducée à Mercure
₁(神代小說カ) ₉(與タ) ₂(兩蛇ノ卷キ付 ₄(ニ) ₃(メルキユール神)
  キタル棒ヲ)

et la foudre à Jupiter. Romulus
₅(而)   ₆(電ヲ) ₈(ニ) ₇(ジユピテール神) ₁(ローミユリユースカ人名)

menaça de la mort celui qui franchirait le
₁₀(脅迫シタ) ₉(付テ) ₈(死ニ) ₇(者ヲ) ₆(所ノ) ₅(飛越スダロー)

fossé de la ville. Les Romains se félicitèrent
₄(堀ヲ) ₃(ノ) ₂(市街) ₁(羅馬人カ) ₈(満足シタ)

de la victoire du troisième Horace sur les
₇(付テ) ₆(勝利ニ) ₅(三男ノ) ₄(ヲラースノ人名) ₃(上ニ)

Curiaces. Cette victoire leur assujettit les
₂(キユリヤス三人兄弟ノ) ₁(此) ₂(勝利カ) ₃(彼等ニ) ₅(服従シタ)

Albains. Les exemples de vertu rapportés
₄(アルバン人カ) ₆(例カ) ₅(ノ) ₄(徳行) ₃(話サレタル)

dans l'histoire doivent nous exciter à les
₂(中ニ) ₁(歴史ノ) ₁₂(子バナラヌ) ₁₀(我々ヲ) ₁₁(勵マサ) ₉(於テ) ₇(夫ヲ)

imiter. Le travail et l'assiduité vous condui-
₈(倣フコニ) ₁(勉強) ₂(而) ₃(出精ハ) ₄(汝ヲ) ₇(導クデ

ront aux succès. Les maîtres enseignent aux
アロー) ₆(於テ) ₅(成功ニ) ₁(教師カ) ₉(教エタ) ₈(於テ)

jeunes élèves plusieurs sciences très-utiles. Mon
₆(若キ) ₇(書生ニ) ₄(数多ノ) ₅(學問ヲ) ₂(甚タ)₃(必要ナル) ₁(私)

ami m'a caché la maladie de votre parent,
₂(朋友カ) ₁₂(私ニ)₁₄(タ) ₁₃(隠シ) ₁₁(病氣ヲ) ₁₀(ノ) ₈(汝カ) ₉(兩親)

qui m'aurait causé une vive inquiétude.
₇(所ノ) ₆(アロー) ₅(生ジタデ) ₃(活發ナル) ₄(心配ヲ)

(第五十二)

Ces enfants ont donné l'aumône à ce pauvre
₁(此) ₂(小兒等ハ) ₅(タ) ₇(惡與シ) ₆(施物ヲ) ₅(ニ) ₃(此) ₄(貧民)

qui la leur demandait. Vous leur avez
₉(所ノ) ₁₀(夫ヲ) ₁₁(彼等ニ) ₁₂(請ヒシ) ₁(汝ハ)₂(彼等ニ) ₆(タ)
(其ノ貧民ハ)

promis un congé. Je les ai filicités de
₅(約束シ) ₃(或ル) ₄(休暇ヲ) ₁(私ハ) ₉(夫ヲ) ₁₁(タ) ₁₀(譽メ) ₈(付テ)

l'ardeur qui les amine au travail. Vous
₇(熱心ニ) ₆(所ノ) ₂(夫ヲ) ₅(勵ス) ₄(於テ) ₃(勉強ニ) ₁(汝ハ)

en avez menacé quelques-uns de votre sévérité.
₂(夫ニ付テ) ₈(タ) ₇(脅迫シ) ₆(二三人ヲ) ₅(付) ₃(汝カ) ₄(嚴格)

Le chemin qui leur est indiqué les conduit
₅(道路ハ) ₄(所ノ) ₁(彼等ニ) ₃(タ) ₂(指示レ) ₆(夫ヲ) ₁₂(導ク)

à un lieu très-agréables. L'exemple de la
₁₁(ニ) ₉(或ル) ₁₀(場所) ₇(甚タ) ₈(嘉スベキ) ₃(例カ) ₂(ノ)

faurmi nous exhorte au travail. Vous avez
₁(蟻) ₄(我ヲ) ₇(奬勵スル) ₆(於テ) ₅(勉強ニ) ₁(汝ハ) ₁₁(タ)

enseigné la géographie à ma soeur, plus jeune
₁₀(敎授シ) ₉(地理學ヲ) ₈(ニ) ₆(私) ₇(妹) ₄(一層) ₅(若キ)

que moi. Elle vous a demandé les livres
₃(ヨリ) ₂(私) ₁(彼ハ) ₂(汝ニ) ₁₁(タ) ₁₀(請フ) ₉(書物ヲ)

nécessaires à l'étude de cette science. Je ne
₈(必用ナル) ₇(於テ) ₆(勉強ニ) ₅(ノ) ₃(此) ₄(學問) ₁(私ハ)

cacherai point mon secret à un ami intime.
₉(隱サヌデアロー) ₇(決シテ) ₅(私) ₆(機密ヲ) ₄(ニ) ₂(或) ₈(親友)

(第五十三).

Vous m'avez envoyé un panier plein de
₁(汝ハ) ₂(私ニ) ₉(タ) ₈(送附シ) ₆(或ル) ₇(籠ヲ) ₅(滿チタル) ₄(カラ)

fruits. Mon frère vous a écrit une lettre
₃(果實) ₁(私ノ) ₂(兄弟) ₁₃(汝ニ) ₁₅(タ) ₁₄(書イ) ₁₁(或ル) ₁₂(手紙ヲ)

qui vous sera remise lorsque vous serez
₁₀(所ノ) ₇(汝ニ) ₉(有ロー) ₈(交附スルデ) ₆(ドキ) ₃(汝カ) ₅(有ルダロー)

arrivé. J'ai demandé à votre mère la
₄(到着テ) ₁(私カ) ₁₁(タ) ₁₀(請求シ) ₉(ニ) ₇(汝ノ) ₈(母)

permission de l'aller voir; lorsque je l'-
6(許可ヲ) 5(ノ) 2(夫ヲ) 4(行クコ) 3(見ニ) 16(トキニ) 19(私カ) 13(夫ヲ)

aurai obtenue, je vous informerai de
15(有ロー) 14(得タデ) 17(私カ) 18(汝ニ) 22(報知スルデアロー) 21(付テ)

notre conversation. J'attends de la bonté
19(我々ノ) 20(話ニ) 1(私カ) 10(待ツ) 7(付テ) 6(慈悲ニ)

qui lui est naturelle une audience favorable.
5(所ノ) 2(彼ニ) 4(有ル) 3(自然ニ) 9(謁見ヲ) 8(恵ミ深キ)

Votre lettre m'a délivré d'inquiétude, et m'-
1(汝ノ) 2(手紙カ) 3(私ニ) 7(タ) 6(免ラシ) 5(ヲ) 4(心配) 8(而) 9(私カ)

a causé un véritable plaisir. J'attendais
14(タ) 13(生シ) 10(或ル) 11(信實ノ) 12(愉快ヲ) 1(私カ)15(希望スル)

de votre bienveillance pour moi l'heureux succès
6(付テ)4(汝ノ) 5(深切) 3(為ニ) 2(私ノ) 13(幸福ナル) 14(成功ヲ)

de l'affaire qui vous était confiée. Votre
12(ノ) 11(事揚) 10(所ノ) 7(汝ニ) 9(有リシ)8(委托シテ) 1(汝ノ)

zèle a surpassé mes espérances et m'a
2(熱心カ) 6(タ) 5(打越シ) 3(私ノ) 4(望ヲ) 7(而) 8(私カ)12(タ)

comblé de joie.
11(満足シ) 10(付テ) 9(喜ニ)

（第五十四）

Un jeune enfant pour qui le grec et le
12(若キ) 13(小児カ) 2(為ニ) 1(夫ノ) 11(所ノ) 3(希臘語) 4(而)

latin avaient bien peu de charmes, employait
5(羅甸語カ) 10(持チシ) 8(甚タ) 9(僅ヲ) 7(ノ) 6(面白サ) 23(用立シ)

le temps de l'étude à former avec de la cire
16(時ヲ) 15(ノ) 14(勉強) 22(於テ) 21(形造コニ) 18(以テ) 17(臘ヲ)

des joujoux divers. Son argus l'aperçoit,
20(玩具ヲ) 19(種々ナル) 1(彼ノ) 2(監察人カ) 3(夫ヲ) 4(丁知スル)

lui fait une vive réprimande; mais il y
₅(彼ニ) ₉(成シタ) ₆(或ル) ₇(嚴キ) ₈(譴責ヲ) ₁₀(併シ) ₁₁(彼カ) ₁₂(夫ニ於テ)

gagne peu, il parlait à un sourd. En
₁₄(得タ) ₁₃(僅カ) ₁₅(彼ハ) ₁₉(話セシ) ₁₈(ニ) ₁₆(或ル) ₁₇(聾) ₁(無

vain il le menace; en vain il emploie les
益ニ) ₂(彼カ) ₃(夫ヲ) ₄(脅迫タ) ₅(無益ニ) ₆(彼カ) ₉(用タ)

exhortations, les prières. "Cet importun, dit
₇(勸告スルコ) ₈(願ヲ) ₃(此) ₄(五月蠅人カ) ₂(云タ)

l'écolier, m'exhorte sans cesse au travail; il
₁(生徒カ) ₅(私ヲ) ₉(獎勵スル) ₆(絶ヘズ) ₈(於テ) ₇(勉強ニ) ₁₆(夫カ)

est bien plus doux de jouer, d'-
₂₀(有ル) ₁₇(甚タ) ₁₈(ヨリ多ク) ₁₉(愉快デ) ₁₅(付テ) ₁₄(遊ブコニ) ₁₃(付テ)

exercer mon adresse." Le maître ne dit
₁₂(行フニ) ₁₀(私ノ) ₁₁(巧ヲ) ₁(教師ハ) ₃(云ハヌ)

mot; il eût parlé en l'air. Mais
₂(一言モ) ₄(彼ハ) ₇(タデモアラフ) ₆(話シ) ₅(空氣ニ) ₁(併シ)

lui cachant le moyen dont il veut se servir,
₂(彼ニ) ₈(隱シツツ) ₇(方法ヲ) ₆(所ノ) ₃(彼カ) ₅(望ム) (用立ツルコチ)

il s'approche de ce mutin et contemple
₉(彼カ) ₁₂(接近タ) ₁₀(此) ₁₁(意地惡キ者ニ) ₁₃(而) ₁₅(觀察タ)

l'ouvrage. Puis tenant à la main quelques
₁₄(仕事ヲ) ₁(次ニ) ₁₄(保チツツ) ₁₃(ニ) ₁₂(手) ₁₀(或ル)

morceaux de fer que lui avait apportés un
₁₁(片ヲ) ₉(ノ) ₈(鐵) ₇(所ノ) ₂(彼ニ) ₆(タ) ₅(持チ來) ₃(或ル)

voisin: "mon ami, lui dit-il, j'-
₄(隣人カ) ₁₅(私ノ) ₁₆(朋友コ) ₁₇(彼ニ) ₁₉(云タ) ₁₈(彼カ) ₂₀(私ハ)

admire votre talent. Ces figures très-bien
₁₃(感スル) ₂₁(汝ノ) ₂₂(才能ヲ) ₄(此) ₅(圖カ) ₁(甚タ) ₂(能ク)

faites en sont une preuve complète; j'-
₃(成サレタ) ₆(夫ニ付テ) ₁₀(有ル) ₈(或ル) ₉(證據デ) ₇(完全ナル) ₁₁(私ハ

en suis ravi, mon enfant; mais je
12(夫ニ付テ) 14(有ル) 13(喜ハシク) 15(私ノ) 16(小兒) 17(乍併) 18(私カ)

vous demande une grâce. Voici des morceaux
19(汝ニ) 20(切ニ請フ) 4(見ヨ) 3(片ヲ)

de fer; essayez sur eux ce merveilleux
2(ノ) 1(鐵) 10(試ミヨ) 6(上ニ) 5(彼等ノ) 7(此) 8(感服スベキ)

talent; tirez-en, je vous prie, quelque
9(才能ヲ) 12(ナセヨ)*11(夫ニ付テ) 13(私カ) 14(汝ニ) 15(乞フ) 16(或ル)

portrait, quelque figure.
17(肖像) 18(或ル) 19(圖ヲ)

* faites-en

(第五十五)

"Accordez-moi cette faveur; vous ne pouvez
4(與ヘヨ)1(私ニ) 2(此) 3(親切ヲ) 5(汝ハ) 12(出來得ヌカ)

me faire un plus grand plaisir." L'-
6(私ニ) 11(成スコカ)7(或ル)8(ヨリ)*9(大ヒナル)10(愉快ヲ)

enfant sur-le-champ lui répond: "Vous exigez
1(小兒カ) 2(直ニ) 3(彼ニ)4(答ユル) 5(汝ハ)13(請求スル)

de moi ce que je ne puis faire. Ce
12(付テ)11(私ニ)10(モノヲ)9(所ノ)6(私カ) 8(得ヌ)7(成シ) 5(此)

fer que vous me présentez ne saurait se
6(鐵ハ) 4(所ノ) 1(汝カ) 2(私ニ) 3(渡出ス) 8(知ラヌダロフ)

plier; je n'en puis tirer service
7(撓ムルコヲ) 9(私カ) 10(夫ニ付テ) 16(能ハヌ) 15(用立チ) 14(役ニ)

comme de la cire. En vain réunirais-je
13(如クニ) 12(ノ) 11(蠟) 1(無益ニ) 6(一致スルデアロー)2(私カ)

tous mes efforts, la chose est impossible.
3(凡テ) 4(私ノ) 5(力ヲ) 7(事カ) 6(有ル) 8(實行成シ難ク)

Otez à ce fer sa dureté, †qu'il
₆(取リ除ケヨ) ₃(於テ) ₁(此) ₂(鐵ニ) ₄(彼ノ) ₅(硬質ヲ) ₁₂(コヲ) ₇(夫カ)

prenne la flexibilité de la cire, *et sur-le-
₁₁(收得スル) ₁₀(柔軟質ヲ) ₉(ノ) ₈(蠟) ₁₃(而) ₁₄(直

champ je comble vos désirs. — Mon ami,
ニ) ₁₅(私カ) ₁₈(滿足スル) ₁₆(汝ノ) ₁₇(懇請ヲ) ₁(私) ₂(朋友ヨ)

lui dit le maitre avec douceur, vous n'êtes
₃(彼ニ) ₇(云フタ) ₄(教師カ) ₆(以テ) ₅(溫和ヲ) ₈(汝カ) ₁₂(有ラヌ)

pas dépourvu de bon sens, je vous avertis
₁₁(剥去ラレテハ) ₁₀(カラ) ₉(良智ニ) ₁₃(私カ) ₁₄(汝ニ) ₁₉(告知スル)

seulement d'une chose, et je veux
₁₅(唯タ) ₁₈(付テ) ₁₆(一ツノ) ₁₇(事ニ) ₂₀(而) ₂₁(私ハ) ₂₅(希望スル)

vous en convaincre. Le fer, quelque
₂₂(汝カ) ₂₃(夫ニ付テ) ₂₄(證據立ルコヲ) ₁(鐵カ) ₂(譬喩ヘ

dur qu'il soit, se façonne plus aisément qu'-
堅硬デ有ルニモセヨ) ₉(吹メラルヽ) ₇(ヨリ) ₈(容易ク) ₆(コリモ)

un caractère indocile." Si nous voulons
₄(或ル) ₅(姓質) ₃(不從順ナル) ₁(若シ) ₂(我々カ) ₉(希望スルナラハ)

n'être jamais accusés de ce défaut, si
₈(ラレヌコヲ) ₆(決シテ) ₇(罪ミセ) ₅(付テ) ₃(此) ₄(缺點ニ) ₁₀(若シ)

nous voulons régler nos mœurs, cul-
₁₁(我々カ) ₁₈(希望スルナラハ) ₁₄(規則立テフラニ) ₁₂(我々ノ) ₁₃(習慣ヲ) ₁₇(養フ

tiver nos talents, présentons à celui qui
コヲ) ₁₅(我々ノ) ₁₆(才智ヲ) ₃₅(顯セヨ) ₂₆(ニ) ₂₅(人) ₂₄(所ノ)

nous prodigue des soins et des avis la flexi-
₁₉(我ニ) ₂₃(用ユル) ₂₀(注意) ₂₁(而) ₂₂(意見ヲ) ₃₃(從

bilité que la cire offrait à cet enfant.
順ヲ) ₃₂(所ノ) ₂₇(蠟カ) ₃₁(給スル) ₃₀(於テ) ₂₈(此) ₂₉(小兒ニ)

* 是ヨリ

† il faut que……

(第五十六)

Le loup voulait emprunter à la brebis trois
₁(狼カ) ₉(欲セシ) ₈(借スルコヲ) ₃(ニ) ₂(牝羊) ₆(三)

boisseaux de blé, celle-ci les lui refusa.
₇(昔ノ桝目一洋八斛余ヲ) ₅(ノ) ₄(麥) ₁₀(此モノガ) ₁₁(夫ヲ) ₁₂(彼ニ) ₁₃(拒絶シタ)

Votre parent a acheté une maison de campagne
₁(汝ノ) ₂(親族カ) ₁₃(タ) ₁₂(購フ) ₁₁(別墅ヲ)

à un des plus riches habitants de cette
₁₀(於テ) ₉(壹人ニ) ₆(最モ) ₇(富貴ナル) ₈(住民ノ) ₅(ノ) ₂(此)

province. Ces enfants ont ressenti une grande
₄(州) ₁(此) ₂(小兒カ) ₁₄(タ) ₁₃(感動シ) ₁₀(或ル) ₁₁(大ヒナル)

joie de l'arrivée inopinée d'un père chéri.
₁₂(喜ヲ) ₉(付テ) ₈(到着ニ) ₇(不意ノ) ₆(ノ) ₄(或ル) ₅(父) ₃(親愛ナル)

Le voyageur altéré puise avec joie de l'eau à
₂(旅人カ) ₁(渴シタル) ₉(汲ム) ₈(以テ) ₇(喜ヲ) ₆(水ヲ) ₅(於ル)

cette fontaine. Les Carthaginois envoyèrent
₃(此) ₄(泉ニ) ₁(カルタージユ人民カ) ₆(送遣シタ)

Régulus au sénat romain, ils voulaient
₅(レギユリユスヲ) ₄(ニ) ₃(元老院) ₂(羅馬ノ) ₇(彼等カ) ₁₂(欲望セシ)
人名

racheter les prisonniers de la servitude. Ré-
₁₁(買戻スコヲ) ₁₀(囚徒ヲ) ₉(カラ) ₈(奴隸) ₁(レギユ

gulus détourna le sénat de cette proposition,
リユースカ) ₆(絶念サシタ) ₅(元老院ヲ) ₄(付テ) ₂(此) ₃(建言ニ)
人名

et ôta aux Carthaginois l'espérance d'-
₇(而) ₁₅(取リ除タ) ₁₇(於テ) ₁₆(カルタージエ人ニ) ₁₅(捌望ヲ) ₁₄(ノ)

obtenir des Romains ce qu'ils
₁₃(受クルコ) ₁₂(羅馬人カラ) ₁₁(モノヲ) ₁₀(所ノ) ₈(彼等カ)

désiraient.
₉(請願スル)

（第五十七）

Les barbares ont rempli souvent la France
₁(野蠻人カ) ₁₀(タ) ₉(充タシ) ₂(數々)   ₈(佛國ヲ)

de sang et de carnage.   L'armée aurait
₇(付テ) ₆(血ニ) ₅(而) ₄(付テ) ₃(殺戮ニ)   ₁(軍隊カ) ₉(有ルデアロー)

manqué souvent de vivres et de fourrages,
₈(缺乏サレテ) ₂(數々) ₄(付テ) ₃(糧食ニ) ₅(而) ₇(付テ) ₉(秣ニ)

si le général qui la commandait eût
₁₈(ナラバ) ₁₃(將校カ) ₁₂(所ノ) ₁₀(夫ヲ) ₁₁(命令セシ) ₁₇(有タロウ)

manqué de prudence. Les passions privent
₁₆(缺、レテ)₁₅(付テ) ₁₄(注意ニ)   ₁(情慾カ)   ₅(奪フ)

l'homme du véritable bonheur. Vos succès
 ₄(人ヲ)   ₂(信實ナル) ₃(幸福カラ)   ₁(汝等ノ) ₂(成功カ)

ont comblé de joie vos parents, qui n'ont
₁₅(タ) ₁₄(充シ) ₁₃(付テ) ₁₂(喜ニ) ₁₀(汝等ノ) ₁₁(兩親ノ) ₉(所ノ) ₈(有ヌ)

personne de plus cher que vous. Cet étang
 ₇(誰モヲ)   ₅(ヨリ) ₆(親シキ) ₄(コリ) ₃(汝)   ₁(此) ₂(池カ)

fourmille de poissons; je vous procurerai le
₅(充滿スル) ₄(付テ) ₃(魚ニ) ₆(私ハ) ₇(汝ニ) ₁₁(與ユルデアロー)

plaisir de la pêche. La promesse d'une vie
₁₀(愉快ヲ) ₉(ノ) ₈(漁)   ₅(約束カ) ₄(ノ) ₁(或ル) ₃(生命)

éternelle comble le juste d'espérance et de joie.
₂(永久ノ) ₁₃(充タス) ₁₁(聖人ヲ) ₇(付) ₆(期望ニ) ₈(而) ₁₀(付) ₉(喜ニ)

Sysigambis fut avertie de la visite d'-
₁(シジガムビガ 人名) ₁₄(有タ) ₁₃(告知サレテ) ₁₂(ヲ) ₁₁(訪問) ₁₀(ノ)

Alexandre, qui l'avait faite prisonnière
₉(アレキサンドル 人名) ₈(所ノ) ₂(夫ヲ)₇(タ) ₆(成シ) ₅(囚人ト)

de guerre. Darius fut informé des hon-
₄(付テ) ₃(戰爭ニ) ₁(ダリユースガ 人名) ₂(有タ) ₇(告ケ知ラシ) ₆(面目)

neurs rendus à cette princesse. J'avais
ヲ) 5'成サレタル) 4'(於テ) 2'此) 3'皇族ノ婦人ニ) 1(私カ) 7(タ)

averti de cela ces enfants ; ils auraient
6(知) 5'付テ) 2'夫ニ) 3'此) 4(小兒ヲ) 8(彼等カ) 20(有リ—)

dû croire une personne plus âgée et
19(要シタデ) 18'信用スルコヲ) 16'改ル) 17(人ヲ) 14(ヨリ) 15(齢シタル) 13(而)

plus prudente qu'eux.
11(ヨリ) 12(注意深キ) 10(ヨリ) 9(彼等)

（第 五 十 八）

Vous m'accusez d'avoir trahi votre secret.
1(汝ハ) 6(私ヲ)7(誣告スル) 5'付テ) 4(摘發シタニ) 2(汝カ) 3(秘密ヲ)

Si je vous condamnais à examiner
9(ナラバ) 1(私ハ) 7(汝ヲ) 8(餘儀ナクスル) 6(於テ) 5(點撿スルニ)

les choses plus attentivement, vous m'adsoud-
4(事柄ヲ) 2(ヨリ) 3(注意シテ) 10(汝ハ) 19(私ヲ)20(恕スルデ

riez sûrement du soupçon qui a affaibli
アロフ) 18'必ス) 17(カラ) 16(疑念) 15(所ノ) 14(タ) 13(弱メ)

votre affection. Je vous ai convaincu de
11(汝ノ) 12(愛情ヲ) 8(私ハ) 9(汝ニ) 11(タ) 10(證據立) 7(付テ)

l'attachement qui m'unit à vous. Je
6(愛情ニ) 5(所ノ) 2(私ヲ) 4(一致スル) 3(ニ) 2(汝) 1(私ハ)

vous ai informé des dangers qui vous menaçaient.
2(汝ニ) 8(タ) 7(報知シ) 6(危難ヲ)5(所ノ) 3(汝ヲ) 4(脅迫スル)

Je suis ici privé de vos entretiens
1(私カ) 19(有ル) 2(爰ニ) 18(妨ケラレテ) 17(カラ) 15(汝ノ) 16(談話ニ)

et de vos conseils, qui m'étaient plus
14(而) 13(付テ) 11(汝ノ) 12(助言ニ) 10(所ノ) 7(私ニ) 9(有シ) 6'ヨリ)

utiles que vous ne pensez. La dernière
8(必用デ) 5(ヨリ) 3(汝カ) 4(想像スル) 5(先日ノ)

lettre qui m'a été remise, m'a délivré
₆(書翰カ) ₄(所ノ) ₁(私ニ)₃(有タ)₂(交附サレテ)₇(私ヲ)₁₀(タ)₆(免ラシ)

d'inquiétude. Je m'éloignerai de mes
₈(心配カラ) ₁(私カ) ₆(私ヲ)₇(遠ルダロフ) ₅(カラ) ₂(私ノ)

autres amis, et vous apprendrez de ma
₃(他ノ) ₄(朋友) ₈(而) ₈(汝ハ) ₂₈(聞ダロフ) ₂₇(カラ) ₂₄(私ノ)

propre bouche le récit des malheurs qui ont
₂₅(固有ノ) ₂₆(口チ) ₂₃(話ヲ) ₂₁(不幸ノ) ₂₀(所ノ) ₁₉(タ)

accablé de chagrin un ami qui vous est
₁₈(煩悶シ)₁₇(付テ)₁₆(愁ニ) ₁₄(或ル) ₁₅(朋友ノ)₁₃(所ノ) ₉(汝カ) ₁₂(有ル)

singulièrement cher. Vous m'avez demandé
₁₀(格別ニ) ₁₁(親ク) ₁(汝カ)₂(私ニ)₁₀(タ) ₉(問フ)

des nouvelles d'un de vos parents ; vous
₈(申報ヲ) ₇(ノ)₆(獨リ) ₅(ノ) ₃(汝カ) ₄(兩親) ₂₄(汝ハ)

serez informé par la lettre qui vous
₂₆(有ルダロー)₂₅(報知サレテ)₂₃(由テ) ₂₂(書翰ニ) ₂₁(所ノ) ₁₈(汝ニ)

sera remise, de l'heureuse issue du procès
₂₀(有ロー) ₁₉(交附シタテ) ₁₇(付テ)₁₈(幸ヒナル) ₁₇(結果ニ)₁₅(ノ)₁₄(訴訟)

qui l'inquiétait. J'avais emprunté à
₁₃(所ノ) ₁₁(夫ヲ)₁₂(心配セシ) ₁(私カ)₁₀(タ) ₉(借用シ) ₆(ニ)

un de mes voisins quelques écus ; je
₅(獨)₄(ノ)₂(私ノ) ₃(隣家) ₇(二三ノ) ₈(エキュヲ)(銀貨ノ名) ₁₁(私カ)
　　　　　　　　　　　　　　　　　(六十錢位)

les lui remettrai avant mon départ.
₁₂(夫ヲ)₁₃(彼ニ)₁₇(返戻スルデアロー)₁₆(前ニ)₁₄(私カ)₁₅(出立ツ)

(第五十九)

Nous aimons et favorisons dans les enfants
₁(我々カ) ₁₁(愛シ) ₁₂(而)₁₃(寵愛スル) ₃(中ニ) ₂(小兒ノ)

cette espièglerie qui appartient au jeune âge ;
₉(此) ₁₀(徒ラヲ) ₈(所ノ) ₇(属スル) ₆(於テ) ₄(若) ₅(年ニ)

mais elle ne doit pas dégénérer en méchanceté.
14(乍併) 15(彼カ) 19(ナラヌ) 18(變性シテハ) 17(於テ) 16(惡性ニ)

Un jeune enfant volage, et même un peu
6(或ル) 7(若キ) 8(小兒カ) 1(輕躁ナル) 2(而) 3(亦) 4(少シク)

méchant, rencontre un nid de guêpes. As-
5(惡心ナル) 13(出會タ) 9(或ル) 12(巣ニ) 11(ノ) 10(細腰蜂) 3(出

sidues au travail, elles ne l'avaient ni at-
精ナル) 2(於テ) 1(勉勤ニ) 4(彼カ) 5(夫ヲ) 10(セザリシ) 9(モ) 8(攻

taqué ni menacé. Notre drôle cependant,
撃) 7(モ) 6(脅迫) 6(我々ノ) 7(惡童カ) 1(乍併)

armé d'une baguette, l'enfonce dans
5(武備シタル) 4(付テ)(或ル) 3(細杆ニ) 8(夫ヲ) 11(刺シ入ルヽ) 10(中ニ)

la ruche. Une guêpe à l'instant fond sur
9(蜂巣ノ) 2(或ル) 3(細腰蜂カ) 1(忽チ) 9(襲フタ)

le visage de ce petit vaurien, et le pique
8(相貌ヲ) 7(ノ) 4(此) 5(小キ) 6(無頼徒) 10(而) 11(夫ヲ) 13(刺ス)

au vif. Bientôt il pousse de grands cris.
12(銳ク)肉ニ迄テ 1(頓テ) 2(彼カ) 5(發タ) 3(大ヒナル) 3(叫ヒヲ)

(第 六 十)

Un laboureur l'entend, quitte sa charrue,
1(或ル) 2(農夫カ) 3(夫ヲ) 4(聞タ) 7(打チ棄タ) 5(彼ノ) 6(鋤ヲ)

accourt; il console et soulage ce petit
8(趨リ來タ) 9(彼カ) 15(慰撫シタ) 14(而) 13(扶助シタ) 10(此) 11(小キ)

malheureux. "Cher enfant, qu'avez-vous?
12(不幸者ヲ) 1(親キ) 2(小兒ヨ) 3(何ニヲ) 4(モツカ) 4(汝ハ)

dites, je vous prie, parlez franchement:
6(言ヘヨ) 7(私ハ) 8(汝ニ) 9(希フ) 11(話セヨ) 10(潔白ニ)

chacun doit soulager et secourir celui
12(各々カ) 19(要スル) 15(扶助スルヲ) 17(而) 16(救援スルヲ) 18(モノノ)

qui souffre." L'enfant lui raconte ingénû-
14(所ノ) 13(苦ム) 1(小兒カ) 2(彼ニ) 5(談タ) 3(淡白
ment l'aventure, et ne lui cache rien.
ニ) 4(出來事ヲ) 6(而) 7(彼ニ) 9(隠サナカツタ) 8(何ニ丨モ)

Le paysan d'abord le rassure, l'encourage
1(百姓カ) 2(最初ハ) 3(夫ヲ) 4(安堵セタ) 5(夫ヲ) 6(奬勵タ)
et calme sa douleur. Puis il dit : "Vous
7(而) 10(鎭タ) 8(彼ノ) 9(苦痛ヲ) 1(次ニ) 2(彼カ) 3(云フタ) 4(汝ハ)
voyez les maux qui menacent et accablent
15(見セヨ) 14(惡ヲ) 13(所ノ) 12(脅迫スル) 11(而) 10(苦メ)
celui qui veut nuire à autrui. Souvenez-
9(モノヲ) 8(所ノ) 7(望ム) 6(害スルコヲ) 5(他人ヲ) 1(記憶セヨ)
vous, mon enfant, et profitez de cette leçon :
2(我カ) 3(小兒) 4(而) 7(利益セコ) 5(此) 6(教訓ヲ)
le méchant est toujours victime du mal qu'-
8(惡人ハ) 15(有ル) 9(常ニ) 14(犠牲デ) 13(惡事ノ) 12(所ノ)
il commet."
10(彼カ) 11(犯ス)

(第 六 十 一)

Les peuples chérissent et filicitent le prince
7(人民カ) 8(親愛シ) 9(而) 10(祝スル) 6(君主ヲ)
qui désire les rendre heureux. Vous avez
5(所ノ) 4(希望スル) 1(夫ヲ) 3(成スコヲ) 2(幸福ニ) 1(汝ハ) 9(タ)
人民ヲ
étudié et admiré les orateurs grecs et latins.
8(勉强シ) 7(而) 6(賞贊シタ) 5(演舌家ヲ) 2(希臘) 3(而) 4(羅甸ノ)
Ce bon vieillard embrasse et caresse les enfants
1(此) 2(眞キ) 3(老人カ) 8(抱キ) 9(而) 10(押撫スル) 7(小兒ヲ)
qu'il rencontre ; il anime et favorise les
6(所ノ) 4(彼カ) 5(出會スル) 11(彼カ) 20(鼓舞スル) 19(而) 18(惡ム)

jeunes gens qui lui rendent visite. Votre
₁₆(若キ) ₁₇(龍ヲ) ₁₅(所ノ) ₁₂(彼ニ) ₁₄(爲ス) ₁₃(訪問ヲ) ₄(汝ノ)

maitre, homme très-juste, a menacé et puni
₅(教師カ) ₃(人ナル) ₁(甚タ) ₂(正直ナル) ₁₆(脅カシタ) ₁₅(而) ₁₄(罰シ)

un écolier qui manquait souvent au devoir
₁₂(或ル) ₁₃(生徒ヲ) ₁₁(所ノ) ₁₀(缺キシ) ₉(數々) ₈(課業ヲ)

de la classe. Ces jeunes gens ont soulagé et
₇(ノ) ₆(教場) ₁(此) ₂(少年カ) ₁₁(タ) ₁₀(救護シ) ₉(而)

secauru le pauvre qui leur demandait l'aumône.
₈(扶助シ) ₇(貧民ヲ) ₆(所ノ) ₃(彼等ニ) ₅(請ヒシ) ₄(施物ヲ)

Les troupes espagnoles ont remporté une victoire
₂(軍隊カ) ₁(西班牙ノ) ₇(タ) ₆(得) ₄(或ル) ₅(勝利ヲ)

important. J'ai rencontré et salué votre
₃(大ナル) ₈(私カ) ₁₁(タ) ₈(出會シ) ₉(而) ₁₀(敬禮シ) ₆(汝ノ)

frère, qui jouit d'une bonne santé. Le
₇(兄弟ニ) ₅(所ノ) ₄(得ル) ₁(或ル) ₂(莨キ) ₃(健康ヲ)

Seigneur protége et favorise les enfants qui
₁₄(神カ) ₁₅(保護シ) ₁₆(而) ₁₇(恩愛ス) ₁₃(小兒ヲ) ₁₂(所ノ)

chérissent et secaurent les pères et les mères
₁₁(親愛スル) ₁₀(而) ₉(助ケ) ₈(父ヲ) ₇(而) ₆(母)

qui leur ont donné la vie. Un célèbre
₅(所ノ) ₁(彼等ニ) ₄(タ) ₃(與ヘ) ₂(生命ヲ) ₁(或ル) ₂(高名ナル)

professeur a enseigné et expliqué à votre
₃(教授カ) ₁₆(タ) ₁₅(教示シ) ₁₄(而) ₁₃(説明シ) ₁₂(於テ) ₁₀(汝ノ)

parent les passages les plus difficiles de cet
₁₁(兩親ニ) ₉(文章ヲ) ₇(最) ₈(困難ナル) ₆(ノ) ₄(此)

auteur. Le défaut propre à l'envie, est de
₅(著述) ₂(謬チハ) ₁(固有ナル) ₃(妬ニ於テ) ₁₇(有ル) ₈(付テ)

s'affliger du bonheur d'autrui, et de se
₇(悲歎スルコニ) ₆(幸福ヲ) ₅(ノ) ₄(他人) ₉(而) ₁₆(付テ)

réjouir du malheur qui arrive aux autres.
15(悦フコニ) 14(不幸ヲ) 13(所ノ) 12(到着スル) 11(於テ) 10(他人ニ)

(第六十二)

Le Capitole fut consacré par le peuple
1(カピトール山ハ) 15(タ) 14(供ヘラレ) 13(由テ) 12(國民ニ)
romain à Jupiter, qui passait pour le
11(羅馬) 10(於テ) 9(ジュピテルニ神名) 8(所) 7(見ナサレシ)* 6(ト)
dieu tutélaire de la ville. Celui qui avait
5(神ニ) 4(保護ノ) 3(ノ) 2(市街) 8(モノカ) 7(所) 6(タ)
conservé la vie à un citoyen était décoré
5(維持シ) 4(生命ヲ) 3(於テ) 1(或ル) 2(國民ニ) 12(タ) 11(裝飾サレ)
de la couronne civique. Ces fleurs et ces
10(付テ) 9(義勇冠ニ) 1(此) 2(花) 3(而) 4(此)
guirlandes ont été apportées par le fils de
5(生花縵ヲ) 12(レタ) 11(持來サ) 10(由テ) 9(息子ニ) 8(ノ)
votre fermier, qui les a cueillies lui-même.
6(汝カ) 7(小作人) 17(所ノ) 14(夫ヲ) 16(タ) 15(摘ミ取) 13(彼自身カ)
Les marbres qui ont été déposés dans cette
7(代理石ハ) 6(所ノ) 5(アツタ) 4(置レテ) 3(中ニ) 1(此)
cour, ont été fendus par la gelée. Cette
2(朝廷ノ) 11(タ) 10(割レ) 9(由テ) 8(霜ニ) 1(此)
caverne a été creusée par l'éclat de la foudre.
2(洞ハ) 6(タ) 5(掘ラレ) 4(由テ) 3(雷擊ニ)
Cette belle statue a été ciselée par le
1(此) 2(美麗ナル) 3(像ハ) 12(タ) 11(彫刻サレ) 10(由テ)
sculpteur le plus habile de notre siècle. Les
9(彫刻師ニ) 7(最モ) 8(巧ミナル) 6(ノ) 4(我々カ) 5(紀元)
troupes ennemies avaient été battues et mises en
2(軍隊カ) 2(敵ノ) 4(タ) 3(打レ) 5(而) 11(追レ)

fuite par deux de nos généraux. Cette
タ) 10(由テ) 9(二人ニ) 8(ノ) 6(我々ノ) 7(將官等) 6(此)

coupe pleine d'une liqueur exquise a été
7(盃カ) 5(充チタル) 4(カラ) 1(或ル) 3(里古兒酒ニ) 2(精撰ナル) 16(タ)

renversée par la maladresse de celui qui la
15(顛倒サレ) 14(由テ) 13(不器用ニ) 12(ノ) 11(モノ) 10(所) 5(夫ヲ)

tenait. Tout ce qui sert à la nourriture
9(持シ) 8(凡テカ) 7(モノノ) 6(所) 5(要立ツ) 4(ニ) 3(食物)

de l'homme est produit par la terre. Cet
2(ノ) 1(人) 12(ルヽ) 11(産出サ) 10(由テ) 9(土地ニ) 1(此)

édifice a été commencé et achevé par le même
2(建築ハ) 16(タ) 13(始メラレ) 14(而) 15(完備サレ) 12(由テ) 10(同シ)

architecte qui a construit la maison de votre
11(技師ニ) 9(所) 8(タ) 7(築造シ) 6(家ヲ) 5(ノ) 3(汝カ)

parent. Votre père eût été blessé de votre
4(親族) 1(汝) 3(父カ) 7(タデモアロフ) 6(刺衝サレ) 5(付テ) 3(汝ノ)

malhonnêteté, s'il n'était pas plus in-
4(無禮ニ) 15(ナラバ) 8(彼ハ) 14(有ラザリシ) 12(ヨリ)

dulgent que vous ne pensez.
13(寛大デ) 11(ヨリ) 9(汝カ) 10(想像スル)

* regarder comme.

(第六十三)

L'avis qui a été proposé par votre avocat,
7(説ハ) 6(所) 5(アツタ) 4(發議サレテ) 3(由テ) 1(汝ノ) 2(辯護士ニ)

n'a point été approuvé des juges. Le
10(決テ) 13(有ラナンタ) 12(認定サレテ) 9(カラ) 8(判官)

courage de la légion Thébaine sera ap-
4(勇氣ハ) 3(ノ) 2(聯隊) 1(テベーヌ國ノ) 12(有ルデアロー) 11(認

prouvé de tous ceux qui liront l'histoire.
定サレテ)10(付テ)9(凡テニ)8(者ノ) 7(所)6(讀タロウ)5(歴史ヲ)

L'homme doux et clément est estimé et
4(人ハ) 1(温和)2(而)3(寛大ナル)14(有ル)11(尊敬サレテ)12(而)

chéri de tous ceux qui le connaissent.
13(親愛サレテ)10(付テ)9(凡テニ)8(者ノ)7(所)5(夫ヲ)6(認知スル)

Le printemps est la plus agréable des sai-
1(春ハ) 6(有ル) 4(最モ)5(愉快ナルモノデ)3(ノ)2(時

sons : tout renait dans la nature ; les arbres
候)7(凡テカ)10(再ヒ顯ハル)9(於テ) 8(自然ニ) 11(樹木カ)

se couvrent de feuilles ; les plaines et les
14(繁茂スル)13(付テ)12(葉ニ) 15(平原)16(而)

campagnes se revêtent de leurs richesses.
17(田野カ) 21(發ハレ)20(付テ)18(彼等ノ) 19(富貴ニ)

La terre, échauffée par les rayons du soleil,
14(土地カ)4(暖メラレ)3(由テ) 2(光線ニ) 1(大陽ノ)

et rafraîchie par l'humidité des nuits et de
5(而)13(冷サレタル)12(由テ)11(濕氣ニ) 10(ノ) 9(夜) 8(而)7(付テ)

la rosée, est ici émaillée de mille fleurs,
6(露ニ)26(有ル)15(此處ニ)19(彩色サレテ)18(付テ)16(多ノ)17(花ニ)

là revêtue d'une riante verdure.
20(彼處ニ)25(被ハレテ)24(付テ)21(或ル) 22(愉快ナル) 23(緑色ニ)

Les troupeaux, conduits par les bergers, paissent
4(家畜カ) 3(導レタル)2(由テ) 1(牧人ニ)5(飼養スル)

sur le penchant des collines. La vigne, tail-
7(上ニ) 6(斜面) 5(岡ノ) 12(葡萄カ)11(裁修サ

lée par le vigneron, lorsqu'elle paraissait
レタル)10(由テ) 9(葡萄耕作者ニ) 8(キニ)1(彼カ) 7(顯タ)

un bois sec et stérile, se couvre de
5(或ル)6(莖)2(枯レタル)3(而)4(不毛ナル) 13(被フ)14(付テ)

bourgeons et de feuilles. Les arbres à
₁₃(芽ニ) ₁₅(而) ₁₇(付テ) ₁₆(葉ニ) ₃(樹木カ) ₂(於ル)

fruits se couvrent d'abord de fleurs, et bientôt
₁(果實ニ) ₇(被フ) ₄(最初) ₆(付テ) ₅(花ニ) ₈(而) ₉(頓テ)

de boutons, dans lesquels est renfermé le
₁₁(カラ) ₁₀(花蕾) ₁₈(中ニ) ₁₂(夫ノ) ₂₂(有ル) ₂₁(含有サレテ)

fruit attendu et désiré par le cultivateur
₂₀(果實カ) ₁₉(待タレタル) ₁₅(而) ₁₇(希望サレ) ₁₆(由テ) ₁₅(農夫ニ)

industrieux.
₁₄(巧ミナル)

(第六十四)

On peut dire sans injustice que le bœuf
₁₂(人カ) ₁₄(能フ) ₁₃(云ヒ) ₂(無ク) ₁(不公平) ₁₁(コヲ) ₃(牛ハ)

est un des animaux les plus utiles à
₁₀(有ル) ₉(一ツデ) ₈(獸物ノ) ₆(最モ) ₇(必要ナル) ₅(於テ)

l'homme. La chandelle se fait de la graisse
₄(人間ニ) ₁(蠟燭ハ) ₁₀(作ラルヽ) ₉(付テ) ₆(脂ニ)

du bœuf, mêlée à la graisse du mouton.
₇(牛) ₆(混合シテ) ₅(於テ) ₄(脂ニ) ₃(ノ) ₂(羊)

La corne du bœuf, dit Buffon, a été le
₄(角ノ) ₃(牛) ₂(云タ) ₁(ビユホンガ) ₁₆(アツタ)

premier vase dont l'homme s'est servi pour
₁₁(第一ノ) ₁₂(器テ) ₁₀(所) ₅(人カ) ₉(タ) ₈(用立テ) ₇(爲ニ)

boire, le premier instrument de musique, la
₆(飲ムコノ) ₁₄(第一ノ) ₁₅(樂器デ) ₁₃(音樂ノ)

première matière avec laquelle ont été faits
₁₇(第一ノ) ₁₈(物質ハ) ₂₀(以テ) ₁₉(夫ヲ) ₂₂(アツタ) ₂₃(成サレテ)

les vitres, les lanternes, les boîtes, les peignes
₂₁(窓玻璃) ₂₂(提燈) ₂₃(箱) ₂₄(櫛)

et autres ouvrages.　Que de choses auxquelles
25(而)　26(其他)　　27(事物カ)　　5(幾何ガ)　4(事物ノ)　　3(所ノ)

nous ne pensons pas nous sont fournies par la
1(我々カ)　2(想像セヌ)　6(我々ニ)　10(ル、ヨ)　9(備ヘラ)　8(由テ)

nature !　Les chaussures nous sont procurées
7(自然ニ)　　1(履カ)　　2(我々ニ)　　13(與ヘラレタ)

par le cuir du bœuf ; une multitude d'objets
5(由テ)　4(ナメシ革ニ)　3(牛ノ)　　8(多クカ)　　7(物躰ノ)

utiles, par les cornes de cet animal.　La
6(用要ナル)12(由テ)　　12(角ニ)　11(ノ)　9(此)　10(動物)

chair de ce même animal est notre nourriture
5(肉カ)　4(ノ)1(此)　2(同シ)　3(動物)　9(有ル)　6(我々カ)　8(食物デ)

ordinaire.　Ces réflexions, approuvées par ceux
7(普通ノ)　　7(此)　8(思慮カ)　6(贊成サレタ)　5(由テ)　4(人ニ)

qui les lisent, sont suggérées à l'esprit par
3(所ノ)　1(夫ヲ)　2(讀ム)　15(ル、)　14(感得サ)　13(於テ)　12(精心ニ)　11(由テ)

la seule attention ; mais, distraits souvent par
9(單ナル)　10(注意ニ)　16(乍併)　22(放心サレタル)　17(數々)　21(由テ)

mille choses inutiles, nous recevons tous ces
19(多クノ)　20(物ニ)　18(無盆ナル)　23(我々カ)　30(受取タ)　27(凡テ)　28(此)

bienfaits sans y penser, et l'auteur de
29(惠福ヲ)　26(無ク)　24(ソレニ)　25(想像スルフ)　31(而)　35(主人カ)　34(ノ)

ces dons est méconnu de ceux à qui
32(此)　33(贈物)　45(有ル)　44(知ラレナク)　43(カラ)　42(人)　　41(所ノ)

il ne cesse de les accorder.
36(彼カ)　40(止メヌ)　39(付テ)　37(夫ヲ)　38(與フルフニ)

(第六十五)

Les préceptes donnés par les anciens philo-
　5(訓誡ハ)　4(與ヘラレタ)3(由テ)　　1(古ノ)　　2(哲學)

sophes regardent la conduite de la vie. La
者ニ) 9(關スル) 8(品行ニ) 7(ノ) 6(生涯)

sagesse appartient au vieillard ; la vivacité et la
1(賢明ハ) 9(屬スル) 3(於テ) 2(老人ニ) 4(活潑) 5(而)

gaieté, à la jeunesse. Il appartient à
6(快樂ハ) 8(於テ) 7(少年ニ) 1(夫カ) 7(屬スル) 6(於テ)

tous de bien vivre. Le curieux
5(凡テノ人ニ) 4(ノ) 2(能ク)* 3(生活スル所) 1(好奇心アル人ハ)

fait souvent plusieurs questions sur ce qui
11(爲ス) 8(數々) 9(數多ノ) 10(問ヲ) 7(上ニ) 6(モノヽ) 5(所ノ)

ne le regarde nullement. Il n'appartient pas
3(夫ニ) 4(關セヌ) 2(毫モ) 6(夫ハ) 9(屬セヌ)

à tous de commander, ou de reprendre.
8(於テ) 7(衆人ニ) 2(付テ) 1(命令スルコニ) 3(或ハ) 5(付テノ) 4(取戻ス)ト

La tendre compassion envers celui qui souffre
5(隣アル) 6(惻隱カ) 4(向テ) 3(モノニ) 2(所) 1(苦シム)

appartient à tous ceux qui sont témoins
17(屬スル) 16(ニ) 15(凡テ) 14(人) 13(所ノ) 12(有ル) 11(證人デ)

des maux qui accablent le malheureux. Il
10(惡事ノ) 9(所) 8(苦メル) 7(不幸人ヲ) 5(夫カ)

appartient à tout homme bien né d'être
11(屬ス) 10(於テ) 8(凡ノ) 9(人ニ) 6(能ク)ト 7(生レタエ) 4(有ルコノ)

reconnaissant d'un bienfait. Ce genre d'-
3(恩謝シテ) 2(付テ) 1(恩ニ) 1(此) 4(種類ノ) 3(ノ)

étude regarde ceux qui sont destinés à
2(修學) 16(關スル) 15(人ニ) 14(所) 13(有ル) 12(定メラレテ) 11(於テ)

défendre l'état et à porter les armes.
10(防禦スルコニ) 9(國ヲ) 8(而) 7(於テ) 6(執ルコニ) 5(兵器ヲ)

Une moisson abondante appartient au laboureur
1(或ル) 3(收納カ) 2(澤山ナル) 13(屬スル) 12(於テ) 11(農夫ニ)

qui a arrosé la terre de ses sueurs.
₁₀(所) ₉(タ) ₈(濕) ₇(土地ヲ) ₆(付テ) ₄(彼ノ) ₅(汗ニ)

L'honneur du triomphe appartiendra à celui
₂(名譽ハ) ₁(凱旋ノ) ₉(屬スルデアロー) ₈(於テ) ₇(人ニ)

qui aura vaillamment combattu. La gloire
₆(所) ₅(アルダロー) ₃(勇猛ニ) ₄(戰フタデ) ₁(譽ハ)

de gouverner sagement regarde celui qui est
₃(ノ)₂(統治スルコ) ₁(賢明ニ) ₁₁(關スル) ₁₀(人ニ) ₉(所ノ) ₈(有ル)

à la tête des autres.
₇(於テ) ₆(頭ニ) ₅(他人ノ)

* moralement.

† reprendre la ville.

‡ de bon caractère.

(第六十六)

"Le caquet t'appartient, tu n'as que
₁(多辯カ) ₂(汝ニ)₃(屬スル) ₄(汝ハ)₉(アラヌ) ₈(ナラデハ)

lui en partage, disait un jeune enfant à
₇(彼) ₆(於テ) ₅(分配ニ) ₁₆(云シ) ₁₀(或ル) ₁₁(若キ) ₁₂(小兒カ) ₁₅(於テ)

un perroquet. Si je t'apprends des
₁₃(一疋ノ) ₁₄(鸚鵡ニ) ₅(ナラバ) ₁(私カ) ₂(汝ニ)₄(敎ユル)

mots, il t'appartient seulement de me
₃(言語ヲ) ₁₀(夫カ) ₁₂(汝ニ) ₁₃(屬スル) ₁₁(單ニ) ₉(コノ) ₆(私ニ)

les répéter; s'il faut les expli-
₇(夫ヲ) ₈(復言スル)₁₅(ナラバ)₁₄(夫カ) ₁₇(要スル) ₁₅(夫ヲ) ₁₆(說明ス

quer, tu restes muet; tu sembles dire:
ルコヲ) ₁₉(汝カ) ₂₁(止ル) ₂₀(沈默シテ) ₂₂(汝ハ) ₂₄(見ユル) ₂₃(云フト)

cela ne me regarde pas. Il ne t'appartient
₂₅(夫ハ) ₂₆(私ニ) ₂₇(關ラヌ) ₆(夫カ) ₇(汝ニ) ₈(屬セス)

pas d'y comprendre quelque chose; au fond
₅(コノ)₁(ソレニ) ₄(理解スル) ₂(或ル) ₃(物ヲ) ₉(實ニ)

tu n'es qu'une bête. Le compli-
₁₀(汝ハ) ₁₄(アラヌ) ₁₃(ナラデハ)₁₁(或ル) ₁₂(動物) ₁(祝詞)

ment n'est pas flatteur, répond le perroquet,
ハ) ₃(有ラヌ) ₂(媚デ) ₅(答タ) ₄(鸚鵡カ)

mais peut-être ne me regarde-t-il pas seul.
₆(乍併) ₇(恐クハ) ₈(私ニ) ₁₁(屬セヌ)₉(彼カ) ₁₀(ノミ)

En me parlant ainsi, vous faites votre portrait.
₄(ツヽ)₁(私ニ) ₃(話シ) ₂(如斯ク) ₅(汝ハ)₈(畫ク) ₆(汝カ) ₇(肖像ヲ)

Il vous appartenait de répondre aux questions
₈(夫ハ) ₉(汝ニ) ₁₀(屬セシ) ₇(コノ) ₆(答辯スル) ₅(ニ) ₄(問)

de votre maître, et souvent vous gardiez le
₃(ノ) ₁(汝ノ) ₂(教師) ₁₁(而) ₁₂(數々) ₁₃(汝ハ) ₁₅(守ヲ)

silence. Plus d'une fois, en ma présence,
₁₄(沈默ヲ) ₂(多ク) ₁(一度ヒヨリ) ₅(於テ) ₃(私ノ) ₄(目前ニ)

votre mentor vous a dit: Monsieur, vous n'êtes
₆(汝ノ) ₇(教師カ) ₈(汝ニ) ₁₀(タ)₉(云フ) ₁₁(君ヨ) ₁₂(汝ハ)₁₆(アラヌ)

qu'un perroquet." L'enfant ne put
₁₅(ナラデハ)₁₃(或ル) ₁₄(鸚鵡) ₁(小兒ハ) ₄(能ハヌ)

répondre mot. Cette juste repartie lui rabattit
₃(答辯シ)₂(一言モ) ₁(此) ₂(確實ナル) ₃(返答カ) ₄(彼ニ) ₇(默サレタ)

soudain le caquet. Cette fable regarde la je-
₅(忽チ) ₆(多辯ヲ) ₁(此) ₂(小説カ)₄(關スル) ₃(少

unesse. Si elle se contente d'apprendre
年者ニ) ₁₀(ナラバ)₁(彼カ) ₅(滿足スル) ₄(付テ)₃(學ブコニ)

de mémoire et néglige de comprendre, la réponse
₂(記憶ニテ) ₆(而) ₉(怠タル)₈(付テ) ₇(理解スルコニ) ₁₂(返答カ)

du perroquet en fait le portrait.
₁₁(鸚鵡ノ) ₁₃(夫ニ付テ) ₁₅(ナス) ₁₄(肖像ヲ)

(第六十七)

Je me repentirais de vous avoir parlé
11(私ハ) 12(私ヲ) 16(後悔スルデアロー) 15(付テ) 13(汝ニ) 14(話シタコニ)

du bœuf, si je ne vous disais quelque
10(付テ) 9(牛ニ) 8(ナラバ) 1(私カ) 2(汝ニ) 7(云ハヌ) 5(或ル)

chose de la vache. Nous ne rougissons pas
6(解ヶチ) 4(付テ) 3(牝牛ニ) 1(我々カ) 8(満足スル)

de ne pas lui accorder un meilleur sort.
7(付テ) 2(彼ニ) 6(與ヘヌコニ) 3(或ル) 4(ヨリ好キ) 5(運命ヲ)

Quoique la vache soit presque la nourrice du
6(雖モ) 1(牝牛カ) 5(有ルト) 2(始ント) 4(乳母デ)

genre humain, nous n'en avons pas plus
3(人間ノ) 16(我々ハ) 17(夫レニ付テ) 15(持タヌ) 14(ヨリ)

pitié que si elle n'était d'aucune utilité.
15(憐ヲ) 13(ヨリ) 12(カ) 7(彼カ) 11(有ラザリシ) 8(何ンナ) 9(必要カ)

Nous ne sommes pas fâchés de faire du
11(我々カ) 13(有ラヌ)* 12(不服テ) 10(付テ) 9(作ルコニ)

lait qu'elle nous donne une nourriture
8(乳ヲ) 7(所) 1(彼カ) 2(我々ニ) 6(與フル) 3(或ル) 4(食物ヲ)

délicieuse. Le cuisinier ne s'ennuie pas de se
4(結構ナル) 1(調理人カ) 12(厭倦セヌ) 4(付テ)

servir du beurre, et les gens de la campagne
3(用立テルコニ) 2(牛酪ヲ) 5(而) 5(輩カ) 7(ノ) 6(田舎)

de se nourrir de fromage. Le laboureur
11(付テ) 10(食スルコニ) 9(乾酪ヲ) 1(耕作人カ)

n'est pas fâché de l'atteler quelquefois
6(有ヌ) 4(不服デ) 4(付テ) 2(夫ヲ) 3(車ニ繋クコニ) 7(時トシテハ)

à la charrue; mais, lorsque, devenue un peu
9(於テ) 8(犂ニ) 10(乍併) 14(ナリニハ) 13(成ル) 11(少シク)

âgée, elle parait ne devoir plus être
12(老年ニ) 15(彼カ) 20(見ヘル) 19(要サヌト) 16(モ早ヤ) 18(アルコヲ)

utile, il aime mieux ne pas rougir de la
17(必要デ) 21(夫カ) 25(好ム) 29(コリ好ク) 34(恥ジヌコ) 32(夫ヲ)

conduire au boucher, que de perdre le profit
33(導クコヲ) 31(マデ) 30(屠殺者ニ) 28(ヨリ) 27(失フ) 26(利益ヲ)

qui peut lui revenir. Vous ne serez
25(所ノ) 24(得ル) 23(彼ニ) 28(再來シ) 1(汝ハ) 8(アラヌタロー)

pas fâchés de savoir quelque chose du taureau.
7(不滿デ) 6(付テ) 5(知ルコニ) 3(或ル) 4(物ヲ) 2(牡牛ノ)

Il est fier, indocile, quelquefois indomptable
1(彼カ) 8(有ル) 2(高慢) 3(教ヘ離ク) 4(時トシテハ) 5(御シ離ク)

et furieux. L'homme, ce maitre de la
6(而) 7(猛烈デ) 5(人カ) 3(此) 4(主人ナル) 2(ノ)

nature. rougirait de son impuissance, s'il
1(自然) 8(恥ルダロー) 6(彼ノ) 7(無氣力ヲ) 18(ナラバ) 9(彼カ)

était obligé de conduire un troupeau de
17(有リシ) 16(餘儀ナク) 15(付テ) 14(導クコニ) 10(或ル) 13(群ヲ) 12(ノ)

taureaux: il serait bientôt fâché d'une
11(牡牛) 20(彼カ) 29(有ルダロー) 27(頓テ) 28(困テ) 26(付テ) 24(一ッ)

témérité qui lui serait funeste; une femme,
25(冒險ニ) 23(所) 20(彼ニ) 22(有ルダロー) 21(不幸デ) 30(或ル) 31(婦人ヤ)

un enfant même, conduisent facilement un
32(或ル) 33(小兒) 34(サエモカ) 40(導ク) 35(容易ク) 36(或ル)

troupeau de bœufs.
39(群ヲ) 38(ノ) 37(牛)†

* nous sommes contents.
† taureau sans testicule.

(第六十八)

Ces enfants se sont repentis de l'étourderie
₁(此) ₂(小兒カ) ₁₆(タ) ₁₅(後悔) ₁₄(付テ) ₁₃(輕卒ニ)
qui les a engagés dans ce chemin plein
₁₂(所) ₃(夫ヲ) ₁₁(タ) ₁₀(入レ) ₉(中ニ) ₇(此) ₈(道) ₆(滿チタル)
de boue. L'homme de bien ne rougit
₂(カラ) ₁(泥濘) ₃(人ハ) ₂(ノ) ₁(善良) ₁₃(耻ジヌ)
jamais des maximes qui ont réglé la conduite
₁₂(決テ) ₁₁(金言ヲ) ₁₀(所) ₉(規則立タ) ₈(行狀ヲ)
qu'il a tenue. Vos parents ont été fâchés
₇(所)₄(彼カ)₆(タ) ₅(保) ₁(汝ノ) ₂(兩親ハ) ₁₁(アツタ) ₁₀(不滿足シテ)
des événements malheureux qui vous sont arrivés.
₉(付テ) ₈(事件ニ) ₇(不幸ナル) ₆(所) ₃(汝ニ) ₅(タ) ₄(到著シ)
Les jeunes gens qui se dégoûtent de l'étude,
₄(少キ) ₅(輩ハ) ₃(所) ₂(嫌フ) ₁(勉强ヲ)
rougiront un jour de la négligence qui leur
₁₃(耻ツルダロー) ₆(他日) ₁₂(付テ) ₁₁(怠慢ニ) ₁₀(所) ₇(彼ニ)
a été funeste. J'ai rencontré votre chère
₉(アツタ) ₈(不幸デ) ₁(私カ)₆(タ) ₅(出會シ) ₂(汝) ₃(至愛ナル)
mère; elle s'ennuyait de votre longue absence.
₄(母ニ) ₇(彼ハ) ₁₂(意屈セシ) ₁₁(付テ) ₈(汝ノ) ₉(永キ) ₁₀(不在ニ)
J'irai voir votre père; il aura
₁(私カ)₅(行クダロー) ₄(見ニ) ₂(汝ノ) ₃(父ヲ) ₆(彼ハ) ₂₅(持デアロー)
sûrement pitié de l'affreuse misère qui accable
₂₃(極メテ) ₂₄(憐憫ヲ) ₂₂(付テ) ₂₀(怖ベキ) ₂₁(不幸ニ) ₁₉(所) ₁₈(苦メル)
une personne qui lui est connue, et qui n'est
₁₇(人ヲ) ₁₀(所) ₇(彼ニ) ₉(ルヽ) ₆(知ラ) ₁₁(而) ₁₆(所) ₁₅(有ラヌ)
pas indigne d'estime. Celui qui demande
₁₄(價格ナク) ₁₃(付)₁₂(崇敬ニ) ₈(人ハ) ₇(所) ₆(請フ)
conseil à un homme sage, ne se repen-
₅(助言ヲ) ₄(於テ) ₁(或ル) ₃(人ニ) ₂(賢明ナル) ₁₆(後悔セヌデ)

tira pas de l'avis qui lui aura été don-
ァロー) 15(付テ) 14(説ニ) 13(所) 9(彼ニ) 12(デアロー) 11(有ル) 10(與ヘ

né. Il est avantageux d'être instruit
ラレテ) 11(夫カ) 13(有ル) 12(利益デ) 10(フノ)9(ル丶) 8(敎育サ)

par l'exemple des autres plutôt que par le
2(因テ) 1(例ニ) 7(他人ノ) 6(寧ロ) 5(ヨリモ) 4(由テ)

sien. Celui qui rougit des fautes qui lui
3(彼ノモノニ) 11(者ハ) 7(所) 6(恥ツル) 5(誤ヲ) 4(所) 1(彼ニ)

sont reprochées, et qui s'en repent, donne
3(有ル) 2(誹謗サレテ) 8(而) 10(所) 9(後悔スル) 15(與ユル)

lieu d'espérer de lui.
14(場處ヲ) 13(望ミヲ屬スベキ) 12(彼ニ)

(第六十九)

Il eût importé à ce jeune enfant
14(夫カ) 16(アッタデモアラフ) 15(必要デ) 13(於テ) 10(此) 11(少キ) 12(小兒ニ)

de comprimer le caractère de légèreté qui le
9(付テ) 8(强壓スルコニ) 7(性質ヲ) 6(ノ) 5(輕率) 4(所) 1(夫ヲ)

possédait tout entier. Pendant deux ans, les
3(所持セシ) 2(全ク) 3(間) 1(二) 2(年)

leçons d'un maitre habile et sage l'-
10(敎訓カ) 9(ノ) 7(或ル) 8(敎師) 6(才能アル) 5(而) 4(賢明ナル) 11(夫ヲ)

avaient laissé presque aussi ignorant qu'il
18(棄置キシ) 12(殆ンド) 16(亦) 17(不學ニ) 15(如ク) 13(彼カ)

était. Il entend un jour un serin, perché
14(有リシ)* 1(彼カ) 13(聽タ) 2(或ル) 3(日) 7(カナリヤカ) 6(トマッタa)

dans une cage, siffler parfaitement un air
5(中ニ) 4(鳥籠ノ) 12(嘯ノヲ) 11(完全ニ) 10(諧音ヲ)

des plus jolis. "Il m'importe, dit-il,
8(最モ) 9(美麗ナル) 9(夫カ) 10(私ニ) 11(必要ナリ) 13(云タ) 12(彼カ)

de savoir comment tu es devenu musicien.
₈(ノ) ₇(知ル コ) ₁(如何ニシテ) ₂(汝ガ) ₅(有ルカヲ) ₄(成テ) ₃(音樂家ト)
₆(カヲ)

Il est de mon intérêt, de l'apprendre de
₆(夫カ) ₉(有ル) ₇(私ノ) ₈(利益デ) ₅(ノ) ₃(夫ヲ) ₄(學ブコ) ₂(付テ)

toi. Puisqu'il est de votre intérêt, jeune
₁(汝ニ) ₅(故ニ) ₁(夫ハ) ₄(有ル) ₂(汝ノ) ₃(利益デ) ₆(少年

homme, dit le serin, d'avoir ma réponse,
者ヨト) ₈(云タ) ₇(カナリヤ鳥カ) ₁₁(獲ルコハ) ₉(私ノ) ₁₀(應答ヲ)

voici le moyen dont je me suis servi, et qui,
₂₀(見ヨ) ₁₉(方法ヲ) ₁₄(所) ₁₂(私カ) ₁₃(用ヒタ) ₁₅(而) ₁₈(所)

m'a réussi. Tous les jours, soir et matin,
₁₆(私ヲ)(タ) ₁₇(成就シ) ₁(毎 日) ₂(朝 夕)

mon maître me jouait un air; j'oubliais
₃(私ノ) ₄(教師カ) ₅(私ニ) ₈(奏シタ) ₆(或ル) ₇(譜ヲ) ₉(私ハ) ₁₁(忘却シタ)

tout le reste; je l'écoutais de toutes mes oreil-
₁₀(他事ヲ) ₁₂(私カ) ₁₃(夫ヲ) ₁₅(拜聽シタ) ₁₄(深ク注意シテ)

les. Il m'importait de l'écouter
₁(夫ハ) ₆(私ニ) ₇(必要デアリシ) ₅(付テ) ₂(夫ヲ) ₄(拜聽スルコニ)

attentivement; en quelques mois j'appris à
₃(注意シテ) ₁₀(於テ) ₈(二三ケ) ₉(月) ₁₁(私カ) ₁₅(學ンダ) ₁₄(於テ)

l'imiter. Vous pouvez vous rendre habile
₁₂(夫ヲ) ₁₃(似セルコニ) ₁(汝カ) ₇(得ル) ₂(汝ヲ) ₆(成シ) ₅(巧ニ)

comme moi; montrez-vous attentif et docile à
₄(如ク) ₃(私ノ) ₁₉(アレコ) ₈(汝ヲ) ₁₆(注意テ) ₁₇(而) ₁₈(從順デ) ₁₅(於テ)

ce que vos maîtres vous enseignent."
₁₄(モノニ) ₁₃(所) ₉(汝等ノ) ₁₀(教師カ) ₁₁(汝ニ) ₁₂(教授スル)

Cette leçon, aussi utile que sage, importe
₅(此) ₆(教訓カ) ₃(亦夕) ₄(必要ナル) ₂(如ク) ₁(賢明ナル) ₁₃(必要デアル)

au bonheur de quiconque brigue le savoir.
₁₂(ニ) ₁₁(幸福) ₁₀(ノ) ₉(人) ₈(願フ) ₇(識ルコヲ)

Il est le fruit du travail et de l'application.
₁(彼ハ) ₇(有ル-) ₆(決果デ) ₂(勉強) ₃(而) ₅(ノ) ₄(應用)

* qu'il était autrefois.

（第 七 十）

Il importe aux sujets, plus qu'ils ne
₈(夫ハ) ₁₁(必要デアル) ₁₀(於テ) ₉(臣民) ₄(ヨリ多ク) ₃(ヨリ)₁(彼カ)

pensent, d'obéir aux lois. Il m'im-
₂(想像スル) ₇(從フコノ) ₆(ニ) ₅(法律ニ) ₅(夫カ) ₆(私ニ)₇(必要

portait d'apprendre cette nouvelle, et il vous
デアリシ) ₄(ノ) ₈(聞クコ) ₁(此) ₂(新聞ヲ) ₈(而) ₁₂(夫カ) ₁₃(汝ニ)

importera de ne la pas oublier. Il
₁₄(要用デアルダロー) ₁₁(ノ) ₉(夫ヲ) ₁₀(忘却セヌコ) ₆(夫カ)

nous importe surtout de connaitre nos
₇(我々ニ) ₈(必要デアル) ₁(就中) ₅(付テ) ₄(認知スルニ)₂(我々カ)

devoirs ; mais il nous importe aussi de les
₃(課業ヲ) ₉(乍併) ₁₄(夫カ) ₁₅(我々ニ) ₁₆(必要ナリ) ₁₀(亦タ) ₁₃(ノ) ₁₁(夫ヲ)

remplir. Il nous eût importé de
₁₂(完成スルコ) ₁(夫カ) ₂(我々ニ) ₁₀(有タデモアラフ) ₉(必要デ) ₈(付テ)

savoir le moment de votre départ, et il vous
₇(知ルコニ) ₆(時刻ヲ) ₅(ノ) ₃(汝ノ) ₄(出立) ₁₁(而) ₁₂(夫カ)₂₁(汝ニ)

importe de nous faire savoir le jour fixe
₂₂(必要ナリ) ₂₀(付テ) ₁₈(我々ニ) ₁₉(シムルコニ) ₁₉(知ラ) ₁₇(期日ヲ)

de votre arrivée. L'âne disait : " Il ne m'-
₁₆(ノ) ₁₄(汝カ) ₁₅(到著) ₁₆(驢馬カ) ₁₇(云ヒシ) ₁₈(夫カ) ₁₄(私ニ)

importe pas de servir ce vieillard ou tout
₁₅(必要デアラヌト) ₁₂(ノ) ₁₁(使エニ) ₆(此) ₇(老人) ₈(或ハ) ₉(凡テ)

autre, si je porte mon bât. " Il eût
₁₀(他人ニ) ₅(ナラバ) ₁(私カ) ₄(擔フ) ₂(私) ₃(鞍ヲ) ₇(夫カ)₉(有ッタデ
　　　　　　　　　　　　　　　　　　　　　　モアロー)

importé au corbeau de ne pas faire parade de
8(必要デ) 6(於テ) 5(烏ニ) 4(傲慢セヌコカ) 3(付テ)

sa voix. Il vous importera, jeunes gens,
1(彼カ) 2(聲ニ) 14(夫カ) 15(汝ニ) 16(必要デアルダロフ) 1(若年) 2(斉ヨ)

de lire et d'étudier les fables qui
13(ノ) 12(讀ムコ) 11(而) 10(付テ) 9(勉強スルコニ) 8(小説ヲ) 7(所)

sont entre vos mains. Il vous importe
6(有ル) 5(中ニ) 8(汝カ) 4(手ノ) 1(夫カ) 2(汝ニ) 9(必要デアル)

à tous deux d'examiner avec soin cette affaire,
3(ニツナカラ) 8(審査スルコカ) 5(以テ) 4(注意ヲ) 6(此) 7(仕事ヲ)

car elle intéresse votre réputation.
10(奈シトナレバ) 11(彼カ) 14(關スル) 12(汝ノ) 13(名譽ニ)
15(故ニ)

(第七十一)

Il importe au cultivateur de connaître
11(夫カ) 14(必用ナリ) 13(於テ) 12(農夫ニ) 10(ノ) 9(認知スルコ)

quelle est l'utilité du bœuf pour le labour.
6(何ンデ) 7(有ル) 5(利益カ) 4(ノ) 3(牛) 2(為ニ) 1(耕作ノ)
8(カヲ)

Il nous importerait de faire attention
9(夫カ) 10(我々ニ) 11(必要テアルダロー) 9(ノ) 7(成スコ) 6(注意ヲ)

aux avantages que nous en retirons. Il n'-
5(於テ) 4(利益ニ) 3(所) 1(我々カ) 2(獲ル) 3(夫カ) 6(必要

importe pas au bœuf de vivre, puisqu'-
デアラヌ) 5(於テハ) 4(牛ニ) 2(ノ) 1(生活スルフ) 7(奈シトナレバ)
15(故ニ)

il ne vit et ne meurt que pour
8(彼ハ) 14(生活セヌ) 13(而) 12(死ナヌ) 11(ナラデハ) 10(為ニ)

l'homme. Il nous importerait d'être
9(人ノ) 13(夫カ) 14(我々ニ) 15(必要デアルダロー) 12(コノ) 11(有ル)

plus reconnaissants envers l'auteur de la nature,
9(ヨリ) 10(思謝スベク) 8(向テ) 7(神 ニ)

qui nous a procuré de si grandes ressources.
₆(所) ₁(我々ニ) ₅(與ヘタ) ₂(左様ニ) ₃(大ヒナル) ₄(助ヲ)

Ce sentiment importerait à notre bonheur.
₁(此) ₂(感情カ) ₆(必要デアルダロー) ₅(ニ) ₃(我々ノ) ₄(幸運)

Mais il nous importe en ce moment
₁(乍併) ₁₃(夫カ) ₁₄(我々ニ) ₁₅(必要ナリ) ₄(於テ) ₂(此) ₃(時ニ)

d'examiner encore le service que le bœuf rend
₁₂(考究スルコノ) ₁₁(二度ビ) ₁₀(義務ヲ) ₉(所) ₅(牛カ) ₈(與フル)

à l'homme. Il traine des fardeaux considér-
₇(ニ) ₆(人) ₁(彼カ) ₄(引ク) ₃(積荷ヲ) ₂(著シ

ables; il ne se rebute jamais. Il importe
キ) ₅(彼ハ) ₇(落膽セヌ) ₆(決シテ) ₆(夫カ) ₁₀(必要ナリ)

beaucoup à l'économie de savoir ce qui
₇(多ク) ₉(ニ) ₈(經濟) ₅(付テハ) ₄(知ルコニ) ₃(モノヲ) ₂(所)

suit : la nourriture du bœuf n'est pas dispen-
₁(次ニ續ク) ₁₁(食料ハ) ₁₀(牛ノ) ₁₃(有ラヌ) ₁₂(高價

dieuse; il n'a besoin que de soins
デ) ₁₄(彼ハ) ₂₀(持タヌ) ₁₉(要用ヲ) ₁₈(ナラデハ) ₁₇(付テ) ₁₆(注意ニ)

ordinaires. Le boucher le tue lorsqu'il
₁₅(普通ノ) ₉(屠殺者カ) ₁₀(夫ヲ) ₁₁(殺ス) ₈(牛カ) ₁(彼カ)

est au tiers de sa vie. La chair de
₇(有ル) ₆(於テ) ₅(三分一ニ) ₄(ノ) ₂(彼) ₃(生活) ₄(肉カ) ₃(ノ)

cet animal fournit à l'homme une nourriture
₁(此) ₂(動物) ₁₄(備ユル) ₁₃(於テ) ₁₂(人ニ) ₅(一ツノ) ₇(食物)

succulente et un bouillon exquis; le cuir
₆(精分多キ) ₈(而) ₉(一ツノ) ₁₁(漿汁ヲ) ₁₀(結構ナル) ₁₅(革ハ)

est employé à différents usages. Il im-
₂₀(ル、) ₁₉(使用サ) ₁₈(於テ) ₁₆(種々ナル) ₁₇(用法ニ) ₁₄(夫カ) ₁₅(必要

porte à la jeunesse d'avoir quelque notion
ナリ) ₁₃(於テ) ₁₂(少年者ニ) ₁₁(ノ) ₁₀(持コ) ₈(或ル) ₉(意見ヲ)

des animaux domestiques qui nous rendent
₇(家畜ノ)　　　₆(所)　₁(我々ニ)　₅(與フル)

de si grands services.
₂(左様ニ)　₃(大ヒナル)　₄(務ヲ)

(第七十二)

Il est d'un magistrat de rendre la justice
₆(夫カ)₈(有ル)　　₇(法官デ)　₅(ノ)　₄(成スコ)　　₃(裁判ヲ)

avec intégrité. Il appartient au législateur
₂(以テ)　₁(廉潔ヲ)　　₆(夫カ)　₁₀(屬スル)　₉(ニ)　₈(立法官ニ)

suprême de donner à l'homme des lois; c'-
₇(最上ノ)　₅(ノ)₄(與フルコ)₃(ニ)　₂(人)　　₁(法律ノ)₁₃(夫ハ)

est à lui de commander, c'est à
₁₆(有ル)₁₅(於テ)₁₄(彼ニ)₁₂(ノ)₁₁(命令スルコ)₁₉(夫ハ)₂₂(有ル)₂₁(於テ)

nous d'obéir. C'est au vieillard de
₂₀(我々ニ)₁₈(ノ)₁₇(從フコ)　₄(夫ハ)₇(有ル)₆(於テ)　₅(老人ニ)　₃(ノ)

donner des conseils, c'est à la jeunesse
₂(與フル所ロ)　₁(助言ヲ)　₁₁(夫ハ)₁₄(有ル)₁₃(於テ)　₁₂(少年ニ)

de les suivre. Il appartient au téméraire
₁₀(ノ)₈(夫ニ)　₉(從フコ)　₁₂(夫カ)　₁₃(屬スル)　₂(於テ)　₁(輕卒者ニ)

de tout oser, et à l'homme modeste
₃(ノ)₁(凡テヲ)　₂(敢テスルコ)　₄(而)　₁₁(於テ)　₁₀(人ニ)　₉(謙遜ナル)

et prudent de réussir. La cigale disait
₈(而)₇(用心ナル)　₆(付テ)　₅(成就スルコニ)　　₁(蟬カ)　₄(云ヒシ)

à la fourmi: "Il m'appartenait de chanter
₃(ニ)　₂(蟻)　　₆(夫カ)₇(私ニ)₈(屬セヌ)　₅(ノ)　₄(歌フコ)

pendant la belle saison. Dansez maintenant,
₃(間ニ)　₁(美シキ)　₂(季候ノ)　　₂(舞ヘヨ)　　₁(只今)

lui dit la fourmi; il ne m'appartient pas
₃(彼ニ)　₅(云フタ)　　₄(蟻カ)　₁₄(夫ハ)　₁₅(私ニ)　₁₆(屬セヌ)

de prêter à celle qui se divertissait pendant que
13(貸スコノ) 12(者ニ) 11(所) 10(樂ム) 9(間ニ) 8(フノ)
je travaillais."
6(私カ) 7(勉強セシ)

(第七十三)

Ces prairies et ces vergers sont au fermier
1(此) 2(牧場) 3(而) 4(此) 5(果園ハ) 12(屬スル) 11(小作人ニ)
le plus riche de ce pays. Ces livres ne
9(最モ) 10(富ンダル) 8(ノ) 6(此) 7(國) 1(此) 2(書籍ハ)
sont pas à moi; je les ai empruntés à un
4(屬セヌ) 3(私ニ) 5(私ハ) 6(夫ヲ) 13(タ) 12(借リ) 11(於テ) 9(或ル)
ami notre voisin. Ces prix et ces couron-
10(朋友ニ) 7(我々カ) 8(隣家ノ) 1(此) 2(賞與) 3(而) 4(此) 5(冠ハ)
nes sont à vous; vous les avez obtenus de
7(屬スル) 6(汝ニ) 5(汝カ) 9(夫ヲ) 13(受ケタ) 12(カラ)
votre maitre. Cette balle est à moi, je
10(汝ノ) 11(教師) 1(此) 2(球ハ) 4(屬スル) 3(私ニ) 5(私ハ)
vous la prêterai volontiers. Ces trou-
6(汝ニ) 7(夫ヲ) 9(貸附スルデアロー) 8(悦ンデ) 1(此) 2(家
peaux étaient à moi; ils sont à vous présente-
畜ハ) 4(有リシ) 3(私ノデ) 5(彼ハ) 8(有ル) 7(汝ノデ) 6(現今
ment, puisque je vous les ai vendus.
ハ) 9(奈ントナレバ) 10(私ハ) 11(汝ニ) 12(夫ヲ) 13(賣却シタ)
14(故ニ)
Il appartient au loup de tuer et d'-
16(夫カ) 17(職分デアリシ) 14(於テ) 9(狼ニ) 2(付テ) 1(殺ス) 3(而) 5(付テ)
égorger, au berger de veiller, au
4(縊メ殺スコニ) 11(於テ) 10(牧人ニ) 9(付テハ) 8(監察スルコニ) 15(於テ)
chien d'aboyer. La sagesse dit; c'-
14(犬ニ) 13(付テハ) 12(吠ルコニ) 1(賢明ナル者カ) 2(云タ) 12(夫ハ)

est à moi d'instruire et à lui
₁₃(有ル) ₆(於テ) ₅(私ニ) ₄(付テハ) ₃(教育スルコニ) ₇(而) ₉(於テ) ₈(彼ニ)

m'écouter. La prudence croit que c'-
₁₀(私ニ) ₁₁(聞クコノ) ₁(用心ナル人ハ) ₁₃(信スル) ₁₂(コヲ) ₈(夫ハ)

est à elle de tout prevoir et de
₁₁(有ル) ₁₀(於テ) ₉(彼ニ) ₄(ノ) ₂(凡テヲ) ₃(先見スルコ) ₅(而) ₇(ノ)

réussir.
₆(成就スルコ)

(第七十四)

La rose voyait une immortelle à ses côtés:
₁(薔薇カ) ₇(覩シ) ₅(或ル) ₆(不凋花ヲ) ₄(於ル) ₂(彼) ₃(側ラニ)

"Il t'appartient bien, lui dit-elle, d'-
₁₃(夫カ) ₁₄(汝ニ) ₁₆(屬スル) ₁₅(能ク) ₁₇(彼ニ) ₁₉(云タ) ₁₈(彼カ) ₁₂(肯ス

oser te comparer à moi! L'empire
ルコノ) ₈(汝ヲ) ₁₁(比較サルヽコヲ) ₁₀(於テ) ₉(私ニ) ₅(權カ)

dans le royaume de Flore m'appartient de
₄(於テ) ₃(王國ニ) ₂(ノ) ₁(花神) ₁₀(私ニ) ₁₁(屬スル) ₉(付テ)

mémoire d'homme. Regarde ces couleurs, con-
₈(記憶ニ) ₇(ノ) ₆(人) ₃(看ヨ) ₁(此) ₂(色ヲ) ₆(熟視

temple cet éclat; établis, si tu l'oses,
セヨ) ₄(此) ₅(光輝ヲ) ₁₃(立テヨ) ₁₀(ナラバ) ₇(汝カ) ₈(夫ヲ) ₉(肯テスル)

entre nous quelque comparaison. Je suis
₁₂(間ニ) ₁₁(我々ノ) ₁₃(或ル) ₁₄(比較ヲ) ₁(私ハ) ₄(有ル)

la reine des fleurs; la préférence m'appartient
₃(主長デ) ₂(花ノ) ₅(撰擇カ) ₇(私ニ) ₈(屬スル)

de droit. Je n'ai pas l'impudence, répond
₆(正當ニ) ₁₀(私カ) ₁₁(持ヌ) ₉(破廉耻ヲ) ₃(答タ)

doucement l'immortelle, d'oser vous disputer
₁(靜ニ) ₂(不凋花カ) ₃(付テ) ₇(肯スルニ) ₅(汝カ) ₆(爭フコヲ)

le pas; c'est à vous de charmer nos
₄(權ヲ) ₂₂(夫カ)₂₅(有ル) ₂₄(於テ) ₂₃(汝ニ) ₂₁(ノ) ₂₀(悅スコ) ₁₈(我々ノ)

regards par le vif éclat de vos couleurs;
₁₉(目ヲ) ₁₇(由テ) ₁₅(活潑ナル)₁₆(光輝ニ) ₁₄(ノ) ₁₂(汝カ) ₁₃(色)

c'est à moi de m'en consoler,
₃₃(夫ハ)₃₂(有ル)₃₁(於テ)₃₀(私ヲ)₂₉(ノ)₂₇(私ヲ)₂₆(夫ニ由テ) ₂₈(慰ムコ)

et de ne pas vous porter envie. Vous
₃₄(而) ₃₃(ノ) ₃₅(汝ニ) ₃₇(持來シナサヌコ)₃₆(妬ミヲ) ₁(汝ハ)

brillez, il est vrai, mais pour quelques
₂(輝ク) ₃(夫カ) ₅(有ル) ₄(信實デ) ₆(乍併) ₉(向テ) ₇(二三)

instants. Un bien est précieux, selon moi,
₈(時間ニ) ₁(或) ₂(幸福カ) ₄(有ル) ₃(貴ク) ₁₀(從テ) ₉(私ニ)

lorsqu'il est solide. C'est à vous de
₈(サニ)₅(夫カ) ₇(有ル) ₆(堅牢デ) ₃(夫ハ)₆(有ル) ₅(於テ) ₄(汝ニ) ₂(ノ)

briller, c'est à moi de durer; mes
₁(輝クコ) ₉(夫ハ)₁₂(有ル) ₁₁(於テ) ₁₀(私ニ) ₈(ノ) ₇(永續スルコ) ₁₅(私ノ)

couleurs moins éclatantes bravent l'outrage des
₁₆(色ハ) ₁₃(ヨリ僅カ) ₁₄(輝ク所ノ) ₂₀(輕ンズル) ₁₉(害ヲ) ₁₈(ノ)

temps. "C'est à la vertu seule qu'-
₁₇(時ノ) ₁₀(夫ハ)₁₄(有ル) ₁₃(於テ) ₁₁(德ニ) ₁₂(バカリデ) ₉(コノ)

il appartient de durer ainsi qu'à
₇(夫カ) ₈(屬スル) ₆(ノ) ₅(引續クコ) ₄(左樣ニ) ₃(如ク) ₂(於ル)

l'immortelle. Trop semblable à la rose,
₁(不凋花ニ) ₃(余リ) ₄(齊キ) ₂(ニ) ₁(薔薇花)

la beauté nait, brille et disparait.
₅(美カ) ₆(生スル) ₇(輝ク) ₈(而)₉(消滅スル)

(第七十五)

Il appartient à l'âne d'être patient et
₆(夫ハ) ₉(屬スル) ₈(於テ) ₇(驢馬ニ) ₅(ノ)₄(有ルコ) ₁(忍耐) ₂(而)

tranquille, comme au cheval d'être fougueux et
₃(平和デ)　₁₆(如シ)　₁₅(於ル)　₁₄(馬ニ)　₁₃(有ルコハ)　₁₀(激烈)　₁₁(而)

ardent. S'il ne lui appartient pas d'-
₁₂(熱心デ)　₉(ナラバ)　₆(夫カ)　₇(彼ニ)　₈(適當セヌ)　₅(ノ)

être délicat pour la nourriture, il c'est
₄(有ルコ)　₃(旨ク)　₂(向テ)　₁(食物ニ)　₁₀(彼ハ)　₁₃(夫デ)₁₄(有ル)

pour le breuvage. Il n'appartient pas à
₁₂(向テ)　₁₁(飲料ニ)　₇(夫カ)　₈(屬サヌ)　₆(於テ)

nos palefreniers de l'étriller, il préside
₄(我々ノ)　₅(馬丁ニ)　₉(ノ)　₁(夫ヲ)₂(櫛ヅツルコ)　₉(彼カ)　₁₅(注意スル)

lui-même à sa toilette ; il se vautre
₁₀(彼レ)₁₁(自ヲ)　₁₄(於テ)　₁₂(彼)　₁₃(化粧ニ)　₁₆(彼ハ)　₁₉(自ヲ)　₂₀(轉ロゲル)

sur le gazon. Il ne nous appartiendrait pas
₁₈(上ニ)　₁₇(芝ノ)　₈(夫カ)　₉(我々ニ)　₁₀(適當セヌデアロフ)

de le prendre pour modèle de docilité, car
₇(ノ)₅(夫ヲ)₆(取ルコ)　₄(向テ)　₃(例ニ)　₂(ノ)　₁(柔順)　₁₇(故ニ)

il est quelquefois indocile et têtu ; mais
₁₁(彼ハ)　₁₆(有ル)　₁₂(時トシテハ)　₁₃(不柔順デ)　₁₄(而)　₁₅(固執デ)　₁₈(乍併)

il nous appartient d'imiter la constance
₂₈(夫カ)　₂₉(我々ニ)　₃₀(適當スル)　₂₇(ノ)₂₆(似セルコ)　₂₅(堅固ヲ)

et le courage avec lesquels il endure les
₂₄(而)　₂₃(勇氣)　₂₂(所)　₁₉(彼カ)　₂₁(甘受スル)

coups. Il lui appartient d'être gai et
₂₀(擲キヲ)　₉(夫カ)₁₀(彼ニ)　₁₆(屬スル)　₁₅(有ルコニ付テ)₁₄(快樂デ)　₁₃(而)

même joli, d'avoir de la légereté et
₁₂(爾ノミナラズ)　₁₁(優美デ)　(コノ)₈(持ツ)　₇(活潑ヲ)　₆(而)

de la gentillesse quand il est jeune. Mais
₅(柔和ヲ)　₄(井ニハ)　₁(彼ル)₃(有ル)　₂(若ク)　₁(乍併)

il semble nous appartenir d'en avoir
₁₉(夫カ)　₂₂(有ル)　₂₀(我々ニ)　₂₁(適スルト)　₇(付テ)₂(夫ニ付テ)　₆(持ツコニ)

peu de soin, d'en exiger des travaux
₅(僅ヲ) ₄(ノ) ₃(注意) ₁₃(付テ)₈(夫ニ付テ) ₁₂(要求スルコニ) ₁₁(仕事ヲ)

trop pénibles, de l'accabler de coups;
₉(余リ) ₁₀(困難ナル) ₁₈(付テ) ₁₆(夫ヲ)₁₇(苦メルコニ) ₁₅(カラ) ₁₄(擔)

et nous nous plaignons de la tristesse et
₂₉(而) ₃₃(我々ハ) ₃₄(我々カ) ₃₅(哀訴スル) ₃₂(付テ) ₃₁(悲哀ニ) ₃₀(而)

de l'indocilité de cet infatigable animal. Il
₂₉(付テ) ₂₈(不從順ニ) ₂₇(ノ) ₂₄(此) ₂₅(疲勞セザル) ₂₆(動物) ₁₅(夫カ)

semble appartenir à quelques ânes de
₂₂(觀ユル) ₂₁(屬スル) ₂₀(於テ) ₁₈(二三ノ) ₁₉(驢馬ニ) ₁₇(ノ)

l'Arabie d'égaler le cheval, de cou-
₁₅(亞刺比亞) ₁₄(ノ)₁₃(比較スルコ) ₁₂(馬ト) ₁₁(付テ) ₁₀(競走ス
國名

rir avec légèreté, d'avoir une haute et
ルコニ) ₉'以テ) ₈(活潑ヲ) ₇(付テ)₆(持コニ) ₁(一ツノ) ₂(長高ヲ) ₃(而)

belle taille. Mais l'âne d'Arabie trouve
₄(美麗ナル) ₅(躰格ヲ) ₁(乍併) ₄(驢馬ハ) ₃(ノ)₂(亞刺比亞)₂₀(發見スル)

dans ce pays un climat favorable, et des
₇(於テ) ₅(此) ₆(國ニ) ₈(或ル) ₁₀(季候) ₉'好キ) ₁₁(而)

maîtres qui ont de lui un soin particu-
₁₉(主人ヲ) ₁₈(所) ₁₇(持ツ) ₁₆(付テ) ₁₅(彼ニ) ₁₃(或ル) ₁₄(注意ヲ) ₁₂(格段

lier; alors il déploie toutes les facultés qui
ナル) ₁(然ル时ニ) ₂(彼ハ) ₅(顯ハス) ₆(凡テノ) ₇(能力ヲ) ₅(所)

lui appartiennent.
₃(彼ニ) ₄(屬スル)

(第七十六)

Qui des hommes n'a pas besoin d'-
₂(誰レデモ) ₁(人ノ) ₇(持タヌカ) ₆(必要ヲ) ₅(付テ)

un ami? Nous sommes nés pour la
₃(或ル) ₄(朋友ニ) ₈(我々ハ) ₁₂(有ル) ₁₁(生レテ) ₁₀(向テ)

société, nous avons tous besoin de secours
₉(社會ニ) ₁₃(我々) ₁₉(持ツ) ₁₇(凡テカ) ₁₈(必要ヲ) ₁₆(付テ) ₁₅(助ケニ)

mutuels. La sécheresse a été fort grande ;
₁₄(相互ノ) ₁(乾燥カ) ₄(有タ) ₂(甚タ) ₃(大ク)

la terre aurait besoin d'eau. Ces melons
₅(土地カ) ₉(持デアロー) ₈(必要ヲ) ₇(ノ)₆(水) ₁(此) ₂(爪ハ)

auraient besoin de soleil. Un délassement
₆(持デアロー) ₅(必要ヲ) ₄(ノ) ₃(大陽) ₁(或ル) ₃(休息ハ)

honnête n'est pas interdit à l'homme ; il
₁(正キ) ₇(有ラヌ) ₆(禁シラレテ) ₅(於テ) ₄(人ニ) ₈(彼ハ)

est nécessaire à l'esprit et au corps.
₁₅(有ル) ₁₄(必要デ) ₁₀(於テ) ₉(精心ニ) ₁₁(而) ₁₃(於テ) ₁₂(體ニ)

Lycurgue avait interdit aux Lacédémoniens
₁(リキュルグ王ハ) ₁₁(タ) ₁₀(嚴禁シ) ₃(於テ) ₂(ラセデモニアン人ニ)

la monnaie d'or et d'argent. Les
₉(通貨ヲ) ₅(ノ) ₄(金) ₆(而) ₈(ノ) ₇(銀)

anciens Romains s'étaient interdit la passions
₁(往古ノ) ₂(羅馬人ハ) ₆(有リシ) ₅(禁制サレテ) ₄(情慾ヲ)

des richesses, mais non l'ambition et la gloire.
₃(富有ノ) ₇(乍所)₈(然ラズ) ₉(大望) ₁₀(而) ₁₁(名譽ハ)

Ces blés bientôt mûrs auraient besoin de
₃(此) ₄(麥ハ) ₁(頓テ) ₂(熟スル) ₁₁(持デアロー) ₁₀(必要ヲ) ₉(ノ)

quelques jours de chaleur. Cette vigne a
₇(兩三) ₈(日) ₆(ノ) ₅(暑熱) ₁(此)₂(葡萄樹ハ)₃(持ツ)

besoin d'une petite rosée. Ce cerf altéré
₇(需要ヲ) ₆(ノ)₃(或ル) ₄(僅カノ) ₅(露) ₂(此)₃(鹿ハ)₁(渇シタル)

aurait eu besoin d'une fontaine dans la-
₁₃(持ツタデアロー) ₁₂(須要ヲ) ₁₁(付テノ)₉(或ル) ₁₀(泉ニ)

quelle il étanchât sa soif. Ces jeune gens
₈(所) ₄(彼カ) ₇(止ムル) ₅(彼ノ)₆(渇ヲ) ₁(此) ₂(少) ₃(醴カ)

ont couru longtemps; ils ont besoin de
6(タ) 5(走) 4(久シク) 7(彼等ハ) 11(持ツ) 10(必要ヲ) 9(ノ)

repos. Le médecin a interdit au malade
8(休息) 1(醫師カ) 8(タ) 7(禁シ) 3(於テ) 2(病人ニ)

toute nourriture solide; il n'a besoin que
4(凡テ) 6(食物ヲ) 5(堅キ) 9(彼ハ) 14(持ヌ) 13(必要ヲ) 12(ナラデハ)

de bouillon. Votre parent m'avait interdit
11(付テ) 10(羹汁ニ) 1(汝ノ) 2(親類カ) 3(私ニ) 7(タ) 6(禁シ)

sa maison; j'aurais besoin de vous pour
4(彼) 5(家ヲ) 8(私ハ) 16(持テアロー) 15(必要ヲ) 14(付テ) 13(汝ニ) 12(爲メニ)

rentrer en grâce avec lui.
11(和解スル) 10(ト) 9(彼)

(第七十七)

L'esprit le plus heureux a besoin de cul-
3(精心ハ) 1(最モ)* 2(幸福ナル) 7(持ツ) 6(必要ヲ) 5(付テ) 4(敎育

ture, et les dons naturels n'interdisent point
スルニ) 8(而) 10(才能カ) 9(天然ノ) 13(禁シヌ) 11(決シテ)

le travail. S'il est besoin d'exemples,
12(勤學ヲ) 19(ナラバ) 14(夫カ) 18(有ル) 17(必要デ) 16(付テ) 15(例ニ)

je puis en citer un. Deux
20(私ハ) 24(得ル) 21(夫ニ付テ) 23(指名シ) 22(一ツヲ) 6(二個ノ)

diamants, tous deux d'égale grosseur,
6(金剛石カ) 1(二ツ倶ニ) 4(ノ) 2(平等ナル) 3(容儀)

avaient été tirés de la même carrière;
11(有タリシ) 10(引キ出サレテ) 9(カラ) 7(同ジ) 8(石坑)

tous deux avaient besoin de l'art du lapi-
12(倶ニ) 17(持チシ) 16(必要ヲ) 15(付テノ) 14(伎倆ニ) 18(玉工

daire. L'un reste brut, et tel qu'il
人ノ) 1(壹ツハ) 3(留マル) 2(粗造ニ) 4(而) 5(斯ノ如キモノ) 6(夫カ)

fut　　　tiré :　　l'autre,　　poli,　　attire　　tous
8(有タ)　7(領收サレテ)　10(他ノモノハ)　9(寄麗ナル)　13(引ク)　11(衆人ノ)

les regards.　"Pourquoi, dit le premier, tous
12(注意ヲ)　　　3(何故ニ)　2(云タ)　1(第一ノモノカ)　4(衆

les yeux se fixent-ils sur toi ?　je　　n'ai
目カ)　7(聚マルカ)　6(上ニ)　5(汝ノ)　8(私カ)　18(持タヌ)

besoin ni de plus de grosseur, ni de plus
17(必要ヲ)　12(モ)　9(尚ホ)　11(付テ)　10(容積ニ)　16(モ)　13(尚ホ)

de dureté; et cependant si je ne suis
15(付テ)　14(堅サニ)　19(而)　20(乍幷)　24(ナラバ)　21(私カ)　23(有ラヌ)

pas méprisé, je n'éprouve qu'indifférence.
22(輕蔑シテ)　25(私カ)　26(感セヌ)　37(ナラデハ)　28(區別無キフ)

J'avoue,　répondit l'autre, notre ressemblance
6(私カ)7(自白スル)　2(返答シタ)　1(他ノモノカ)　3(我々カ)　5(類似ヲ)

première. Tous deux, dans ce premier état,
4(第壹ノ)　1(二ツ俱ニ)　5(於テ)　2(此)　3(第壹ノ)　4(形狀ニ)

nous avions besoin d'une main habile;
6(我々カ)　12(持タ)　11(必要ヲ)　10(付テ)8(或ル)　9(手ニ)　7(巧ナル)

elle me fut accordée, je lui dois mon
13(彼カ)　14(私ニ)　16(タ)　15(與ヘ)　17(私ハ)　18(彼ニ)21(歸シタ)19(私ノ)

éclat. Si la même faveur t'eût été
20(光澤ヲ)　6(ナラバ)　1(同シ)　2(惠ミカ)　3(汝ニ)　5(タデアロー)

accordée, tu n'aurais pas besoin de dé-
4(與ヘレ)　7(汝ハ)　14(持タヌデアロー)　13(必要ヲ)　12(ノ)　11(嘆息ス

plorer ta triste destinée." Ce diamant
ルフニ)　8(汝ノ)　9(悲哀ナル)　10(運命ヲ)　1(此)　2(金剛石カ)

raisonnait juste; mais l'autre, négligé était-
4(論シタ)　3(正ク)　5(乍幷)　7(他ノモノハ)　6(意慢ナル)9(有リシカ)

il coupable ? Je ne décide pas la question;
8(罪人デ)　10(私ハ)　12(確定セヌ)　11(疑問ヲ)

je reviens à mon sujet. Si nous
₁₃(私カ) ₁₇(戻ル) ₁₆(於テ) ₁₄(私ノ) ₁₅(目的ニ) ₅(ナラバ) ₁(我々カ)

voulons être éstimés, soyons polis et non
₄(希望スル) ₃(ルコヲ) ₂(尊敬サル) ₇(アレヨ) ₆(叮嚀デ) ₈(而) ₁₀(アルナヨ)

grossiers.
₉(粗暴デ)

* plus distingué.

(第七十八)

Un jeune limaçon était sorti de sa coquille:
₁(或ル) ₂(若キ) ₃(蝸牛カ) ₈(有リシ) ₇(出テ) ₆(カラ) ₄(彼ノ) ₅(介殼)

la nature, en l'y renfermant, ne lui
₁₃(天然カ) ₁₂(ツヽ) ₉(夫ヲ) ₁₀(ソレニ) ₁₁(閉メ) ₁₄(彼ニ)

a pas interdit entièrement la lumière; mais
₁₇(ナカツタ) ₁₇(禁シ) ₁₅(全ク) ₁₆(光線ヲ) ₁₈(乍併)

rarement quelqu'un sort de sa shpère et
₁₉(稀ニ) ₂₀(或ル人カ) ₂₄(出ツル) ₂₃(付テ) ₂₁(彼ノ) ₂₂(職業ニ)* ₂₅(而)

n'a pas besoin d'un censeur. Même
₃₀(持タヌ) ₂₉(必要ヲ) ₂₈(付テ) ₂₆(或ル) ₂₇(監督者ニ) ₁(同一ノ)

chose arriva à notre limaçon. Sorti de
₂(事カ) ₆(到着シタ) ₅(マデ) ₃(我々ノ) ₄(蝸牛ニ) ₄(出テタル) ₃(カラ)

cette obscurité, il s'admire, se contemple.
₁(此) ₂(暗黒) ₅(彼ハ) ₆(己ヲ) ₇(讚稱スル) ₈(己フ) ₉(視察スル)

"Le créateur, dit-il ne m'a pas interdit
₃(造物者カ) ₂(云タ) ₁(彼カ) ₄(私ニ) ₇(タ) ₆(禁シ)

la beauté: passant, voyez comme je brille.
₅(美サヲ) ₈(通行者コ) ₁₄(見ヨ) ₉(幾何ク) ₁₀(私カ) ₁₁(目立ツ)
₁₂(カヲ)

Tu brilles? répond le passant: j'aurais
₃(汝ハ) ₄(目立カ) ₂(答タ) ₁(通行者カ) ₅(私ハ) ₁₀(持ツデアロー)

besoin de tes yeux, car jamais tu ne
9(必要ヲ) 8(付テ) 6(汝ノ) 7(眼ニ) 13(故ニ) 11(決シテ) 12(汝ハ)

fus plus hideux à voir. Lorsque,
17(有ラヌ) 15(ヨリ) 16(見苦シク) 14(於テ) 13(覬ルコニ) 11(片ニハ)

renfermé dans ton heureuse obscurité, tu t'-
5(閉メラレテ) 7(内ニ) 1(汝ガ) 2(幸福ナル) 3(暗黒ノ) 6(汝ハ) 7(汝ニ)

étais interdit le grand jour, tu cachais tes
10(有リシ) 9(禁シテ) 8(太陽ヲ) 12(汝ハ) 18(隠シタ) 13(汝ガ)

défauts et ta difformité. Si tu t'-
14(過チ) 15(而) 16(汝ガ) 17(不具ヲ) 18(ナラバ) 1(汝ガ) 15(汝ニ)

étais interdit cette sotte vanité qui te
17(有リシ) 16(禁シテ) 12(此) 13(愚昧ナル) 14(傲慢ヲ) 11(所) 9(汝ヲ)

porte à vouloir paraître et trahit tes
10(持行ク) 8(ニ) 7(望ムコ) 6(現ハルヽコヲ) 5(而) 4(顕ス) 2(汝ノ)

défauts, tu n'aurais pas eu besoin de cette
3(過チニ) 19(汝ハ) 24(持タナンダデアロー) 23(必要ヲ) 22(付テ) 20(此)

leçon. "Soyons plus sages que le limaçon,
21(教訓ニ) 5(有レヨ) 3(ヨリ) 4(賢ク) 2(ヨリ) 1(蝸牛)

et ne forçons pas notre talent.
6(而) 9(無理スルナ) 7(我々ノ) 8(才智ヲ)

* profession.

(第七十九)

Il y a peu de paysans qui n'aient besoin
15(近來アル) 14(僅カ) 13(農夫ノ) 5(所) 4(持タヌ) 3(必要ヲ)

de l'âne et qui s'interdisent les services de
2(付テ) 1(驢馬ニ) 6(而) 12(所) 11(禁シタ) 10(務ヲ) 9(ノ)

cet animal. L'âne a besoin de connaître
7(此) 8(動物) 1(驢馬ハ) 8(持ツ) 7(必要ヲ) 6(付テ) 5(知スルコニ)

le maître à qui il appartient; mais il ne
₄(主人ヲ) ₃(所ノ) ₁(彼カ) ₂(屬スル) ₉(乍併) ₁₀(彼カ)

s'interdit pas l'attachement pour lui; il sait
₁₄(禁セヌ) ₁₃(愛情ヲ) ₁₂(向テ) ₁₁(彼ニ) ₁₅(彼ハ) ₂₃(知ル)

le distinguer parmi les autres. Il n'a
₁₆(夫ヲ) ₂₂(區別スルコヲ) ₁₈(内ニ) ₁₇(他人ノ) ₁(彼ハ)₁₁(持タヌ)

pas besoin de fréquenter longtemps le même
₁₀(必要ヲ) ₉(ノ) ₈(數々スルコ) ₅(久シク) ₆(同シ)

chemin pour le connaître. La nature
₇(道路ヲ) ₄(爲メニ) ₂(夫ヲ) ₃(認知スルコノ) ₁(自然カ)

ne lui a interdit ni la finesse de l'odorat
₂(彼ニ) ₁₅(有ラヌ) ₁₄(禁ラレテ) ₆(モ) ₅(利クコト) ₄(ノ) ₃(鼻)

et de l'ouïe, ni la vivacité de l'œil.
₇(而) ₉(付テ) ₈(聞クコニ) ₁₃(モ) ₁₂(早イコト) ₁₁(ノ) ₁₀(目)

Lorsqu'il a besoin de se plaindre d'-
₁₂(キハ)₁(彼カ) ₁₁(持タ) ₁₀(必要ヲ) ₉(ノ) ₇(自ラ) ₈(嘆願スルコ) ₆(付テハ)

un trop lourd fardeau, il incline la tête,
₂(或ル) ₃(分外ニ) ₄(重キ) ₅(荷物ニ) ₁₃(彼カ) ₁₅(傾ケル) ₁₄(頭ヲ)

il couche les oreilles. Si l'homme prend
₁₆(彼カ) ₁₈(倒ス) ₁₇(耳ヲ) ₇(ナラバ) ₁(人カ) ₆(取ル)

plaisir à le tourmenter, la nature ne lui
₅(愉快ヲ) ₄(於テ) ₂(夫ヲ) ₃(虐待スルコニ) ₈(自然カ) ₉(彼ニ)

a pas interdit toute plainte; il ouvre la
₁₃(タ) ₁₂(禁ナカツ) ₁₀(凡テノ) ₁₁(哀訴ヲ) ₁₄(彼カ) ₁₆(開ク)

bouche et fait entendre un cri assez
₁₅(口ヲ) ₁₇(而) ₂₃(シムル) ₂₂(出カ) ₂₀(或ル) ₂₁(叫ヒカ) ₁₈(十分)

désagréable. S'il est besoin de faire la
₁₉(不快ナル) ₁₀(ナラバ)₁(夫カ) ₉(有ル) ₈(必要カ) ₇(ノ) ₆(成スコ)

description de cette musique, c'est un
₅(記載ヲ) ₄(付テノ) ₂(此) ₃(音調ニ) ₁₁(夫ハ)₁₅(有ル) ₁₆(或ル)

son perçant, aigu, plusieurs fois répété.
₁₇(音テ) ₁₅(刺激スル所) ₁₄(鋭キ) ₁₂(數度) ₁₃(復聲サレタル)

Le caractère pacifique de cet animal lui a interdit
₅(姓質カ) ₄(溫和ナル) ₃(ノ) ₁(此) ₂(動物) ₆(彼ニ) ₁₀(禁シタ)

les mouvements vifs, impétueux : il se
₉(運動ヲ) ₇(活潑ナル) ₈(激烈ナル) ₁₁(彼カ)

fatigue bientôt. Il est besoin d'une
₁₃(疲勞スル) ₁₂(順テ) ₉(夫カ) ₁₁(有ル) ₁₀(必要デ) ₈(付テ) ₅(或ル)

grande précaution pour le bien charger ;
₆(大ヒナル) ₇(注意ニ) ₄(爲メニ) ₁(夫ヲ) ₂(多ク) ₃(荷積スル)

car il se lasse et s'use très-vite.
₁₈(故ニ) ₁₂(彼カ) ₁₇(疲勞スル) ₁₆(而) ₁₅(衰弱スル) ₁₃(甚タ) ₁₄(速カニ)

(第八十)

Les hommes ont du goût pour différents
₁(人ハ) ₆(持ツ) ₅(嗜愛ヲ) ₄(向テ) ₂(種々ナル)

exercices ; les uns aiment à chasser, les autres
₃(練習ニ) ₇(獨ハ) ₁₁(好ム) ₈(獵スルコ) ₉(他者ハ)

à pêcher. Celui-ci aime aller à cheval,
₁₀(漁スルコヲ) ₁(此者ハ) ₅(好ム) ₄(行クコヲ) ₃(於テ) ₂(馬ニ)

celui-là aime jouer à la paume. Lorsque nous
₆(彼者ハ) ₈(好ム) ₇(鞠投ヲ) ₅(秤) ₁(我々ハ)

irons nous promener, vous viendrez nous
₄(行クダロー) ₂(我々カ) ₃(遊歩スルコニ) ₆(汝ハ) ₉(來ルダロー) ₇(我々ニ)

rejoindre. Votre frère était venu étudier ;
₈(再會スルコニ) ₁(汝) ₂(兄弟カ) ₅(有リシ) ₄(來テ) ₃(勉強スルコニ)

mais il viendra avec nous à la compagne.
₆(乍併) ₇(彼ハ) ₁₁(來ルデアロー) ₉(供ニ) ₈(我々ト) ₁₀(田舍ニ)

Certain orateur commençait à haranguer, mais
₁(或ル) ₂(辯士カ) ₅(掛リシ) ₄(ニ) ₃(演舌スルコ) ₆(乍併)

la mémoire lui manqua.　　A peine* eut-il com-
₇(記臆カ) ₈(彼ニ) ₉(缺乏シタ)　　　₁₁(アッタ) ₁₀(取リ

mencé à ouvrir la bouche, qu'il cessa de
掛テ) ₉(ニ) ₈(開ク) ₇(ロヲ) ₅(否ヤ)₁(彼カ) ₄(止メタ) ₃(付テ)

parler.　　La grenouille cessa d'enfler sa
₂(話スコニ)　　₁(蛙) ₈(止メタ)₇(膨脹スルコヲ)₅(彼ノ)

peau lorsqu'elle creva.　　Un loup et un
₆(皮ヲ) ₄(ㇳ二) ₂(彼カ) ₃(張裂タ)　₁(或ル) ₂(狼) ₃(而)₄(或ル)

agneau vinrent étancher leur soif au même
₅(羊兒カ) ₁₂(タ) ₁₁(止メ) ₉(彼等ノ) ₁₀(渇ヲ) ₈(於テ) ₆(同シ)

ruisseau.　Un corbeau commençait à manger
₇(小川ニ)　₁(或ル) ₂(烏カ) ₆(始メタ) ₅(食シ)

un fromage; il s'était perché sur une
₃(或ル) ₄(乾酪ヲ) ₇(彼ハ) ₁₂(有リシ) ₁₁(トマッテ) ₁₀(上ニ) ₈(或ル)

branche: un renard avide de rapine accourt
₉(枝ノ) ₁₃(或ル) ₁₇(狐カ) ₁₆(貪慾ナル) ₁₅(付テ) ₁₄(奪掠ニ) ₂₆(走リ來タ)

le féliciter, ou plutôt lui ravir sa
₁₈(夫ヲ)₁₉(賞賀スルコ) ₂₀(寧ロ) ₂₁(彼ニ) ₁₅(強奪スルコニ) ₂₂(彼カ)

proie désirée.　La sottise du corbeau fut
₂₄(餌食ヲ)₂₃(熱望サレタル)　₁(愚ナル) ₂(烏カ) ₅(有タ)

bientôt trompée par le fin renard.　Il
₃(頓テ) ₇(欺レテ) ₆(由テ) ₄(狡猾ナル) ₅(狐ニ)　₁(彼ハ)

n'a pas honte de lâcher sa proie; le
₇(持ス) ₆(耻辱ヲ) ₅(付テ) ₄(放棄スルコニ) ₂(彼ノ) ₃(餌食ノ)

renard la saisit et l'emporte.　Soyez
₈(狐カ) ₉(夫ヲ) ₁₀(奪ヒ取リ) ₁₁(而) ₁₂(夫ヲ)₁₃(持行タ)　₅(有レコ)

plus sages que le corbeau; apprenez à ne pas
₃(ヨリ) ₄(賢ク) ₂(コリモ) ₁(烏) ₁₀(勤メコ) ₉(ニ) ₈(言語

prêter l'oreille au flatteur.
ヲ 聞カヌ 樣) ₇(於ル) ₆(追從者ニ)

　　* à peine que 否ヤ

(第八十一)

Un de ces campagnards pour qui tout est
21(獨カ) 20(ノ) 18(此) 19(野人) 2(向テ) 1(夫ニ) 3(凡テカ) 5(有ル)

nouveau, et qui n'ont jamais osé sortir
4(珍シク) 6(而) 17(所) 16(ナカツタ) 14(決シテ) 15(肯シ) 13(出ツルコヲ)

du village qui leur a donné le jour, trouva
12(村カラ) 11(所) 7(彼等ニ) 10(タ) 9(與ヘ) 8(生活ヲ) 25(見出シタ)

par hasard un miroir. "Ce meuble, lui dit
22(偶然ニ) 23(一ツノ) 24(鏡ヲ) 4(此) 5(家具ハ) 1(彼ニ) 3(云タ)

quelqu'un, présente à chacun la figure qui lui
2(或ル人カ) 13(現ハス) 7(於テ) 6(各人ニ) 12(顔色ヲ) 11(所) 8(彼ニ)

est naturelle." Notre homme à l'instant
10(有ル) 9(自然テ) 1(我々ノ) 2(人ハ) 3(忽チ)

quitte tout, court se regarder; mais
5(手放ナス) 4(凡ノ仕事ヲ) 7(走タ) (已ヲ) 6(見ルコニ) 8(乍併)

à peine a-t-il aperçu sa grotesque figure,
14(乍チ) 19(タ) 9(彼カ) 13(見付) 10(彼ノ) 11(寄異ナル) 12(容貌ヲ)

qu'il ne veut se reconnaître. Outré
15(彼カ) 18(望マヌ) 16(自ヲ) 17(認ムル) 3(怒リタル)

de dépit, il s'agite, se tourmente, et le
2(カラ) 1(怨) 4(彼カ) 5(動亂シ) 6(憂思シ) 7(而)

miroir de répéter tous les gestes qu'il fait.
13(鏡ハ) 14(復寫シタ) 11(凡テノ) 12(擧動ヲ) 10(所) 8(彼カ) 9(成ス)

Le rustre se met à tempêter, court saisir
1(粗暴者カ) 4(始ムル) 3(於テ) 2(騒動スルニ) 9(走リ行ク) 8(攫ムコニ)

une lourde massue, et voulant se venger de
5(或ル) 6(重キ) 7(鎚ヲ) 10(而) 14(切望シツヽ) 13(復讐スルコヲ)

cette insulte, il décharge un grand coup sur la
11(此) 12(不禮ヲ) 15(彼カ) 16(強撃ヲ下ス) 17(上ニ)

glace.　　　Pour　un　miroir,　il　　　en　　　　eut
16(鏡ノ)　　3(對テ)1(一ノ)　2(鏡ニ)　4(彼ハ)　5(夫ニ由テ)　15(持ツタ)

mille,　dont　chacun　s'empressait　de　　réfléchir
14(數多カ)　13(所ノ)　6(各々カ)　　12(急キシ)　　11(付テ)　10(照スルコニ)

cette　ingrate　figure.　　Nous　sommes　trop
7(此)　　8(見惡キ)*　9(容貌ヲ)　　1(我々ハ)　3(有ル)　5(分外ニ)

souvent　semblables　à　ce　rustre;　nous　voulons
6(數々)　　7(齊シク)　4(於テ)　2(此)　3(粗暴者ニ)　9(我々ハ)　14(望ム)

venger　　en vain　un　outrage,　et　nous　courons
13(復讐スルコヲ)　10(無益ニ)　11(或ル)　12(凌辱ヲ)　15(而)　16(我々ハ)　22(走タ)

nous　précipiter　dans　des　malheurs　évidents.
17(我々ヲ)　21(入込ニ)　20(内ニ)　　　19(不幸ノ)　18(明カナル)

Qui　veut　se　dérober　au　badinage,　augmente
5(所ノ人ハ)　4(望ム)　　3(隱ルヽコヲ)　2(於テ)　1(戲言ニ)　9(増加スル)

toujours　le　nombre　des　railleurs.
6(常ニ)　　8(數ヲ)　　　7(嘲弄者ノ)

* hideuse.

(第 八 十 二)

La　vigne　　s'élève　en s'accrochant　avec　ses
1(葡萄樹ハ)　11(生長スル)　10(鉤懸リツヽ)・　9(以テ)　7(彼ノ)

tendrons　à　ce　qu'elle　rencontre.　　Elle
8(芽ヲ)　6(於テ)　5(モノニ)　4(所)　2(彼カ)　3(出會スル)　　1(彼カ)

étend　en　serpentant　une　multitude　de　branches;
8(延長スル)　7(ツヽ)　6(横行シ)　2(或ル)　5(多クヲ)　4(ノ)　3(枝)

mais　le　vigneron　a　soin　d'en　re-
9(乍併)　10(葡萄耕作人カ)　16(持ツ)　15(注意ヲ)　14(ノ)11(夫ニ付テ)

trancher plusieurs;　autrement　elle　ne　pousserait
13(伐ルコ)　12(數多ヲ)　17(然ラザレバ)　18(彼ハ)　21(發セヌデアロー)

que   des   sarments, et   produirait   peu
20(ナラデハ)   19(葡萄蔓ノ芽) 22(而) 26(産スルデアロー) 25(僅カヲ)

de raisin.   Au commencement du printemps,
24(ノ) 23(葡萄實)   3(於テ)   2(始メニ)   1(春)

le vigneron aperçoit un bourgeon sortir   au
4(耕作人ハ) 14(認ムル)   5(芽カ) 13(發生スルコヲ) 12(於テ)

nœud du sarment qui est resté.   De ce
11(節ニ) 10(ノ) 9(葡萄蔓) 8(所) 7(有ル) 6(存シテ)   3(カラ) 1(此)

bourgeon sort le raisin, et, si vous le
2(芽) 5(發スル) 4(葡萄ノ實カ) 6(而) 11(ナラバ) 7(汝カ) 9(夫ヲ)

goûtiez alorz, vous le trouveriez âpre
10(試味スル) 8(然ル時ニ) 12(汝ハ) 13(夫ヲ) 17(見出スデアロー) 16(澁ク)

au goût; mais il s'adoucit en murissant.
15(於テ) 14(味ニ) 18(乍併) 19(彼カ) 21(甘クナル) 20(熟シツヽ)

La nature lui a donné des pampres destinés
1(自然カ) 2(彼ニ) 9(與ヘタ)   8(枝葉ヲ) 7(當テラレタル)

à le garantir des ardeurs du soleil. Vous
6(於テ) 5(保護スルコニ) 4(激熱ヲ) 3(太陽ノ) 1(汝ハ)

avez vu sans doute des vignerons planter et
9(觀タ) 8(無ク) 2(疑ヒ)   4(耕作人カ) 6(栽植スルコヲ) 7(而)

façonner la vigne. Votre père en   avait
6(養成スルコ) 5(葡萄ヲ) 1(汝ノ) 2(父カ) 3(夫ニ付テ) 13(タ)

donné une à cultiver au plus habile
12(與ヘ) 9(一本ヲ) 11(於テ) 10(耕作スルコニ) 8(於テ) 5(最モ) 6(巧者ナル)

vigneron du pays. Il passait presque toute
7(葡萄耕作者ニ) 4(國ニテ) 1(彼ハ) 12(經過セシ) 2(殆ンド) 3(凡テノ)

la saison à sarcler, à biner et   à
4(季候ヲ) 6(於テ) 5(草取ルコニ) 8(於テ) 7(掘返スコニ) 9(而) 11(於テ)

épamprer;   aussi   passa-t-il l'automne
10(惡葉ヲ取ルコニ) 18(是故ニ) 17(經過シタ) (彼カ) 16(秋ヲ)

à vendanger nous le verrons emplir
15(於テ) 14(收穫スルコニ) 18(我々ハ) 19(夫ヲ) 24(見ルダラウ) 23(充タスコヲ)
les cuves et les tonneaux. Il entendra
20(大桶) 21(而) 22(樽ヲ) 1(彼ハ) 7(聽クデアロー)
plusieurs personnes féliciter ses vendangeurs;
2(多クノ) 3(人力) 6(祝賀スルコヲ) 4(彼等ノ) 5(葡萄ノ採收人ヲ)
il leur donnera à emporter des
8(彼ハ) 9(彼等二) 15(與ユルダロー) 14(於テ) 13(持チ行クコニ)
paniers de raisins.
12(籠ヲ) 11(ノ) 10(葡萄ノ實)

(第八十三)

Je te vois triste et chagrin, et ce matin
1(私ハ) 5(汝ヲ) 6(看ル) 2(悲ミタル) 3(而) 4(愁ヒテ) 7(而) 8(今朝)
je t'endendis braire d'une belle
9(私ハ) 10(汝ノ) 16(聽タ) 15(鳴キ聲ヲ) 14(付テ) 11(一ツノ) 12(美キ)
manière, disait le bœuf à l'âne. Dis-moi
13(仕方二) 20(云ヒシ) 17(牛カ) 19(於テ) 18(驢二) 7(云ヘ) 6(私二)
ce qui peut te désespérer. Est ce
5(モノヲ) 4(所) 3(得ル) 1(汝カ) 2(失望シ) 7(有ルカ) 6(夫レデ)
que tu serais effrayé du travail? Notre
5(コノ) 1(汝ハ) 4(有ルダロー) 3(恐レテ) 2(仕事ノ) 11(我々ノ)
sort, tu le sais, nous a condamnés
12(運命カ) 8(汝ハ) 9(夫ヲ) 10(知ル) 13(我々フ) 19(アツタ) 18(束縛シテ)
à la peine, à la fatigue. Je le sais
15(於テ) 14(苦痛二) 17(於テ) 16(疲勞二) 1(私ハ) 2(夫ヲ) 5(知ル)
fort bien, dit l'âne: tu m'exhortes inutile-
3(甚タ) 4(宜ク) 7(云フ) 6(驢馬カ) 8(汝ハ) 20(私フ) 21(戒ムル) 19(無益)
ment à faire ce qui je fais tous les
二) 18(於テ) 17(行フコ二) 5(モノフ) 15(所) 6(私カ) 14(働ク) 10(毎

jours et de bon cœur. Je ne suis pas
日) 11(而) 13(付テ) 12(心カラニ) 1(私ハ) 5(アラヌ)

âne pour rien. Je passe tout mon
4(驢馬デ) 3(向テ) 2(何ニ物ニ)* 1(私ハ) 7(過コス) 4(凡テ) 5(私ノ)

temps à travailler, le travail ne me fait pas
6(時ヲ) 3(於テ) 2(働クコニ) 8(働ハ) 9(私ニ)11(成サヌ)

peur. Eh! pourquoi donc, reprit le bœuf,
10(恐ヲ) 1(嗚呼) 2(何ニ故) 3(然ルキニ) 5(答ヘタ) 4(牛カ)

passer ce temps à te chagriner?—Eh bien
11(過コスフカ) 9(此) 10(時ヲ) 8(於テ) 6(汝カ) 7(悲フニ) 12(サラバ)

dit l'âne, puisque mon sort paraît t'-
14(云フ) 13(驢馬カ) 20(故ニ) 15(私ノ) 16(運命カ) 19(見ヘル) 17(汝ニ)

interesser, je te dirai mon secret.
18(關係スルト) 21(私ハ) 22(汝ニ) 25(云フタロー) 23(私ノ) 24(秘密ヲ)

Tu sais ce que je ne cesse de faire
1(汝ハ) 11(知ル) 10(モノヲ) 9(所ノ) 2(私カ) 8(止ヌ) 7(付テ) 6(働クコニ)

pour mon maître. Tu me vois partir
5(向テ) 3(私) 4(主人ニ) 1(汝ハ) 14(私ヲ) 15(看ル) 4(出立スルコ)†

dès le matin, porter les fruits et les légumes
3(カラ) 2(朝) 13(運搬スルコヲ) 12(果實ヲ) 11(而) 10(野菜)

qu'il récolte dans le jardin. Un certain
4(所)5(彼カ) 8(收穫スル) 7(於テ) 6(庭園ニ) 1(或 ル

jour tu m'as vu charrier le foin, dont je
日) 2(汝ハ) 9(私ヲ)10(覩タ) 8(運搬シタル) 7(枯草ヲ) 6(所) 3(私カ)

ne mange guère, ou c'est la meule du
5(食セヌ) 4(多ク) 11(或ハ) 17(夫ハ)20(有ル) 16(臼テ)

moulin qu'il me fait tourner; et certes,
18(風車) 16(所ノ)19(彼カ) 13(私ニ) 15(スル) 14(旋轉サ) 21(而) 22(確實ニ)

elle n'est pas légère.
23(彼ハ) 25(有ラヌ) 24(輕ク)

* 余ハ驢馬ノ資格有リ
† 朝早イノニ既ニ

(第八十四)

"Ce matin mon maître revenait de me
₁(今) ₂(朝) ₃(私ノ) ₄(主人カ) ₁₁(來リシ) ₁₀(付テ) ₈(私ニ)
charger comme à l'ordinaire, je l'entendais
₉(荷積スル コト) ₇(如ク) ₆(於ル) ₅(平素ニ) ₁₂(私ハ) ₁₃(夫カ)₁₇(聞々シ)
marcher derrière moi, tout à coup je brochai,
₁₆(歩ムヲ) ₁₅(後ニ) ₁₄(私ノ) ₁₈(突然) ₁₉(私カ) ₂₀(蹟キシ)
je m'abattis, mon pied heurta contre un
₂₁(私カ) ₂₂(私ヲ)₂₃(到ス) ₂₄(私ノ) ₂₅(足カ) ₃₀(衝突シタ)₂₉(反テ) ₂₆(或ル)
malheureux pavé. Les fruits dont j'étais
₂₇(不幸ナル) ₂₈(舖石ニ) ₅(果實カ) ₄(所) ₁(私カ)₃(タ)
chargé tombent dans l'eau, dans la boue ; j'-
₂(荷積シ) ₁₀(落タ) ₄(中ニ) ₉(水ノ) ₇(中ニ) ₆(泥土ノ)₁₁(私ハ)
avais fait mille efforts pour ne pas me
₁₉(タ) ₁₈(成シ) ₁₆(多クノ) ₁₇(盡力ヲ) ₁₅(爲メニ) ₁₂(私ヲ)
laisser choir. Alors mon homme en colère
₁₄(シメヌ) ₁₃(倒レ) ₁(然ルハ) ₄(私ノ) ₅(人カ) ₃(於ル) ₂(怒ニ)
passe une mortelle heure à me rouer de
₁₁(過タ) (或ル) ₉(死スベキ) ₁₀(時ヲ) ₈(於テ) ₆(私ヲ) ₇(劇打ス
coups ; je sens mon pauvre dos tout
ル コトニ) ₁₂(私カ) ₂₀(感タ) ₁₇(私) ₁₈(不幸ナル) ₁₉(脊ヲ) ₁₅(全ク)
meurtri, tout moulu. Ce maître qui
₁₆(打傷サレタル) ₁₃(全ク) ₁₄(傷ケラレタル) ₇(此) ₈(主人カ) ₆(所)
se montre si sévère envers moi, lui qui
₅(示ス) ₃(左様ニ)₄(嚴格ヲ) ₂(向テ) ₁(私ニ) ₁₉(彼) ₁₅(所)
me connait si porté à le
₉(私ヲ) ₁₄(認メシ) ₁₂(左様ニ) ₁₃(傾レタルコフ)* ₁₁(ニ)

servir, aurait bien dû plutôt venir
₁₀(便役スル了) ₂₅(デモアロー) ₂₈(甚タ) ₂₄(要タ) ₁₇(寧ロ) ₂₉(來ル了ヲ)

secourir son pauvre âne. Ta réflexion est
₂₁(助ケ) ₁₈(彼ノ) ₁₉(不幸ナル) ₂₀(驢馬ヲ) ₁(汝) ₂(思慮カ) ₄(有ル)

juste, lui répondit le bœuf, touché de la
₃(正シク) ₅(彼ニ) ₁₃(答ヒタ) ₁₂(牛カ) ₁₁(感動シタル) ₁₀(付テ)

misère d'un ami; mais hélas! trop souvent
₉(不幸ニ) ₈(ノ)₆(或ル) ₇(朋友) ₁₄(乍併) ₁₅(呼鳴) ₁₆(余リ) ₁₇(數々)

je vois agir ainsi les humains. Prenez
₁₈(私ハ) ₂₂(看ル) ₂₁(成スヲ) ₁₉(左様ニ) ₂₀(人間ノ) ₄(取ヨ)

les intérêts de quelqu'un que votre zèle vous
'₃(利益ヲ) ₂(ノ) ₁(或人) ₁₂(ナラバ) ₅(汝ノ)₆(熱心カ)₁₀(汝ヲ)

porte à le servir, et qu'ensuite la
₁₁(持行ク) ₉(於テ) ₇(夫ニ) ₈(仕エル了ニ) ₁₃(而) ₂₃(ナラバ) ₁₄(其後)

moindre inattention vous fasse tomber dans
₁₅(最モ僅カノ) ₁₆(不注意ガ) ₂₀(汝ヲ) ₂₁(落ス) ₁₉(中ニ)

une faute légère, l'ingrat presque aussitôt oublie
₁₈(過失ノ) ₁₇(輕キ) ₂₄(忘恩者ハ) ₂₅(殆ト) ₂₆(乍チ) ₂₉(忘レ)

les services rendus, et ne pense qu'à
₂₈(勤メヲ) ₂₇(ナサレタル) ₃₀(而) ₃₆(考エヌ) ₃₅(ナラデハ)₃₄(於テ)

venger cette offense." Il en est
₃₃(復讐スル了ニ) ₃₁(此) ₃₂(過失ヲ) ₁₃(夫ハ) ₁₄(夫ニ付テ) ₁₆(有ル)

cependant, soit dit avec la permission du bœuf,
₁₅(併) ₅(云ハル、) ₄(以テ) ₃(許ヲ) ₂(ノ) ₁(牛)

qui n'aiment à se venger qu'en faisant
₁₂(所) ₁₁(愛セス) ₁₀(於テ) ₉(復讐スル了ニ)†₈(ナラデハ)₇(成シツ、)

du bien.
₆(善事ヲ)

* incliné.

† 讐ニ報スルニ恩ヲ以テスル所ノ人アリ

(第八十五)

Le cheval aime à partager avec l'homme la
₁(馬ハ) ₈(好ム) ₇(共分スルフヲ) ₆(共ニ) ₅(人ト)
gloire et le travail; il marche avec lui aux
₂(名譽) ₃(而) ₄(勉強フ) ₉(彼ハ) ₁₃(進行ス) ₁₁(共ニ) ₁₀(彼ト) ₁₂(戰
combats. Il court s'exposer aux dangers,
場ニ) ₁(彼ハ) ₅(走ル) ₄(自ラ陷ルコトニ) ₃(於テ) ₂(危難ニ)
et les affronte. Si l'homme veut goûter
₆(而) ₇(夫ヲ) ₈(冒ス) ₉(ナラバ) ₁(人カ) ₈(望ハ) ₇(味フコヲ)
les plaisirs de la chasse, de la course, le cheval
₆(愉快ヲ) ₃(ノ) ₂(獵) ₅(ノ) ₄(競馬) ₁₀(馬ハ)
s'empresse de les partager. Non moins
₁₄(熱中スル) ₁₃(付テ) ₁₁(夫ヲ) ₁₂(共分スルコトニ) ₁(勇敢ヨリ)
docile que courageux, il ne se laisse pas emporter
僅カ從順デナキ)* ₂(彼カ) ₇(マヽニセヌ) ₆(持行)
à son feu; il sait réprimer son
₅(於テ) ₃(彼ノ) ₄(熱心ニ) ₈(彼ハ) ₁₂(得ル) ₁₁(抑制スルコフ) ₉(彼ノ)
impétuosité. Si le cultivateur revient de
₁₀(猛烈フ) ₇(ナラバ) ₁(農夫カ) ₆(戻リ來ル) ₅(付テ)
labourer ses terres, le cheval le reçoit sur
₂(耕作スルコトニ) ₂(彼ノ) ₃(土地ノ) ₅(馬カ) ₉(夫ノ) ₁₃(載セル) ₁₂(上ニ)
son dos, et lui fournit une voiture commode:
₁₀(彼ノ) ₁₁(脊) ₁₄(而) ₁₅(彼ニ) ₁₉(供フ) ₁₈(或ハ) ₁₇(便利車)
si le cavalier l'anime à courir,
₂₅(ナラバ) ₂₀(騎兵カ) ₂₁(夫フ) ₂₄(鼓動スル) ₂₃(於テ) ₂₂(走シルコトニ)
il s'élance; s'il le retient, il
₂₆(彼カ) ₂₇(急進スル) ₃₁(ナラバ) ₂₈(彼カ) ₂₉(夫フ) ₃₀(引キ留メル) ₃₂(彼ハ)
arrête. Lorsque les poulains sont réunis
₃₃(止マル) ₅(ハニ) ₁(馬ノ子カ) ₄(有ル) ₃(集合シテ)

ensemble, ils s'animent à courir les dangers;
2(共ニ) 6(彼等カ) 10(鼓舞スル) 9(於テ) 8(走ルコニ) 7(危難ニ)

ils se défient à sauter un ruisseau, à
11(彼等カ) 20(挑ム) 15(於テ) 14(飛ブコニ) 12(或ル) 13(小川ヲ) 19(於テ)

traverser une rivière. Ceux qui, dans ces
15(打越スコニ) 16(或ル) 13(川ヲ) 10(者ハ) 9(所) 4(於テ) 1(此)

exercices volontaires, montrent aux autres
3(練習ニ) 2(隨意ノ) 6(示ス) 6(於ル) 5(他ノ者ニ)

l'exemple, sont ordinairement les meilleurs, les
7(例ヲ) 24(有ル) 11(常ニ) 23(最善ニテ)

plus souples et les plus disposés à obeir,
21(最) 22(從順テ) 20(而) 18(最) 19(傾向サレテ) 17(於テ) 16(服スルコニ)

lorsqu'ils ont été domptés. Plus d'une fois
15(ヰニ) 12(彼等カ) 14(有ツタ) 13(御サレテ) 1(數度ヒ)

vous les avez vus bondir et folâtrer dans
2(汝ハ) 3(夫カ) 26(看タ) 8(躍ルコ) 7(而) 6(戯ハムレルコ) 5(内ニ)

la plaine, courir çà et là, se ruer sur l'herbe,
4(平原ノ) 10(走ルコ) 9(此處彼處ニ) 13(轉ロヒ) 12(上ニ) 11(草ノ)

et, par ces différents exercices, développer et
14(而) 16(由テ) 15(此) 16(種々ナル) 17(練習ニ) 25(發達スルコヲ) 19(而)

leurs forces et leurs membres.
20(彼等ノ) 21(力) 22(而) 23(彼等ノ) 24(肢體フ)

(第八十六)

Un berger, jeune encore, et partant enclin
2(或ル) 9(牧人カ) 2(若キ) 1(未タ) 3(而) 4(夫レ故ニ) 7(傾向シタル)

au badinage, cherchait à s'égayer aux dépens de
6(於テ) 5(惡戲ニ) 13(索メシ) 12(於テ) 11(愚弄スルコニ)

la contrée. Il se mit à crier au loup;
10(牧塲フ) 1(彼カ) 4(ンタ) 3(叫) 2(狼コト)

notre berger jette partout l'alarme et tous
₅(我々ノ) ₆(牧人カ) ₉(告ケル) ₈(四方ニ) ₇(警聲ヲ) ₁₀(而) ₁₁(凡テノ)
les villageois s'empressent de courir au trou-
₁₂(村人カ) ₁₆(急ク) ₁₅(走ルコヲ) ₁₄(於テ) ₁₃(牧
peau. "Qu'on nous le donne à tuer,
畜ニ) ₉(コヲ) ₁(人カ) ₆(我々ニ) ₅(夫ヲ) ₈(勸ムル) ₇(殺スコヲ)
ce maudit loup, s'écrient ils ; s'il
₂(此) ₃(惡ムベキ) ₄(狼ナル) ₁₁(叫ンダ) ₁₀(彼等カ) ₁₅(ナラバ)₁₂(彼カ)
en échappe, il sera bien adroit."
₁₃(夫ニ付テ) ₁₄(逃ルヽ) ₁₆(彼カ) ₁₉(有ルダロー) ₁₇(甚タ) ₁₈(巧者デ)
Le berger fort tranquille, leur dit en sou-
₃(牧人カ) ₁(甚ダ) ₂(安泰ナル) ₄(衆人ニ) ₆(云フ) ₅(微笑シ
riant ; "Vous passez votre temps à courir
ツヽ) ₇(汝ハ) ₁₄(過ス) ₁₂(汝カ) ₁₃(時ヲ) ₁₁(於テ) ₁₀(走ルコニ)
bien loin. Je voulais m'amuser, je
₈(甚タ)₉(遠方ニ) ₁(私ハ)₄(欲セシ) ₂(私ヲ)₃(戯ハムルヽヲ)₅(私ハ)
suis content." Les paysans, honteux, se
₇(有ル) ₆(滿足デ) ₂(農夫カ) ₁(赤面シタル)
retirent. Mais quelque temps après, un loup,
₃(引キ退ク) ₁(乍併) ₂(其 後) ₆(或ル) ₇(狼カ)
revenant de chercher aventure, se jette sur le
₅(再來シタル) ₄(搜索スルコニ) ₃(餌ヲ) ₁₀(飛來タ) ₉(上ニ)
troupeau. En vain le berger veut le re-
₈(家畜ノ) ₅(無益ナリ) ₁(牧人カ) ₄(望ムモ) ₂(夫レヲ) ₃(追
pousser ; il le voit avec douleur, sous
退ケルコヲ) ₁(彼カ) ₂(夫ヲ) ₁₆(看ル) ₇(以テ) ₆(心痛フ) ₅(下ニ)
ses yeux, dévorer un agneau qu'il
₃(彼ノ) ₄(眼) ₁₆(呑噬スルフ) ₁₄(或ル) ₁₅(羊兒フ) ₁₃(所) ₈(彼カ)
venait d'arracher à sa mère. Guillot alors
₁₂(引キ放シタ) ₁₁(カラ) ₉(彼ノ) ₁₀(母) ₁(ギイヨーカ)₂(然ルニ)

— 119 —

de crier tout de bon au secours ; mais aucun
₅(叫ダ) ₃(其面目ヲ以テ) ₄(救助セヨト) ₆(乍併) ₇(獨リノ)

villageois ne bouge. Le loup achêve le
₈(村人モ) ₉(騷カヌ) ₁(狼カ) ₃(成就タ)

carnage. Le berger désolé s'empresse de
₂(殺戮ヲ) ₂(牧人カ) ₁(困リタル) ₅(急ダ)

courir au village ; il reproche aux paysans
₄(走リ行クコヲ) ₃(村ニ) ₆(彼カ) ₁₂(責タ) ₈(於テ) ₇(農夫ニ)

leur peu d'humanité. "Ami, lui répond
₉(彼等ノ) ₁₁(僅カヲ) ₁₀(人情ノ) ₁(朋友ヨト) ₂(彼ニ) ₅(返答ス)

l'un d'eux, n'en accusez que vous ;
₄(獨リカ) ₃(彼等ノ) ₆(夫ニ由テ) ₉(告訴スルナ) ₈(ナラデハ) ₇(汝)

un menteur n'est jamais cru par ceux
₁₀(或ル) ₁₁(虛言者ハ) ₂₀(ラレヌ) ₁₈(決テ) ₁₉(信ジ) ₁₇(由テ) ₁₆(人ニ)

qu'il a trompés une fois."
₁₅(所) ₁₂(彼カ) ₁₄(欺ヒタ) ₁₃(壹度ビ)

(第八十七)

Votre fermier reviendra le soir d'-
₁(汝ノ) ₂(小作人カ) ₈(返リ來ルダロー) ₃(夕刻) ₇(付テ)

ensemencer vos terres. Quand je serai
₆(種蒔スルニ) ₄(汝) ₅(土地ニ) ₈(甲ニ) ₁(私カ) ₇(有ロー)

revenu de visiter votre famille, je vous
₆(戻タデ) ₅(付テ) ₄(見舞フニ) ₂(汝) ₃(家族ヲ) ₉(私ハ) ₁₇(汝ニ)

engagerai à faire un voyage dans mon
₁₈(進メルタロフ) ₁₆(ニ) ₁₅(成スコ) ₁₃(或ル) ₁₄(旅行ヲ) ₁₂(於テ) ₁₀(私)

pays natal. Les exemples de vertu consignés
₁₁(故鄕ニ) ₆(例カ) ₅(ノ) ₄(德行) ₃(引證サレタル)

dans l'histoire doivent nous exciter à les
₂(中ニ) ₁(史學ノ) ₁₂(ナラヌ) ₁₀(我々ヲ) ₁₁(奬勵セネバ) ₉(於テ) ₇(夫ヲ)

imiter. L'architecte est revenu d'exami-
8(似セルコニ) 1(技師カ) 7(タ) 6(再來サレ) 5(付テ) 4(験査ス

ner cet édifice; il vous engage à venir
ルコニ) 2(此) 3(建物ヲ) 8(彼カ) 9(汝ニ) 13(スヽメタ) 12(來ルコヲ)

le voir. Les bergers de votre ami sont
10(夫ヲ) 11(見ニ) 4(牧人カ) 3(ノ) 1(汝) 2(朋友) 14(タ)

revenus de faire paitre les troupeaux plus
13(戻) 12(付テ) 11(飼養スルコ) 10(家畜ヲ) 8(コリ)

tard qu'à l'ordinaire. Je vous avais
9(遅ク) 7(コリ) 6(於ル) 5(平常ニ) 1(私ハ) 2(汝ヲ) 3(タ)

engagé à venir à la chasse avec nous; mais
7(スヽメ) 6(來ルコヲ) 5(臘ニ) 4(供ニ) 3(我々ト) 9(乍併)

vous reveniez de pécher, et vous n'avez pas
10(汝ハ) 12(戻リシ) 11(漁ニ) 13(而) 14(汝ハ) 20(ザリシ)

voulu nous procurer ce plaisir. Nos
21(欲セ) 15(我々ニ) 18(與フルコヲ) 16(此) 17(愉快ヲ) 1(我々ノ)

lévriers sont revenus de poursuivre le cerf
2(兎獵犬カ) 9(タ) 8(返リ來) 7(付テ) 6(追撃スルコニ) 3(鹿)

et le sanglier; il faut les mener se re-
4(而) 5(猪獅ヲ) 10(夫ハ) 14(要スル) 11(夫ヲ) 13(導クコヲ) 12(休息サ

poser. Les prix qui ont été remportés
セルコニ) 8(賞與ハ) 7(所) 6(タ) 5(得ラレ)

par votre jeune frère vous exciteront à
4(由テ) 1(汝) 2(若キ) 3(兄弟ニ) 8(汝ヲ) 13(奨勵スルテアローヽ) 14(倣

suivre un si bel exemple. La belle
フコニ) 10(或ル) 11(左様ニ) 12(美キ) 13(例ノ) 1(好時

saison a engagé votre famille à faire quelque
節カ) 13(スヽメタ) 11(汝ノ) 12(家族ニ) 10(於テ) 9(成スコニ) 8(或ル)

séjour à la maison de campagne de votre aïeul.
7(寓居ヲ) 6(ニ) 5(別荘) 4(ノ) 2(汝) 3(祖父)

(第八十八)

L'homme véritablement heureux est celui
₈(人ハ) ₁(信實ニ) ₂(幸福ナル) ₁₇(有ル) ₁₆(人テ)

qui arrive au terme de la vie en remplissant
₁₅(所) ₁₄(到ル) ₁₃(期限ヲ) ₁₂(ノ) ₁₁(生涯) ₁₀(充シツヽ)

fidèlement les devoirs qui lui ont été prescrits.
₉(忠實ニ) ₈(務ヲ) ₇(所) ₄(彼ニ) ₆(タ) ₅(命令サレ)

Votre parent vous a apporté plusieurs ouvrages
₁(汝) ₂(兩親カ) ₃(汝ニ) ₁₁(持來タ) ₉(多クノ) ₁₀(著述ヲ)

à lire et à examiner; je l'avais
₈(タメニ) ₇(讀ム) ₆(而) ₅(タメニ) ₄(檢査スル) ₁₂(私ハ) ₁₃(夫カ) ₁₇(リシ)

vu passer ce matin; il paraissait faire
₁₆(看タ) ₁₅(通過スルフヲ) ₁₄(今朝) ₁₈(夫カ) ₂₃(觀エシ) ₂₂(ナスト)

la plus grande diligence. Votre ami me
₁₉(最モ) ₂₀(大ヒナル) ₂₁(急キヲ) ₁(汝) ₂(朋友カ) ₃(私ニ)

racontait avoir lu le trait suivant. Un cheval
₇(談話セシ) ₆(讀タフヲ) ₅(行爲ヲ) ₄(次ナル) ₁(或ル) ₂(馬カ)

était très-vieux, il ne pouvait broyer ni
₅(有リシ) ₃(甚タ) ₄(老衰シテ) ₆(彼ハ) ₁₂(得ザリシ) ₁₁(噛ミ碎キ) ₁₀(モ)

paille ni avoine; il n'aurait pu exister
₉(藁) ₈(モ) ₇(烏麥) ₁₃(彼ハ) ₂₀(有ロー) ₁₉(得ヌデ) ₁₈(生存シ)

longtemps à ne rien manger. Mais les
₁₇(久シクハ) ₁₆(タメニ) ₁₄(何物モ) ₁₅(食サヌ) ₁(乍併)

deux chevaux qui étaient habituellement auprès
₈(二疋) ₉(馬カ) ₇(所) ₆(有シ) ₂(常ニ) ₅(傍ニ)

de lui passaient une partie du temps à
₄(ノ) ₃(彼) ₂₁(過セシ) ₁₉(或ル) ₂₀(部分ヲ) ₁₈(時ノ) ₁₇(於テ)

broyer sous leurs dents la paille et l'avoine,
₁₆(噛碎クフニ) ₁₅(下ニ) ₁₃(彼等ノ) ₁₄(齒ノ) ₁₀(藁) ₁₁(而) ₁₂(烏麥ヲ)

et présentaient ensuite l'un et l'autre à manger
₂₂(而) ₃₉(供セシ) ₂₃(次ニ) ₃₇(互 ニ) ₃₈(食スルニ於テ)
au vieux cheval, qui ne subsistait que
₃₆(於テ) ₃₄(老衰シタル) ₃₅(馬ニ) ₃₃(所) ₃₂(生活セザリシ) ₃₁(ナラデハ)
par le soin attentif de ses deux voisins.
₃₀(由テ) ₂₉(注意ニ) ₂₈(親切ナル) ₂₇(ノ) ₂₄(彼カ) ₂₆(兩) ₂₅(隣リ)
Vous ne pouvez sans doute voir sans admira-
₁(汝ハ) ₁₇(能ハヌカ) ₃(無ク) ₂(疑ヒ) ₁₆(看) ₅(無ク) ₄(贊賞ス
tion la nature inspirer à des animaux
ルコ) ₁₄(自然カ) ₁₅(感得セシムルコヲ) ₁₃(於テ) ₁₂(動物ニ)
des sentiments qui honoreraient les hommes
₁₁(感情ヲ) ₁₀(所) ₉(尊敬スルデアロー) ₆(人カ)
eux - mêmes. Celui qui passerait le temps
₇(彼等)₈(自ラヲ) ₈(人) ₇(所) ₆(過コスダロー) ₅(時ヲ)
à recueillir des traits semblables, et les
₄(於テ) ₃(集ムルコニ) ₂(行爲ヲ) ₁(同シ) ₉(而)₁₀(夫フ
offrirait à lire à un lecteur
₁₇(供スルデアロー) ₁₆(タメニ) ₁₅(讀ム) ₁₄(於テ) ₁₁(或ル) ₁₃(讀者ニ)
curieux, ne serait pas indigne de votre
₁₂(好奇アル) ₂₂(有ラヌダロー) ₂₁(値チナク) ₂₀(付テハ) ₁₈(汝カ)
estime.
₁₉(尊敬)

代名詞上ノ文章

(第八十九)

Un jeune hibou qui s'ennuyait d'une
₁₁(或ル) ₁₂(若キ) ₁₃(鵂鷞カ) ₁₀(所) ₉(怠屈セシ) ₈(付テ)₆(或ル)
solitude d'où il n'était jamais sorti.
₇(静蕭ニ) ₁(其所カラ) ₂(彼カ) ₅(有ラザリシ所) ₃(決テ) ₄(出テ)

résolut d'aller dans le voisinage, et de
28(決定シタ) 17(付テ) 16(行クコ二) 15(内二) 14(近隣ノ) 28(而) 27(付テ)

vivre avec les autres oiseaux dont il
26(生活スルコ二) 25(共二) 23(他) 22(鳥ト) 20(所) 19(彼カ)

avait entendu le ramage, mais qu'il ne
21(聽タリシ) 20(囀聲ヲ) 29(乍併) 32(所ノ) 30(彼カ)

connaissait pas. Il était grossier, sauvage,
31(見知ラヌ) 1(彼ハ) 12(有リシ) 2(粗暴デ) 3(野卑デ)

entièrement étranger à la société, dont il
10(全ク) 11(外人デ) 9(於テ) 8(仲間二) 7(所) 4(彼カ)

ignorait les lois. Celui qui a ces défauts a
6(識ラヌ) 5(規則ヲ) 5(人ハ) 4(所) 3(持) 1(此) 2(過チヲ) 11(持ツ)

bien de la peine à plaire. Plein de
10(多ヲ) 9(ノ) 8(困難) 7(於テ) 6(氣二入ルコ二) 3(充テ) 2(カラ)

rusticité, et n'ayant nulle grâce, il n'avait
1(不作法) 4(而) 7(持ヌ) 5(一ツモ) 6(温雅ヲ)*13(夫ハ) 15(持ザリシ)

rien qui n'attirât les traits de la satire.
14(何物モ) 12(所) 11(引受ケナンダ) 10(行爲ヲ) 9(ノ) 8(嘲弄)

Partout sifflé, honni, il était le
1(到ル所二) 2(唇音サレ) 3(辱カシメタル) 4(彼ハ) 11(有リシ)

jouet des oiseaux dont il briguait la
10(玩弄物デ) 9(鳥ノ) 8(所) 5(彼カ) 7(熱望シタ)

compagnie ; il part et ne revient plus.
6(仲間ヲ) 12(彼カ) 13(出達シタ) 14(而) 16(歸リ來ラヌ) 15(最早ヤ)

Que cet exemple vous serve de leçon.
1(如何二) 2(此) 3(例カ) 4(汝ヲ) 7(用立ヨ) 5(付テ) 5(教訓二)

Si nous voulons nous rendre aimables
14(ナラバ) 1(我々ハ) 13(望ム) 2(我々カ) 4(成スコヲ) 3(愛セラルベク)

et plaire à des égaux dont nous
5(而) 12(氣二入ルコヲ) 11(於テ) 10(同等者二) 9(所) 6(我々カ)

briguons les suffrages, ayons des mœurs, de la
8(要求スル)　　7(賛成ヲ)　17(持トウコ)　　15(習慣)

politesse. Enfants, qui m'avez entendu ra-
16(禮儀ヲ)　　7(小兒ヨ)　6(所)　4(私ニ)　5(聽タ)　3(談ス

conter l'histoire du hibou, si vous l'-
ルコヲ)　　2(歴史ヲ)　　1(鴟梟ノ)　11(ナラバ)　8(汝)　9(夫ヲ)

imitez, vous aurez un sort pareil,
10(似セル)　12(汝ハ)　16(持ツデアロー)　13(或ル)　15(運命ヲ)　14(同類ノ)

et vous vous repentirez, mais trop tard,
17(而)　18(汝ハ)　19(汝ヲ)　　23(後悔)　　24(乍併)　25(餘リ)　26(遲シ)

de votre conduite.
22(付テ)　20(汝)　　21(行状ニ)

　　* 彼カ爲メニハ凡テカ喇叭デアリシ

(第九十)

Les différents besoins que les hommes ont
　　12(種々ナル)　13(必要カ)　4(所)　　1(人カ)　　3(タ)

éprouvés, et qu'il leur importait de
2(試ミ)　5(而)　11(所)　6(夫ハ)　7(彼カニ)　10(要用デアリシ)　9(付テ)

satisfaire, ont donné naissance aux arts et
8(満足スルコニ)　20(タ)　19(生シ)　　14(技術)　15(而)

aux sciences. Au contraire, l'oisiveté paraît
16(學問ヲ)　2(於テ)　1(反對ニ)　3(懶惰ハ)　11(見ユル)

être la cause qui a donné lieu à l'astro-
10(有ルト)　8(原因デ)　5(所)　7(與ヘタ)　6(塲所ノ)　2(於テ)　4(天文

nomie. Mais les avantages qu'elle procure,
學ニ)　　1(乍併)　　5(利益)　4(所)　2(彼カ)　3(得サセル)

et l'objet de cette science, la vengent
6(而)　10(物體カ)　9(付テノ)　7(此)　8(學問ニ)　11(夫ヲ)　15(賠償シタ)

suffisamment de la bassesse de cette origine,
17(充分ニ) 16(付テ) 15(野昇ニ) 14(ノ) 12(此) 13(根原ニ)

si elle est véritable. Les anciens peuples
22(ナラバ) 19(彼カ) 21(有ル) 20(信實デ) 14(昔) 15(人民ハ)

qui n'avaient pas besoin de demeurer fixes,
13(所) 12(持タザリシ) 11(必要ヲ) 10(付テ) 9(住居ニ) 8(一定ノ)

qui ne rougissaient pas de passer la nuit à
7(所) 6(辱シヌ) 5(過コスヲ) 4(夜ヲ) 3(於テ)

garder les troupeaux, s'amusèrent à exami-
2(監察スルコニ) 1(家畜ヲ) 19(嬉戯シタ) 18(於テ) 17(試驗ス

ner les étoiles. Ce sont ces petits corps
ルコニ) 16(星ヲ) 13(夫ハ) 19(有ル) 14(此) 16(小キ) 17(體ガ)

lumineux qui échappent presque à nos regards,
15(光リタル) 6(所) 5(遁ルヽ) 1(殆シド) 4(於テ) 2(我々ノ) 3(眼ニ)

et qu'il importait d'examiner.
7(而) 12(コホド) 8(夫カ) 11(必要テアリシ) 10(付テ) 9(試驗スルコニ)

Ils observèrent la marche régulière de ces
1(彼等カ) 7(既測シタ) 6(進行ヲ) 5(規則ダチタル) 4(ノ) 2(此)

étoiles, et, à force d'observations, prédirent le
3(星) 8(而) 11(多キニ由テ)* 10(ノ) 9(觀測) 21(先見シタ)

chemin qu'elles tenaient et la place qu'elles
15(道チ) 14(所) 12(彼等カ) 13(守ル) 16(而) 20(塲所ヲ) 19(所) 17(彼等カ)

devaient occuper. Des gens plus habiles ont
18(領サ子バナラヌ) 3(靈カ) 1(多ク) 2(巧ナル)

profité de ces premières observations, qu'ils
13(利用シタ) 10(此) 11(第壹ノ) 12(觀測ヲ) 9(コホド) 4(彼等カ)

ont réduites en une science certaine.
6(到ラシメタ) 7(於テ) (或ル) 6(學問ニ) 5(慥カナル)

* très souvent.

（第九十一）

Certain écolier que la paresse poursuivait
₆(或ル) ₇(生徒ハ) ₅(所ノ) ₁(怠惰カ) ₄(追從フ)

un peu trop, était souvent puni pendant
₂(少シク) ₃(過度ニ) ₁₂(有リシ) ₁₀(數々) ₁₁(罪セラレテ) ₉(間ニ)

les récréations. Mais le maître, homme sage,
₈(休憩ノ) ₁(乍併) ₄(教師カ) ₃(人ナル) ₂(賢キ)

usait aussi d'indulgence, et lui permettait
₇(要スル) ₅(一曾) ₆(寛大ヲ) ₈(而) ₉(彼ニ) ₁₉(許セシ)

quelquefois le jeu, dont il s'acquittait avec
₁₀(時トシテハ) ₁₈(遊ヲ) ₁₇(所) ₁₁(彼カ) ₁₆(滿足セシムル) ₁₅(以テ)

beaucoup d'allégresse. A l'instant notre drôle
₁₄(多クヲ) ₁₃(ノ) ₁₂(喜悅) ₁(暫時ニ) ₂(我々ノ) ₃(小兒カ)

reprenait les jouets, et surtout le sabot, qu'-
₁₆(再ヒ取リシ) ₁₅(玩弄物ヲ) ₁₄(而) ₁₂(就中) ₁₃(獨樂) ₁₁(所)

il faisait tourner avec beaucoup d'adresse.
₄(彼) ₁₀(タ) ₉(回轉シ) ₈(以) ₇(多ヲ) ₆(ノ) ₅(巧)

Mais notre espiègle, qui n'aimait pas beaucoup
₁(乍併) ₆(我々ノ) ₇(惡キ小兒ハ) ₅(所) ₄(好ヌ) ₂(多クノ)

la peine, se lassait bientôt de le fouetter.
₃(困難ヲ) ₁₂(疲レシ) ₅(頓テ) ₁₁(付テ) ₉(夫ヲ) ₁₀(撻ツコニ)

Un jour qu'il s'était mis hors d'haleine,
₅(或ル) ₆(日) ₄(コホド) ₁(彼ハ) ₃(有リシ) ₂(大ニ疲勞シテ)

il voit le sabot s'arrêter: "Pourquoi,
₇(彼カ) ₁₀(目シタ) ₈(獨樂ノ) ₉(止マルヲ) ₁₃(何ニ故ニ)

dit-il, me forces-tu de le
₁₂(云フニ) ₁₁(彼) ₁₉(私ヲ) ₂₀(強制スルカ) ₁₄(汝ハ) ₁₈(付テ) ₁₆(夫ヲ)

fouetter sans cesse, moi dont le bras se lasse
₁₇(撻ツコニ) ₁₅(絕ヘズ) ₂₆(私ナル) ₂₅(所ノ) ₂₁(腕カ) ₂₄(疲カルヽ)

si facilement ? Pourquoi tourner seulement
₂₂(左様ニ) ₂₈(容易ク) ₂₅(何ニ故ニ) ₃₄(回轉スルカ) ₃₃(已ミ)

quand je te fouette ?" Le sabot, qui
₃₂(ドニ) ₂₉(私ガ) ₃₀(汝ヲ) ₃₁(撻ツ) ₁₁(獨樂ガ) ₁₀(所)

se plut à lui reprocher le défaut dont
₉(欲タ) ₈(ニ) ₆(彼ニ) ₇(誹謗スルコ) ₅(過チヲ) ₄(所)

il était coupable, lui répondit en deux
₁(彼ガ) ₃(有リシ) ₂(罪ベク) ₁₂(彼ニ) ₁₆(答ユル) ₁₅(於テ) ₁₃(二)

mots : " Je vous imite, je fais comme vous."
₁₄(言ニ) ₁₇(私ハ) ₁₈(汝ニ) ₁₉(似チル) ₂₀(私ハ) ₂₃(成ス) ₂₂(如ク) ₂₁(汝)

L'homme est quelquefois un peu comme ce
₁(人ガ) ₇(有ル) ₂(時トシテハ) ₃(少シク) ₆(如クデ) ₄(此)

sabot, et a besoin d'affaires qui le
₅(獨樂ノ) ₈(而) ₂₁(持ツ) ₂₀(必用ヲ) ₁₉(付テ) ₁₈(仕事ニ) ₁₇(所) ₉(夫ヲ)

secouent et le forcent parfois d'agir.
₁₀(勵)* ₁₁(而) ₁₅(夫ヲ) ₁₆(強制スル) ₁₄(時有テハ) ₁₃(付テ) ₁₂(働クコニ)

* exciter.

(第 九 十 二)

La nécessité dont nos premiers parents furent
₆(必要ハ) ₅(所) ₁(我々ノ) ₂(祖 神 ガ) ₄(タ)

pressés donna lieu à l'invention de l'-
₃(取リ急カレ) ₁₉(與ヘタ) ₁₈(場所ヲ) ₁₇(於テ) ₁₅(發明ニ) ₁₅(ノ)

agriculture, art dont l'objet est la culture
₁₄(農業) ₁₃(技術ナル) ₁₂(所) ₇(目途ガ) ₁₁(有ル) ₁₀(耕作デ)

de la terre. D'abord les creux des rochers
₉(付テ) ₈(土地ニ) ₁(最初ハ) ₃(洞ガ) ₂(岩ノ)

leur parurent des demeures dont ils pouvaient
₄(彼等ニ) ₁₀(見エシ) ₉(住所ト) ₈(所) ₅(彼等ガ) ₇(得シ)

user.　　Ils　imaginèrent ensuite de　bâtir　des
₆(用ヒ)　　₁(彼等カ)　₁₃(發明シタ)　₂(次ニ)　　₁₂(建築スルコヲ)

cabanes,　dont　ils　jugèrent　le　séjours　plus
₁₁(小屋ヲ)　₁₀(所)　₃(彼等カ)　₉(決定シタ)　　₅(寓所ヲ)　₄(ヨリ)

digne　de　l'homme.　Insensiblement　ils
₅(直チアル)₇(ノ)　₆(人)　　₁(漸々ニ)　　₂(彼等カ)

construidirent　des　maisons　et　des　palais　dont
₁₃(築造シタ)　　　₁₀(家屋)　₁₁(而)　₁₂(宮殿ヲ)　₉(所)

leur　parurent　dignes　les　princes　et　les　rois.
₃(彼等ニ)₈(見エタ)　₇(貴ク)　　₄(君主)　₅(而)　　₆(王カ)

Tel　　　est　l'art　de　l'architecture.　Les
₁(斯様ナルモノハ)₅(有ル)₄(術デ)₃(ノ)　₂(造營)

limites　qu'il　fallut　assigner　à l'héritage
₁₄(限界ハ)　₁₃(所)₁(夫カ)　₁₂(要シタ)　₁₁(取リ定ムコヲ)₁₀(於テ)　₉(遺産ニ)

échu　　aux　enfants　d'un　même　père
₈(傳ヘラレタル)₇(於テ)　₆(小兒ニ)　₅(ノ)　₂(或ル)　₃(同シ)　₄(父)

donnèrent　lieu　à　la　géométrie　ou　sciences
　₂₁(與ヘタ)　₂₀(場所ヲ)₁₉(於テ)　₁₆(幾何學ニ)　₁₇(即チ)　₁₈(學ニ)

des　mesures.　Les Egyptiens sont le peuple
₁₇(測量)　　₁(エジプト人ハ)₂(有ル)　₁₃(人民ナ)

à　qui　nous　sommes　redevables　de　cette
₅(於テ)₄(夫ニ)₆(我々ハ)　₁₁(有ル)　₁₀(歸ベク)　₈(付テ)₇(此)
₁₂(所ノ)

invention.　Le　Nil,　dont les　eaux inondaient
₈(發明ニ)　　₆(ニール河カ)₅(所)　　₁(水カ)　₄(漲溢セシ)

tous les ans les campagnes. dérangeait les limites
₂(毎　年)　　₃(田野ノ)　₁₂(混亂シタ)　　₁₁(界ヲ)

qu'ils　avaient　placées.　Ils　inventèrent
₁₀(所)₇(彼等カ)₉(有リシ)　₈(置レタ)　　₁(彼等カ)　₁₁(發明シタ)

l'art - de　mesurer,　pour　retrouver　ces　limites
₁₀(技術ヲ)₉(ノ)₈(測攝スルコ)　₇(爲メニ)　₆(再ヒ見出ス)₄(此)₅(限界ヲ)

après l'inondation.
₃(後ニ)　₂(洪水ノ)

(第九十三)

Un jeune lion à qui une mort cruelle avait
₁₂(若キ) ₁₃(獅) ₁₁(所) ₂(死) ₁(殘酷ナル) ₁₀(タ)

ravi ceux dont il avait reçu le jour, fut
₉(奪フ) ₈(者ヲ) ₇(所) ₃(彼カ) ₆(タ) ₅(受ケ) ₄(生活ヲ) ₂₂(有ツタ)

accueilli par un éléphant, animal dont tout le
₂₁(待遇サレテ)₂₀(由テ) ₁₉(象ニ) ₁₈(動物ナル) ₁₇(所) ₁₄(衆人

monde connait la sensibilité. Celui-ci le
カ) ₁₆(認メシ) ₁₅(感情ヲ) ₁(此ノモノカ) ₂(夫ヲ)

traite comme un fils qu'un père aime
₁₂(取扱ヒタ) ₁₁(如ク) ₉(或ル) ₁₀(子息ノ) ₈(所)₃(或ル) ₄(父カ) ₇(愛スル)

avec tendresse. Entre autre leçons par lesqu-
₆(以) ₅(悲慈ヲ) ₁(就中) ₂(教訓) ₄(由テ) ₃(夫

elles il voulait former ce fils adptif, en
ニ) ₅(彼カ) ₉(欲セシ) ₈(教育スルコ) ₆(此) ₇(養子ヲ) ₁₀(夫ニ付テ)

voici quelques-unes: "Evite, mon fils, ce
₁₂(曾ヲ) ₁₁(二三ケ條ヲ) ₁₃(避ケヨ) ₁₈(私ノ) ₁₄(子息ヨ) ₁₇(此)

penchant à la férocité à laquelle toute
₁₉(傾キヲ) ₁₆(於テ) ₁₅(殘忍ニ) ₂₁(付テ)₂₀(夫レニ) ₂₂(凡テ)

ta race n'est que trop portée;
₂₃(汝ノ) ₂₄(種族カ) ₂₅(有ラヌ) ₂₇(ナラデハ) ₂₅(充分ニ) ₂₆(激マサレテ)

partout elle jette la terreur et l'effroi,
₂₉(到ル所ニ) ₃₀(彼カ) ₃₄(投ル) ₃₁(怨レ) ₃₂(而) ₃₃(恐怖ヲ)

Deviens par ta bonté les délides et l'amour
₉(成レヨ) ₃(由テ) ₁(汝)₂(惠ミニ) ₈(快樂ニ) ₇(而) ₆(愛情)

des habitants des bois." L'élève paraissait
₅(住民ノ) ₄(森ノ) ₁(生徒カ) ₅(見エシ)

goûter cette leçon, à laquelle il prêtait une
₄(味フト) ₂(此) ₃(教訓ヲ) ₆(夫レニ由テ) ₇(彼カ) ₉(聽キシ) ₈(能

oreille attentive ; à l'attention plus d'une fois il
ク留意シテ) ₁₂(於テ) ₁₁(注意ニ) ₁₀(數度ノ) ₁₃(彼カ)

joignit la promesse. "Foi de lion, disait-
₁₅(附加タ) ₁₄(契約ヲ) ₃(信實) ₂(ノ)₁(獅)* ₅(云ヒシ)

il, je veux être doux comme un
₄(彼カ) ₆(私ハ) ₁₂(望ム) ₁₁(有ルコヲ) ₁₀(溫和デ) ₉(如ク) ₇(或ル)

mouton." La promesse, je le crois, était
₈(羊ノ) ₄(契約カ) ₁(私ハ) ₂(夫フ) ₃(信スル) ₆(有リシ)

sincère ; mais il fallait l'exécuter. La
₅(正直デ) ₇(乍併) ₈(夫ハ) ₁₁(要スル) ₉(夫ヲ) ₁₀(實行スルコヲ)

jeunesse n'est pas une caution bien sûre
₁(少年ハ) ₁₂(有ラヌ) ₄(或ル) ₁₃(保證人デ) ₂(甚タ) ₃(慥カナル)

à qui il faille se fier. Cependant
₈(於テ) ₇(夫ニ) ₉(夫カ) ₁₁(要スル) ₁₀(信要スルコヲ) (乍併)
₁₂(所ノ)

sous les yeux de ce maître, par qui il fut
₁₁(下ニ) ₁₀(眼ノ) ₉(ノ) ₇(此) ₈(教師) (由テ) (夫ニ) ₁(彼カ) ₅(有タ)
₆(所ノ)

si bien instruit, le lion fut paisible, doux,
₂(左樣ニ) ₃(克ク) ₄(教育サレテ) ₁₂(獅ハ) ₁₆(有タ) ₁₃(平和テ) ₁₄(溫和テ)

humain ; il fut doux ou parut l'-
₁₅(慈愍深ク) ₁₇(彼カ) ₁₉(有タ) ₁₈(溫和デ) ₂₀(或ハ) ₂₃(見エタ) ₂₁(夫デ

être : mais, dès qu'il fut grand, il
₂₂(アルト) ₂₄(乍併) ₂₈(否ヤ)₂₅(彼カ) ₂₇(成シタヤ) ₂₆(生長) ₂₆(彼カ)

oublia bientôt et promesses et leçons.
₃₅(忘却シタ) ₃₀(順テ) ₃₁(而) ₃₂(契約) ₃₃(而) ₃₄(教訓ヲ)

＊誓テ

(第九十四)

Le lion quitte bientôt l'éléphant de qui il
₁(獅カ) ₄(別カルル) ₂(順テ) ₃(象ニ) ₆(付テ) ₅(夫ニ) ₇(彼カ

tenait ces sages instructions, et par qui il
11(領セシ) 8(此) 9(賢キ) 10(教育ヲ) 12(而) 14(カラ) 13(夫) 15(彼カ)

avait été soigneusement élevé; il court re-
18(有タリシ) 16(注意シテ) 17(養育サレテ) 19(彼ハ) 25(馳タ) 24(再

joindre ceux de sa race. Il les voit
會シニ) 23(者ト) 22(ノ) 20(彼) 21(種族) 1(彼ハ) 2(夫ヲ) 15(晉タ)

tous les jours aller à la chasse, égorger im-
3(毎 日) 6(行クコ) 5(ニ) 4(獵) 14(屠ルヲ)

pitoyablement les animaux qui tombent sous
7(慈悲ナク) 13(動物ヲ) 12(所) 11(黥レタ) 10(下ニ)

leurs pattes. Ce spectacle d'abord le révolte;
8(彼等ノ) 9(足) 1(此) 2(覿物カ) 3(最所ニ) 4(夫ヲ) 5(怒ラセタ)

il était trop contraire aux leçons du maître
6(彼カ) 12(有リシ) 10(余リ) 11(反對テ) 9(ニ) 8(教訓) 7(教師ノ)

par qui il avait été instruit. Bientôt le
14(カラ) 13(夫) 15(彼カ) 17(有タリシ) 16(教育サレテ) 1(頓テ)

naturel en lui se reveille, l'aspect du sang
2(自然カ) 4(夫ニ付テ) 3(彼ニ) 5(勵マス) 7(覿エカ) 6(血)

cesse de lui déplaire. Il croit
11(止メタ) 10(付テ) 8(彼ニ) 9(氣ニ入ラヌコニ) 1(彼ハ) 7(信シタ)

pouvoir prendre pour modèles ceux à qui
6(能フコヲ) 5(取リ) 4(向テ) 3(例ニ) 2(其者ヲ) 9(於テ) 8(夫ニ)

il se voit associé. Ce n'est plus ce
10(彼カ) 12(タ)ナ 11(仲間入リサレ) 1(夫ハ) 14(有ラヌ) 13(モハヤ) 12(此)

mouton par qui la paix devait régner;
13(羊デ) 7(由テ) 6(夫ニ) 8(平和カ) 10(成サ子バナラヌ) 9(支配ヲ)
10(所ノ)

il devient pire encore qu'un lion.
11(彼ハ) 20(成タ) 19(ヨリ惡ク) 18(尚ホ) 17(コリ) 15(或ル) 16(獅)

L'instruction par laquelle se forment et le
9(教育ハ) 2(由テ) 8(所ロニ) 7(教育サルヽ) 3(而)
1(夫ニ)

cœur et l'esprit est sans doute nécessaire;
₄(心) ₅(而) ₆(精心カ) ₁₃(有ル) ₁₁(無ク) ₁₀(疑ヒ) ₁₂(必要デ)

mais le mauvais exemple corrompt les bonnes
₁₃(乍併) ₁₄(惡キ) ₁₅(例ハ) ₁₆(慼敗スル) ₁₆(良キ)

mœurs. Vainement des enfants auront
₁₇(習慣ヲ) ₁(無益ニ) ₂(小兒カ) ₂₂(ダロー)

puisé près d'un père ou d'un maitre
₂₁(盡シタ) ₁₁(傍ラニ) ₃(或ル) ₄(父) ₅(或ハ) ₆(或ル) ₁₀(教師ノ)

sage et prudent les leçons de vertus dont
₇(賢明ナル) ₈(而) ₉(注意深キ) ₂₀(教訓ヲ) ₁₉(ノ) ₁₈(德育) ₁₇(所)

ils leur auront donné des exemples;
₁₂(彼等カ) ₁₃(彼等ニ) ₁₆(有ロー) ₁₅(與ヘタデ) ₁₄(例ヲ)

s'ils ne fuient la société des gens
₂₈(ナラバ)₂₃(彼等カ) ₂₇(避ヌ) ₂₆(仲間ヲ) ₂₅(聲ノ)

vicieux dont l'amitié, l'exemple seul infec-
₂₄(惡弊アル) ₂₉(夫ニ付テ) ₃₂(友情カ) ₃₁(例) ₃₀(バカリカ) ₃₇(惡クス)

tera bientôt les mœurs et l'innocence, et
ルダロー) ₃₃(順テ) ₃₄(習慣) ₃₅(而) ₃₆(無罪ヲ) ₃₈(而)

rendra ces enfants méchants comme ceux
₄₇(成ステアロー) ₃₉(此) ₄₀(小兒ヲ) ₄₆(惡ク) ₄₅(如ク) ₄₄(者)

qu'ils fréquentent.
₄₃(所)₄₁(彼等カ) ₄₂(屢々交ル)

* saisir.

† être.

(第九十五)

Tout le monde connait cette division des trois
(衆人カ) ₁₂(知ル) ₁₀(此) ₁₁(區分ヲ) ₈(三)

regnes de la nature, dont le premier s'appelle
(門ノ) ₇(付) (自然ニ) (所) (第一ノ) ₄(稱スル)

végétal. Il renferme ce qui sort du sein
₃(植物類ト) ₁(彼ノ) ₁₅(含ム) ₁₄(モノヲ) ₆(所) ₅(出ツル) ₄(中央カラ)

de la terre, et qui en reçoit la vie et la
₃(ノ) ₂(土地) ₇(而) ₁₃(所) ₈(夫ニ付テ) ₁₂(受取ル) ₉(生活) ₁₀(而)

nourriture. Je pourrais citer les arbres,
₁₁(食物ヲ) ₁(私ハ) ₁₃(得ルデアロー) ₁₂(話シ) ₁₁(樹木ヲ)

les plantes, les herbes, qui tous sont renfermés
₁₀(植物) ₉(草) ₈(所) ₂(凡テカ) ₇(有ル) ₆(含マレテ)

dans le règne végétal. Si du premier
₅(中ニ) ₄(支配ノ) ₃(植物) ₁₁(ナラバ) ₂(カラ) ₁(第一ノモノ)

nous passons au second, qui est le règne
₃(我々ハ) ₁₀(移ル) ₉(於テ) ₈(第二ノモノニ) ₇(所) ₆(有ル) ₅(支配テ)

animal, il comprend tout ce qui a
₄(動物ノ) ₁₂(彼ハ) ₁₅(含ム) ₁₆(凡テヲ) ₁₇(モノヲ) ₁₅(所) ₁₄(持ツ)

vie : ainsi, les quadrupèdes, les oiseaux, les
₁₃(生命ヲ) ₁₉(夫故ニ) ₂₀(四足獣類) ₂₁(鳥類)

poissons, les reptiles, les insectes composent le
₂₂(魚類) ₂₃(匍行動物類) ₂₄(昆虫類カ) ₂₇(組織スル)

règne animal. L'homme en fait aussi
₂₆(支配ヲ) ₂₅(動物ノ) ₁(人ハ) ₂(夫ニ付テ) ₅(ナス) ₃(同ク)

partie, puisqu'il a une vie animale; mais
₄(部分ヲ) (故ニ) ₆(彼ハ) ₁₀(持ツ) ₈(或ル) ₉(生活ヲ) ₇(動物ノ) ₁₁(乍併)

la raison, qui le distingue des animaux,
₁₇(道理カ) ₁₆(所) ₁₄(夫ヲ) ₁₅(區別スル) ₁₃(カラ) ₁₂(動物)

en fait une classe particulière. Enfin,
₁₈(夫ニ付テ) ₂₁(作ル) ₂₀(階級ヲ) ₁₉(格段ナル) ₁(終リニ)

dans le troisième règne, qui est le minéral,
₇(中ニ) ₅(第三ノ) ₆(支配ノ) ₄(所) ₃(有ル) ₂(礦物類デ)

est compris tout ce qui se forme dans
₂₅(有ル) ₂₄(含蓄シテ) ₁₁(凡テ) ₁₅(モノカ) ₁₃(所) ₁₂(形チ作ル) ₁₁(於テ)

le sein de la terre : les mines, les métaux,
10(中央ニ) 9(ノ) 8(土地) 16(礦石) 17(金銀屬)

la pierre, le marbre et autres productions
18(石塊) 19(大理石) 20(而) 21(其他ノ) 28(地産物カ)

semblables, qu'il serait trop
22(同シ) 32(所ノモノナリ)26(夫ハ) 31(有ルデアロー) 29(餘リ)

long de citer.
30(長ク) 28(付テ) 27(話スコニ)

(第九十六)

Les maladies auxquelles les hommes sont sujets,
12(疾病ハ) 4(所) 1(人カ) 3(有ル) 2(權テ)

et dont nous sommes si souvent affligés,
5(而)11(所) 6(我々カ) 10(有ル) 7(左様ニ) 8(數々) 9(憂慮サレテ)

ont donné naissance à la médecine. Cet
16(タ) 15(生シ) 14(於テ) 13(醫術ニ) 1(此)

art renferme la connaissance des différentes
2(醫術ハ) 7(含蓄スル) 6(知識ヲ) 4(種ナル)

parties du corps humain, science à laquelle on
5(部分ノ) 3(人體ノ) 8(學問) 9(夫ニ由リ) 10(人カ)

donne le nom d'anatomie. Le naturaliste,
14(與ユル) 11(名ヲ) 12(ノ)11(解剖學) 9(博物學者ハ)

par qui les secrets de la nature sont
2(由テ) 1(夫ニ) 5(秘密ヲ) 4(ノ) 3(天然) 7(有ル)
8(所ノ)

expliqués, a d'abord étudié les plantes, étude
6(現解サレタ) 20(タ) 10(最初) 19(勉強シ) 15(植物ヲ) 17(勉強ナル)

à laquelle on donne le nom de botanique.
16(所ノ) 11(人カ)15(與ユル) 14(名ヲ) 13(ノ) 12(植物學)

Les plaies ou blessures, dont nous ne pouvons
7(創傷) 8(即チ) 9(抵傷ハ) 6(所) 1(我々カ) 5(得ヌ)

quelquefois nous préserver, ont donné lieu à
₂(時トシテハ) ₃(我々ヲ) ₄(豫防シ) ₁₅(與ヘラレタ) ₁₄(場所ヲ)₁₆(於テ)

l'art de la chirurgie. Le célèbre chirurgien
₁₂(術ニ) ₁₁(ノ) ₁₀(外科) ₁(有名ナル) ₂(外科醫師カ)

par qui fut faite une opération bien
₄(由テ) ₃(夫ニ) ₁₀(ツタ) ₉(成サレテ) ₇(或ル) ₈(手術カ) ₅(甚タ)
₁₁(所ノ)

perilleuse est celui par qui votre jeune frère
₆(危險ナル) ₂₀(有ル) ₁₉(人テ) ₁₈(所ノ) ₁₃(汝) ₁₄(若キ) ₁₅(兄弟カ)

a été instruit. J'irai bientôt
₁₇(有ツタ) ₁₆(教育サレテ) ₁(私ハ)₁₃(行クデアロー) ₂(頓テ)

remercier celui par qui j'ai fait la connaissance
₁₂(謝シニ) ₁₁(人ヲ) ₁₀(所) ₃(私カ) ₉(成タ) ₈(知己ト)

d'un homme aussi estimable. Votre avocat,
₆(或ル) ₇(人ノ) ₄(亦タ) ₅(貴重スヘキ) ₈(汝) ₉(辯護師ハ)

par qui j'ai obtenu des juges une audience
(由テ)(夫ニ) ₁(私ハ) ₆(得タ) ₅(カラ) ₄(裁判官) ₃(謁見ヲ)
₇(所ノ)

honorable, est également digne de votre
₂(尊敬スヘキ) ₁₅(有ル) ₁₃(均シク) ₁₄(價値スヘク) ₁₂(付テ) ₁₀(汝)

estime.
₁₁(尊敬ニ)

(第九十七)

Voudriez-vous m'apprendre ce que signifie
₈(欲スルカ) ₅(汝ハ) ₆(私ニ)₇(教ユル) ₄(所ノモノヲ) ₃(意味スル)

le mot rhétorique? Je vous satisferai
₂(詞カ) ₁(修辭學ナル) ₁₀(私ハ) ₁₁(汝ヲ) ₁₃(滿足サスルダロー)

volontiers. La rhétorique est l'art de bien
₁₂(好デ) ₁(修辭學ハ) ₆(有ル) ₅(術テ) ₄(ノ) ₂(能ク)

parler. Mon frère vous parlait hier de
₃(話スコ) ₁(私ノ)₂(兄弟カ) ₄(汝ニ) ₇(話セシ) ₃(昨日) ₆(付テ)

logique ; il me serait utile de
₅(論理學ニ) ₈(夫カ) ₉(私ニ) ₁₆(有ルダロー) ₁₅(必要デ) ₁₄(付テ)

connaître aussi cette science. Elle nous est
₁₃(知ルコニ) ₁₀(亦タ) ₁₁(此) ₁₂(學理ヲ) ₁(彼ハ) ₂(我々ニ) ₆(有ル)

encore plus nécessaire; car elle nous apprend
₃(尚ホ) ₄(一層) ₅(必要デ) ₁₃(故ニ) ₇(彼ハ) ₈(我々ニ) ₁₂(敎ユル)

à bien penser. Vous m'avez promis
₁₁(於テ) ₉(善ク) ₁₀(思慮スルコニ) ₁(汝ハ) ₂(私ニ) ₈(タ) ₇(契約シ)

quelque chose sur la philosophie. Si je
₅(或ル) ₆(事ヲ) ₄(上ニ) ₃(哲學ノ) ₆(ナラバ) ₁(私カ)

vous l'ai promis, il faut tenir ma parole.
₂(汝ニ) ₃(夫ヲ)₅(タ) ₄(契約シ) ₇(夫ハ) ₉(要スル) ₈(契約通リ履行スルヲ)

Si la rhétorique nous apprend à bien
₁₁(ナラバ) ₁(修辭學カ) ₂(我々ニ) ₁₀(敎ユル) ₅(於テ) ₃(善ク)

parler, la logique à bien penser, la phi-
₄(話スコニ) ₆(論理學カ) ₉(於テ) ₇(善ク) ₈(思慮スルコニ) ₁₆(哲

losophie, j'ose le dire, est plus
學ハ) ₁₂(私カ)₁₅(敢テスル) ₁₃(夫ヲ) ₁₄(云フコヲ) ₂₀(有ル) ₁₈(コリ多ク)

nécessaire encore. Si vous ne me le
₁₉(必要デ) ₁₇(尚ホ) ₅(ニ) ₁(汝カ) ₂(私ニ) ₃(夫ヲ)

disiez, je ne le croirais pas :
₄(云ハナカツタデモアロー) ₆(私ハ) ₇(夫ヲ)₈(信セヌデアロー)

mais vous m'avez dit quelque chose des deux
₉(乍併) ₁₀(汝ハ) ₁₁(私ニ) ₁₅(云フタ) ₁₃(或ル) ₁₄(事ヲ) ₁₂(兩方

autres, vous me parlerez de celle - ci.
ニ付テ) ₁₆(汝ハ) ₁₇(私ニ) ₂₀(話サレルデアロー) ₁₉(付テ) ₁₈(此ノモノニ)

La philosophie nous apprend à régler nos
₁(哲學ハ) ₂(我々ニ) ₁₁(敎ユル)₆(於テ) ₅(規定スルニ)₃(我々カ)

passions et à acquérir la vertu. S'-
₄(熟情ヲ) ₇(而) ₁₀(於テ) ₉(取得スルコニ) ₈(德行ヲ) ₅(ナラバ)

il en est ainsi, je veux être
₁(夫カ) ₂(夫ニ由テ) ₄(有ルド) ₃(斯ク) ₆(私ハ) ₉(望ム) ₈(有ルコヲ)
philosophe.
₇(哲學者デ)

(第九十八)

Un bon ami, dit-on, est le trésor
₁(或ル) ₂(善良ナル) ₃(朋友ハ) ₅(云タ) ₄(人カ) ₁₄(有ル) ₆(寶物テ)

le plus précieux que le ciel nous ait donné;
₁₂(最モ) ₁₃(貴重ナルモノテ) ₁₁(所) ₇(天カ) ₈(我々ニ) ₁₀(タ) ₉(與)

mais, après lui, le chien, je crois, est le
(乍併) ₁₆(後ニ) ₁₅(彼ノ) ₁₇(犬ハ) ₂₆(私ハ) ₂₈(信スル) ₂₇(有ルト)

plus beau don qu'il ait accordé aux
₂₄(最モ) ₂₅(美キ) ₂₆(贈物テ) ₂₃(所) ₁₈(彼カ) ₂₂(タ) ₂₁(與) ₂₀(於テ)

humains. Un homme avait un chien plein
₁₉(人ニ) ₁(或ル) ₂(人カ) ₁₃(持チシ) ₁₁(或ル) ₁₂(犬ヲ) ₁₀(充タル)

de zèle pour lui, gardant fidèlement la
₉(付テ) ₈(熱心ニ) ₇(向テ) ₆(彼ニ) ₅(護ル所ノ) ₃(忠實ニ)

maison. Un jour de carnaval, le maitre
₄(家ヲ) ₃(或ル) ₄(日) ₂(ノ) ₁(祭簡) ₅(主人カ)

rentre fort tard à la maison, couvert d'un
₁₄(戻タ) ₁₀(甚タ) ₁₁(遲ク) ₁₃(ニ) ₁₂(家) ₉(蓋フテ) ₇(或ル)

masque horrible. Le chien le prend pour
₈(假面デ) ₆(恐ルヘキ) ₁(犬カ) ₄(夫ヲ) ₅(見ナシタ)

un voleur; à l'instant il s'élance sur lui
₂(或ル) ₃(盗賊ト) ₆(忽チ) ₇(彼カ) ₁₀(飛掛ル) ₉(上ニ) ₈(彼ノ)

et le déchire à belles dents. Mais dès qu'-
₁₁(而) ₁₂(夫ヲ) ₁₄(引裂タ) ₁₃(殘酷ニ) ₁(乍併) ₁₇(否ヤ)

il a reconnu ce bienfaiteur, ce bon maitre
₂(彼カ) ₁₆(認ムルヤ) ₃(此) ₄(恩人ヲ) ₁₃(此) ₁₄(善キ) ₁₅(主人ヲ)

qu'il a cruellement blessé sans le savoir,
₁₂(所)₅(彼カ)₁₁(タ)₉(殘酷ニ)₁₀(抵ク)₈(無ク)₆(夫ヲ)₇(知ルコ)

il s'enfuit, il hurle sans cesse, il
₁₈(彼カ)₁₉(遁走シタ)₂₀(彼カ)₂₂(吼タ)₂₂(無ク)₂₁(止ムナク)₂₄(彼カ)

refuse tout aliment. En vain le maître le
₂₇(拒ミタ)₂₅(凡テノ)₂₆(食物ヲ)₁(無益ニ)₂(主人カ)₆(夫ヲ)

caresse, le flatte avec douceur, en vain il
₇(愛撫シ)₅(夫ヲ)₆(諂タ)₄(以テ)₃(温和ヲ)₈(無益ニ)₉(彼カ)

lui prodique mille témoignages de tendresse;
₁₀(彼ニ)₁₅(費シタ)₁₃(多クノ)₁₄(證據ヲ)₁₂(付テ)₁₁(柔和ニ)

ils ne font qu'augmenter la fureur du
₁₆(彼等ハ)₃₀(成サヽリシ)₂₉(ナラテハ)₂₆(増スコ)₂₇(狂勁ヲ)

pauvre chien, qui bientôt meurt de faim
₂₅(不幸ナル)₂₆(犬ノ)₂₄(所)₁₇(頓テ)₂₃(死タ)₂₂(付テ)₂₁(飢渇ニ)

et de douleur. Homme ingrat! en lisant
₂₀(而)₁₉(付テ)₁₈(悲憂ニ)₂(人ヨ)₁(思知ラスノ)₅(朗讀シツヽ)

cette histoire, rongis de ton mauvais cœur.
₃(此)₄(歴史ヲ)₉(赤面スヘシ)₆(汝)₇(惡)₈(心ヲ)

(第九十九)

Dites-nous quelque chose de la musique.
₆(云ヘ)₅(我々ニ)₃(或ル)₄(物ヲ)₂(付テ)₁(音樂ニ)

J'aime bien entendre le violon, la flûte,
₁(私ハ)₇(好ム)₅(善ク)₆(聽クコ)₂(西洋鼓弓)₃(笛)

la harpe. Les anciens employaient la musique
₄(三角琴ヲ)₁(古人カ)₁₁(用ヒシ)₁₀(音樂ヲ)

à chanter des hymnes et à célébrer les
₄(於テ)₃(歌フコニ)₂(頌歌ノ類ノ)₅(而)₉(於テ)₈(親讃スルコニ)

louanges des dieux; ils s'en servaient dans
₇(頌詞ヲ)₆(神ノ)₁₂(彼等ハ)₁₃(夫ニ付テ)₁₇(使用セシ)₁₆(於テ)

les cerémonies religieuses, et la nommaient
15(儀式ニ) 14(宗教ノ) 15(而) 19(夫ヲ) 25(稱セシ)

pour cela un art divin. Mais ils
21(爲メニ) 20(夫カ) 23(或ル) 24(技術ト) 22(神) 1(乍併) 2(彼等カ)

l'employaient aussi dans les repas. Vos
3(夫ヲ) 7(用ヒシ) 4(亦タ) 6(於テ) 5(食事ニ) 1(汝等ノ)

frères sont très-bons musiciens ; il leur est
2(兄弟ハ) 6(有ル) 3(甚タ) 4(善キ) 5(音樂師デ) 7(夫ハ) 8(彼等カ) 14(有ル)

facile de jouer plusieurs instruments.
13(容易デ) 12(付テ) 11(奏スルコニ) 9(多クノ) 10(機械ヲ)

Votre sœur, à qui sa maman a donné
11(汝ノ) 12(姉妹コ) 4(於テ) 3(夫ニ) 5(彼ノ) 6(母カ) 9(與ヘタ)
10(所ノ)

une harpe, en joue avec grâce. J'-
7(或ル) 8(三角琴ヲ) 13(夫ニ付テ) 16(奏シタ) 15(以テ) 14(優美ヲ) 1(私ハ)

en ai écouté les airs avec attention, et j'-
2(夫ニ付テ) 6(聽タ) 5(樂譜ヲ) 4(以テ) 3(注意ヲ) 7(而) 8(私ハ)

en ai été content. J'aime beaucoup
9(夫ニ付テ) 11(タ) 10(滿足シ) 1(私ハ) 4(好ム) 2(多ク)

la musique militaire ; j'en suis admirateur ;
3(軍樂ヲ) 5(私ハ) 6(夫ニ付テ) 8(有ル) 7(賞讚人デ)

je la préfère au cliquetis des armes et
9(私ハ) 10(夫ヲ) 19(選ム) 13(ヨリ) 12(管聲) 11(武器ノ) 11(而)

au tumulte des camps.
18(ヨリ) 17(騷動ニ) 16(ノ) 15(陣營ノ)

(第百)

Un jeune chien et un chaton habitaient
1(或ル) 2(若キ) 3(犬) 4(而) 5(或ル) 6(小猫カ) 11(住セシ)

tous deux sous le même toit. Quelqu'un
7(共ニ) 10(下ニ) 8(同シ) 9(屋根ノ) 1(或ル人カ)

me dépeignit le caractère du jeune chien;
₂(私ニ) ₆(演ヘタ) ₅(性質ヲ) ₃(若キ) ₄(犬ノ)

il me parut doux, caressant. Le chat
₇(彼ハ) ₈(私ニ) ₁₁(見エタ) ₉(温和) ₁₀(愛撫スベク) ₁(猫ハ)

avait un caractère tout contraire. Le chien
₆(持チシ) ₄(或ル) ₅(性質ヲ) ₂(全ク) ₃(反對ノ) ₁(犬ハ)

était choyé de son maître, qui lui
₁₀(有リシ) ₉(鄭重ニサレテ) ₇(彼) ₈(主人カラ) ₆(所) ₁₁(彼ニ)

prodiguait mille caresses; mais à peine arrêtait-
₅(費ヤセシ) ₃(多クノ) ₄(愛撫ヲ) ₁₁(乍併) ₁₂(漸クニ) ₁₃(止メシ)

il ses yeux sur le chat. Celui-ce
₁₃(彼ハ) ₁₆(彼等ノ) ₁₇(眼ヲ) ₁₅(上ニ) ₁₄(猫ノ) ₁(此ノ者ハ)

s'aperçut bientôt de cette indifférence; il s'en
₆(見付タ) ₂(頓テ) ₅(付テ) ₃(此) ₄(無情ニ) ₇(彼ハ) ₈(夫ニ付テ)

plaignit amèrement. "Pourquoi, dit-
₁₀(不平ヲ鳴ラシタ) ₉(苦カ々シク) ₅(何ニ故ニト) ₄(云フタ)

il au chien, l'extrême différence de
₃(彼カ) ₂(於テ) ₁(犬ニ) ₉(極端ノ) ₁₀(相違カアリシカ) ₈(付テハ)

ton sort et du mien ? Tout le monde ici
₄(汝) ₅(運命) ₆(而) ₇(私ノニ) ₁(衆人カ) ₂(茲ニ)

te régale, tous te caressent: tous
₃(汝ヲ) ₄(饗應スル) ₅(凡テノ人カ) ₆(汝ヲ) ₇(愛撫スル) ₈(凡テノ人カ)

vantent à l'envi tes tours de souplesse, et
₁₄(賞スル) ₉(競テ) ₁₀(汝ノ) ₁₃(諸作ヲ) ₁₂(付テ) ₁₁(柔軟ニ) ₁₅(而)

moi ils me regardent d'un œil
₁₆(私ハ) ₁₇(彼等カ) ₁₈(私ヲ) ₂₀(注目スル) ₂₂(付テ)₂₀(或ル) ₂₁(眼ニ)

dédaigneux: ni maître ni maîtresse ne m'-
₁₉(輕蔑シタル) ₂₅(モ) ₂₄(主人) ₂₇(モ) ₂₆(女主) ₂₈(私ニ)

ont jamais témoigné d'amitié; je n'en
₃₂(ナカツタ) ₂₉(絶テ) ₃₁(表ハサリ) ₃₀(愛ノ情ヲ) ₃₃(私ハ) ₃₄(夫ニ付テ)

reçois que rebuffades. Je te le céde,
37(受取ラヌ) 36(ナラデハ) 35(遇待) 1(私ハ) 2(汝ニ) 3(譲ル)

il est vrai, en talent, je suis moins joli,
4(眞ニ) 6(於テハ) 5(才智ニ) 7(私ハ) 12(有ル) 8(ヨリ僅カ) 9(美艶)

moins habile; mais je leur suis plus
10(ヨリ僅カ) 11(智巧ナ) 13(乍併) 14(私ハ) 22(彼等ニ) 17(有ル) 15(ヨリ多ク)

utile j'empêche le dégât des souris; ce
16(必要テ) 18(私ハ) 21(防ク) 20(損害ヲ) 19(鼠ノ) 22(夫ハ)

n'est pas leur rendre un petit service.
29(有ラヌ) 24(彼等ニ) 28(成スコジ) 25(或ル) 26(僅小ナル) 27(役目ヲ)

Ils te rendent justice, dit le chien; mais
1(彼等カ) 2(汝ニ) 4(成ス)* 3(裁判ヲ) 6(云フ) 5(犬カ) 7(乍併)

cela ne suffit pas pour être chéri. Il
8(夫ハ) 11(充分デアラヌ) 10(爲メニ) 9(親愛サルヽ) 1(夫ハ)

faut savoir joindre l'utile à l'agréable,
10(要ス) 9(知ルヲ) 5(結ヒ付ケルコ) 4(必要フ) 3(於テ) 2(愉快ニ)

et se rendre aimable, quand on veut être
6(而) 8(成スコヲ) 7(愛スヘク) 14(ササニ) 11(人カ) 13(望ム) 12(愛サ

aimé.
ルヽコヲ)

* 公平ニ語ル

(第 百 一)

Une brebis avait mis au monde un agneau;
1(成ル) 2(牝羊カ) 6(タ) 5(生 ミ) 3(或ル) 4(羊兒ヲ)

elle en était tendrement aimée. L'agneau
7(彼ハ) 8(夫ニ付) 11(有リシ) 9(恩愛ヲ以テ) 10(愛テ) 1(羊兒カ)

était gras, vigoureux et beau, mais la sotte
3(有リシ) 2(肥テ) 3(強壯テ) 4(而) 5(美シク) 7(乍併) 8(愚ナル)

pécore ne s'en crut pas la mère. Si
₉(動物ハ) ₁₀(夫ニ付テ) ₁₂(信用セヌ) ₁₁(母ト) ₁₀′(ナラバ)

l'agneau s'approchait de sa mamelle pour en
₁(羊兒カ) ₉(近カズキシ) ₈(付テ) ₆(彼) ₇(乳房ニ) ₅(爲メニ) ₁₂(夫ニ付テ)

sucer le lait, la brebis sans cesse le repoussait.
₄(吸フ) ₃(乳ヲ) ₁₁(牝羊ハ) ₁₃(無ク) ₁₂(止ム) ₁₄(夫フ) ₁₅(突返タ)

Le pauvre agneau se désolait, il bêlait et
₁(不幸ナル) ₂(羊兒カ) ₃(相愁ミシ) ₄(彼カ) ₅(鳴キシ) ₆(而)

criait. Un berger qui le vit, s'en
₇(叫ビシ) ₄(或ル) ₅(牧人カ) ₃(所) ₁(夫ヲ) ₂(看タ) ₆(夫ニ付テ)

approche et lui dit: "Ta mère ne te
₇(近カヅキタ) ₈(而) ₉(彼ニ) ₁₀(云フタ) ₁₁(汝) ₁₂(母ハ) ₁₃(汝ヲ)

traite pas bien; qu'importe? n'épargne rien
₁₅(取扱ハヌ) ₁₄(善ク) ₁₆(ソレデモ) ₂₁(吝ムナ) ₂₀(何ニモ)

pour lui plaire." L'agneau suivit ce
₁₉(爲メニ) ₁₇(彼ニ) ₁₈(氣ニ入ル) ₁(羊兒ハ) ₄(從ヒ) ₂(此)

conseil, il lui prodigua mainte et mainte
₃(助言ニ) ₅(彼ハ) ₆(彼ニ) ₁₁(盡シタ) ₇(多ク) ₈(而) ₉′(多クノ)

caresse. L'insensible brebis n'y put résister
₁₀(愛撫ヲ) ₁(無情ナル) ₂(牝羊カ) ₃(ソレニ) ₇(能ハヌ) ₆(抵抗シ)

plus longtemps; elle traita l'agneau comme
₄(ヨリ) ₅(久ク) ₈(彼ハ) ₁₃(取扱フタ) ₁₂(羊兒ヲ) ₁₁(如ク)

un fils, et sentit pour lui l'amour le
₉(或ル) ₁₀(子息ノ) ₁₄(而) ₂₀(感シタ) ₁₆(向テ) ₁₅(彼ニ) ₁₉(愛情ノ)

plus tendre. Enfant, qui que tu sois.
₁₇(最モ) ₁₈(溫和ナル) ₁(小兒フ) ₂(假ヘ汝カ誰テ有タニモセヨ)

veux tu calmer la rigueur rarement
₁₁(希望スルナラバ) ₃(汝ハ) ₁₀(慰メルコヲ) ₉(嚴格フ) ₆(稀レニ)

trop sévère d'une mère, que cet agneau
₇(余リ) ₈(嚴シキ) ₅(ノ) ₄(母) ₁₈(フフ)* ₁₂(此) ₁₃(羊兒カ)

te serve de modèle.
₁₄(汝ニ) ₁₇(用立) ₁₆(付テ) ₁₅(例ニ)

* il faut que.

(第 百 二)

Une fourmi charriait tout le jour du grain,
₁'(或ル) ₂(蟻カ) ₁₂'運搬セシ) ₃'(毎日) ₁₁(穀物ヲ)

dont elle voulait se sustenter dans la saison
₁₀'(所ノ) ₄(彼カ) ₉(望ミシ) ₈(自ラ養ノコヲ)₇(間ニ) ₆(季候ノ)

pluvieuse. Une mouche volage la rencontre
₅(雨多キ) ₂(或ル) ₃(蠅カ) ₁(輕躁ナル)₅(夫ニ) ₆(出會シタ)

par hasard: "y penses-tu? dit-elle; et
₄(偶然ニ) ₇(ドウイウツモリデイルノカ) ₉(云フ)₈(彼カ) ₉'(而)

quelle est ta folie? Nous sommes dans
₁₀'(如何ニ) ₁₃(有ルカ) ₁₁(汝ノ) ₁₂(愚昧カ) ₁₄(我々ハ) ₁₈(有ル) ₁₇(於テ)

la belle saison, elle nous invite au plaisir;
₁₅(美キ) ₁₆(季候ニ) ₁₉(彼ハ) ₂₀(我々ヲ) ₂₃(招ク) ₂₂(於テ) ₂₁(愉快ニ)

et toi, loin de t'y livrer,
₂₄(而) ₂₅(汝ハ) ₂₉(遠サカツテ) ₂₈(付テ) ₂₆(ソレニ)₂₇(從事スルコニ)

tu consacres au travail ce beau temps de
₃₀(汝ハ) ₃₈(使用スル) ₃₇(ニ) ₃₆(事業) ₃₁(此) ₃₂(美キ) ₃₃(時ヲ)₃₅(付テ)

la vie. Laisse là ces grains, songe à
₃₄(生活ニ) ₄(棄置ケヨ) ₁(其處ニ) ₂(此) ₃(穀物ヲ) ₈(考ヲ) ₇(於テ)

te divertir, goûte les douceurs que l'été
₅(汝ヲ) ₆(樂ムコニ) ₁₄(味ヘヨ) ₁₃(氣樂ヲ) ₁₂(所) ₉(夏カ)

te présente. Ce conseil peut être bon,
₁₀(汝ニ) ₁₁(現ハス) ₁(此) ₂(諫言カ) ₅(得ル) ₄(有リ) ₃(善ク)

lui répond la fourmi: mais la belle saison
₆(彼ニ) ₈(答タ) ₇(蟻カ) ₉(乍併) ₁₅(美キ) ₁₆(季候ハ)

que tu me vantes tant, ne dure pas
14(所) 10(汝カ) 11(私ニ) 13(賞スル) 12(多ク) 15(續カヌ)

toujours ; l'hiver lui succède : que je manque
17(常ニ) 19(冬カ) 20(彼ニ) 21(續ク) 27(ナラバ) 22(私カ) 26(缺ク)

alors de subsistance, viendras-tu me
28(然ルトキニ) 25(付テ) 24(食料ニ) 34(來ルダローカ) 23(汝ハ) 32(私ヲ)

secourir dans mon besoin ? Peut-être alors,
33(快助スルコニ) 31(於テ) 29(私) 30(必要ニ) 35(恐クハ) 36(然時ハ)

hélas, périrais-tu de faim." Qui
37(嗚呼) 41(死スルダロー) 38(汝ハ) 40(付テ) 39(飢ニ) 5(所ノ人ハ)

veut éviter de grands maux, doit y
4(望ム) 3(遙カル、コヲ) 1(大ナル) 2(惡事フ) 12(ナラヌ) 6(ソレニ)

penser et souffrir quelque chose. Ayons la
7(思考シ) 8(而) 11(耐テバ) 9(或ル) 10(事フ) 5(持ヨ)

prudence de cette fourmi, et sachons imiter
4(要心ヲ) 3(付テ) 1(此) 2(蟻ニ) 6(而) 10(得コウヨ) 8(似セルコヲ)

sa prévoyance. Pensons à l'avenir, et par
7(彼) 8(先見ヲ) 3(思考セヨ) 2(於テ) 1(未來ニ) 4(而) 8(由テ)

les travaux du jeune âge procurons-nous une
7(働キニ) 5(若キ) 6(年齡ノ) 12(得ヨフコ) 9(或ル)

heureuse vieillesse.
10(幸福ナル) 11(老年ヲ)

(第 百 三)

Tout homme de talent qui s'admire perd
4(凡テノ) 5(人ハ) 3(才幹アル) 2(所) 1(自ラ讃褒スル) 14(失フ)

dès lors une grande partie de son mérite.
7(カラ) 6(其時) 11(或ル) 12(大ヒナル) 13(部分フ) 10(ノ、彼カ) 9(成功)

La peinture s'est introduite par le désir
1(畫ハ) 14(タ) 13(始マリ)* 12(由テ) 11(希望ニ)

d'avoir la ressemblance d'un objet dont
₁₀(持ツコノ)　₉(似寄ヲ)　₈(付テ)₆(或ル)₇(物體ニ)　₅(所)

le cœur regrettait l'absence. Le peintre se
₂(心カ)　₄(後悔セシ)　₃(不在ヲ)　₁(畫師ハ)

félicitait et s'enthousiasmait d'un tableau
₈(自負セシ)　₉(而)　₁₀(歡喜セシ)　₇(付テ)₅(或ル)　₆(額ニ)

qu'il avait fait, il fut surpassé par un
₄(所)₂(彼カ)　₃(畫カキシ)　₁₁(彼ハ)　₁₆(タ)　₁₅(超過サレ)　₁₄(由テ)　₁₂(或ル)

rival. Démosthène, ce célèbre orateur, ne
₁₃(競爭者ニ)　₄(デモステーヌハ)　₁(此)　₂(有名ナ)　₃(辯士ナル)

s'ébranla pas du mauvais succès de la première
₁₄(搖動セヌ)　₁₃(付テ)　₁₁(惡キ)　₁₂(成巧ニ)　₁₀(ノ)　₈(第一ノ)

harangue qu'il prononça. Le poison se
₉(演舌)　₇(所)₅(彼カ)　₆(發音シタ)　₁(毒物カ)

glissa bientôt dans les veines de Socrate.
₇(潛入シタ)　₂(頓テ)　₆(内ニ)　₅(脈管ノ)　₄(ノ)　₃(ソクラト)

Si l'occasion s'était présentée, je vous
₄(ナラバ)　₁(好機會カ)　₃(タ)　₂(顯ハレ)　₅(私ハ)　₆(汝ニ)

aurais parlé de ce grand homme. Si
₁₂(アロー)　₁₁(話スデ)　₁₀(付テ)　₇(此)₈(高名ナル)　₉(人ニ)　₈(ナラバ)

vos affaires se passent comme nous l'-
₁(汝等ノ)　₂(事務)　₇(終ル)　₆(如ク)　₃(我々カ)　₄(夫ヲ)

espérons, vous me le ferez savoir,
₅(希望スル)　₉(汝ハ)　₁₀(私ニ)　₁₁(夫ヲ)　₁₃(シヲシムルテアロー)　₁₂(知ラ)

je vous prie. Il est rare de
₁₄(私ハ)　₁₅(汝ニ)　₁₆(請フ)　₁₅(夫カ)　₁₇(有ル)　₁₆(稀レテ)　₄(付テ)

voir deux savants, plus encore de voir
₃(見ルコニ)　₁(二人ノ)　₂(學者ヲ)　₁₃(ヨリ)　₁₄(尚ホ)　₁₂(付テ)　₁₁(見ルコニ)

deux poètes se louer et ne point se
₉(二人ノ)　₁₀(詩人ヲ)　₅(自負スル)　₆(而)　₇(決シテ)

porter envie ; il est plus ordinaire de les
8(互ニ妬マヌ) 27(夫カ) 30(有ル) 28(コリ) 29(普通デ) 26(ノ) 24(夫ヲ)

voir se déchirer dans les écrits qu'ils
25(看ノ) 23(誹謗スルフ) 22(内ニ) 21(書物ノ) 20(所) 18(彼等カ)

publient.
19(出版スル)

* prendre commencement.

(第 百 四)

La terre se couvre tous les ans d'une
1(土地ハ) 2(自ラ被フ) 4(毎 年) 5(付テ) 6(或ル)

variété infinie de plantes. Elles se reproduisent
7(種類ニ) 8(無限ノ) 4(ノ) 3(植物) 2(彼等ハ) 9(再生スル)

toutes pour les besoins et l'agrément de
1(凡テノ) 6(爲メニ) 7(必要ノ) 6(而) 5(樂ミノ) 4(ノ)

l'homme. Le botaniste se félicite de les
3(人) 1(植物學者カ) 6(自ラ悦ブ) 5(付テ) 2(夫ヲ)

connaître particulièrement. Les plantes se
4(知ルフニ) 3(格別ニ) 1(植物カ)

sèment, se cultivent : quelques-unes, comme le
2(撒カルヽ) 3(耕作サルヽ) 6(二三ノ種類ハ) 5(如ク)

lierre, s'attachent à ce qu'elles rencon-
4(長春藤ノ) 12(結ヒ付ク) 11(於テ) 10(モノニ) 9(所) 7(彼等カ) 8(出會

trent. Si le roseau s'ébranle du moindre
スル) 8(ナラバ) 1(蘆カ) 7(動搖スル) 6(付テ) 4(最モ僅カノ)

coup de vent, il plie, mais ne rompt pas.
5(搖キニ) 3(ノ) 2(風) 9(彼カ) 10(曲カル) 11(乍併) 12(折レヌ)

Les plantes s'enfoncent plus ou moins dans la
1(植物ハ) 5(入り込ム) 2(多少ニ) 4(中ニ)

terre, à laquelle elles tiennent par de fortes
 ₃(地) ₆(夫レニ於テ) ₇(彼等カ) ₁₁(保ツ) ₁₀(由テ) ₈(堅固ナル)

racines; de ces racines s'élève une tige
 ₉(根ニ) ₁₄(カヲ) ₁₂(此) ₁₃(根) ₂₀(生スル) ₁₈(或ル) ₁₉(幹カ)

proportionnée à la plante, et de cette tige
 ₁₇(比較サレタル) ₁₆(於テ) ₁₅(植物ニ) ₂₁(而) ₂₄(カラ) ₂₂(此) ₂₃(幹)

sortent des branches qui se couvrent de
 ₃₇(芳出スル) ₃₆(枝カ) ₃₅(所) ₃₄(被フ) ₃₃(付テ)

feuilles, de fleurs, de fruits et de graines.
 ₃₂(葉ニ) ₃₁(付テ) ₃₀(花ニ) ₂₉(付テ) ₂₈(果實ニ) ₂₇(而) ₂₆(付テ) ₂₅(種ニ)

Ces arbustes que vous admirez, et dont
 ₁₀(此等ノ) ₁₁(小樹ハ) ₃(所) ₁(汝カ) ₂(賞賛スル) ₄(而) ₉(所)

vous respirez la save odeur, s'appellent
 ₅(汝カ) ₈(呼吸スル) ₆(香キ) ₇(臭ヲ) ₁₃(名稱スル)

rosiers. L'odeur qu'ils exhalent se répand
 ₁₂(薔薇樹ト) ₄(臭カ) ₃(所) ₁(彼等カ) ₂(發散スル) ₈(擴充サルヽ)

dans tout le jardin. Si l'occasion se
 ₇(中ニ) ₅(凡テノ) ₆(庭園) ₃(ナラバ) ₁(好機會カ)

présentait, je vous en cueillerais un
 ₂(供セラレシ) ₄(私カ) ₅(汝ニ) ₆(夫ニ付テ) ₉(摘採ルデアロー) ₇(或ル)

bouquet. La rose et l'œillet semblent se
 ₈(花束ヲ) ₁(薔薇花) ₂(而) ₃(石竹カ) ₆(看ユル)

disputer la primauté; ces deux fleurs s'-
 ₅(競爭スルト) ₄(上位ヲ) ₇(此等ノ) ₈(ニ) ₉(花ハ)

entremêlent agréablement.
 ₁₁(混スル) ₁₀(愉快ニ)

(第 百 五)

Un enfant, s'ennuyant du travail, allait,
 ₄(或ル) ₅(小兒ハ) ₃(退屈シテ) ₂(付テ) ₁(勉強ニ) ₉(行キ)

venait, rôdant, furetant partout. Il
₁₀(來リシ) ₈(俳徊シツヽ) ₇(探訪シツヽ) ₆(到ル所ヲ) ₁(彼カ)

aperçoit dans son nid une poule qui s'agitait,
₁₀(認タ) ₄(中ニ) ₂(彼) ₃(巣ノ) ₉(牝鷄ヲ) ₈(所) ₅(動亂セシ)

se tourmentait beaucoup, et lui parut souffrir.
₇(苦シ) ₆(多ク) ₁₁(而) ₁₂(彼ニ) ₁₄(看エタ) ₁₃(苦ムト)

Peu après il l'entend chanter et s'ap-
₁(僅カ) ₂(後ニ) ₃(彼ハ) ₄(夫カ) ₈(聽タ) ₅(歌フコヲ) ₆(而) ₇(喝采

plaudir. "Qu'est ceci? lui dit-il;
スルヲ) ₂(何ンテ) ₃(有ルカ) ₁(夫カ) ₄(彼ニ) ₆(云タ) ₅(彼カ)

naguère tu paraissais souffrir; hé! comment
₇(暫時ニ) ₈(汝ハ) ₁₀(看ヘシ) ₉(苦シムト) ₁₁(嗚呼) ₁₂(如何シテ)

en un instant le plaisir a-t-il succédé à la
₁₃(姑クノ中ニ) ₁₄(愉快カ) ₁₅(タカ) ₁₇(續イ) ₁₆(於テ)

douleur?" La poule lui répond: "Quand
₁₅(苦痛ニ) ₁(牝鷄カ) ₂(彼ニ) ₃(答タ) ₅(ル ニ)

je te semblais souffrir, je pondais mon
₁(私ハ) ₂(汝ニ) ₄(見シ) ₃(苦ムコヲ) ₆(私カ) ₉(孕ミシ) ₇(私)

œuf; maintenant, contente et satisfaite, je
₈(鷄卵ヲ) ₁₀(只今ハ) ₁₁(滿足ナル) ₁₂(而) ₁₃(愉快ナル) ₁₄(私ハ)

m'applaudis en chantant. Veux-tu, de ton
(私フ)₁₆(祝賀スル) ₁₅(歌ヒツヽ) ₈(欲ムナラバ)₁(汝ハ)₄(付テ) ₂(汝

côté, éprouver la même allégresse? imite
₃(方ニ) ₇(喚起スルヲ) ₅(同樣ノ) ₆(悅ヒヲ) ₁₁(似セヨ)

cet exemple, surmonte ce dégoût, fais ton
₉(此) ₁₀(例ヲ) ₁₄(打チ勝テ) ₁₂(此) ₁₃(憂慮ニ) ₁₇(成セヨ) ₁₅(汝

devoir. D'abord, je l'avoue, les com-
₁₆(勤メヲ) ₁(最初ニ) ₂(私ハ) ₃(夫ヲ) ₄(白白スル)

mencements te paraîtront pénibles: mais
₅(最初カ) ₆(汝ニ) ₈(現ハスデアロー) ₇(堪ヘカタク) ₉(乍乍

à peine les premiers moments seront-ils passés,
14(否ヤ)* 10(第一ノ) 11(場合ヒカ) 13(アロー哉) 12(経過サレタデモ)

que ton âme sera satisfaite. Je puis
15(汝ノ) 16(心カ) 18(有ルデアロー) 17(悦ハシク) 1(私ハ) 6(得ル)

t'en parler savamment; mon exemple
2(汝ニ) 3(夫ニ付テ) 5(話シ) 4(博識的ニ) 7(私ノ) 8(例カ)

en est une preuve certaine et
9'夫ニ付テ) 15(有ル) 12(或ル) 14(証據デ) 13(慥カナル) 11(而)

récente."
10'近頃ロノ)

* à peine que.

(第百六)

Qui de vous est assez hardi pour
3'誰レカ) 2(ノ) 1(汝) 12(有ルカ) 10(充分) 11(大胆テ) 1(為メニ)

traverser avec moi cette rivière ? Qui des
8'打越ス) 5(共ニ) 4(私ト) 6(此) 7(河ヲ) 9(誰ハ)

mortels est content du sort que la Providence
1(人間ノ) 9(有ルカ) 9(満足テ) 8(付テ) 7(運命ニ) 6(所) 3(神カ)

lui a assigné ? Qui, de votre frère ou de
4(彼ニ) 5(定メタ) 5(誰カ) 1(汝ノ) 2(兄弟) 3(或ハ)

vous, est le premier et m'a apporté des
4(汝ノ) 7(有ルカ) 6(第一デ) 8(而) 9(私ニ) 14(持參シタカ)

nouvelles de notre pays ? Lequel des deux,
13(新聞ヲ) 12(ノ) 10(我々ノ) 11(國) 5(何レヲ) 4(二人ノ)

du berger ou du monarque, croyer-vous le
1(牧人) 2(或ハ) 3(君王ノ) 9(信スルカ) 7(汝ハ)

plus heureux ? Qui ne se repentirait de
6(最モ) 7(幸福ト) 1(誰カ) 6(後悔セヌデアローカ) 5(付テ)

donner la préférence au berger ? Cependant
4(與フルコニ) 3(撰ヲ) 2(牧人ニ) 1(乍併)

qui des deux est le plus tourmenté par les
₃(誰カ)　₂(二人ノ)　₁₀(有カ)　₈(最モ)　₉(脳デ)　₇(由テ)

soins et les inquiétudes? Qui fait sa cour
₄(注意ニ)₅(而)　₆(憂苦ニ)　₁(誰カ)　₄(奪フ)*

au premier et envie son sort? Personne
₃(ヲ)　₂(第一者)　₅(而)₈(欲スルカ)₆(彼ノ)₇(運命フ)　₁(誰モ)

ne l'envie, me répondrez-vous; mais
₂(夫ヲ)₃(欲セス)　₄(私ニ)　₆(答ユルデアロー)₅(汝カ)　₇(乍併)

beaucoup de gens envient l'éclat qui environne
₁₀(多クカ)　₉(ノ)　₈(曹)₁₅(欲スル)₁₁(光名ヲ)₁₃(所)　₁₂(取巻ク)

le trône. Qui peut désirer les honneurs,
₁₁(玉座ヲ)　₉(誰カ)₁₂(能フカ)₁₁(願ヒ)　₁₀(面目ヲ)

quand ils sont contre-balancés par un
₈(トニハ)₁(彼等カ)　₇(有ル)　₆(平均サレテ)　₅(由テ)₂(或ル)

tel contre-poids? Qui ne préférera
₃(カヨーナル)　₄(平衡ニ)　₁(誰カ)　₁₂(撰ラマヌデアローカ)

une honnête médiocrité au tumulte et au
₉(或ル)₁₀(正直ナル)　₁₁(通常ヲ)　₈(ニ)　₇(錯亂)　₆(而)₅(ヨリ)

brillant éclat des cours? cependant qui d'entre
₃(輝ヒタル)　₄(光輝)　₂(朝廷ノ)　₁(乍併)　₄(誰カ)₃(間ノ)

nous n'aspire pas à un rang plus
₂(我々ノ)　₁₀(希望セヌカ)　₉(於テ)　₇(或ル)　₈(等級ニ)　₅(ヨリ)

élevé? Qui ne rougira pas enfin de
₆(高尚ナル)　₁(誰カ)　₇(辱チヌデアローカ)　₂(終ニ)　₆(付テ)

cette folle ambition?
₃(此)　₄(狂氣ナル)　₅(大望ニ)

* respect.

(第百七)

"Qui m'a fait prisonnier? qui m'a
₁(誰カ) ₂(私ヲ) ₄(成シタカ) ₃(囚人ト) ₅(誰カ) ₆(私ヲ)

renfermé dans cette maudite cage?" répétait
₁₁(幽閉シタカ) ₁₀(中ニ) ₇(此) ₈(不善ナル) ₉(籠ノ) ₈(復言セシ)

mille fois un serin déplorant sa triste
₇(數度ビ) ₅(或ル) ₆(カナリヤ鳥カ) ₄(哀訴スル所ノ) ₁(彼) ₂(悲キ)

destinée. "Qui te porte à soupirer
₃(天命ヲ) ₁(誰カ) ₂(汝ヲ) ₆(持行タカ) ₅(於テ) ₄(嘆息スルコトニ)

ainsi? lui dit son maitre, plein de tendresse
₃(如斯) ₈(彼ニ) ₉(云タ) ₆(彼) ₇(主人カ) ₅(滿チテ) ₄(付テ) ₈(愛情ニ)

pour lui. Cette cage te délivre de
₂(爲メニ) ₁(彼ノ) ₁(此) ₂(籠カ) ₃(汝ヲ) ₆(免カラセル) ₅(カラ)

l'épervier. Je ne m'occupe qu'à
₄(鷹) ₁(私ハ) ₂(私ヲ)₈(從事セヌ) ₇(ナラデハ)₆(於テ)

soulager ton ennui. Qui te prodigua
₅(和ラグルコトニ) ₃(汝) ₄(意屈ヲ) ₁(誰カ) ₂(汝ニ) ₇(用ヒタカ)

jamais des soins aussi assidus? Je te
₃(曾テ) ₆(注意ヲ) ₄(左樣ニ) ₅(出精ナル) ₁(私ハ) ₂(汝ニ)

régale de biscuits, je t'apprends tous les
₄(饗應スル) ₃(ビスケツトヲ) ₅(私ハ) ₆(汝ニ) ₁₁(教ユル) ₉(凡テノ)

airs les plus jolis. Qui t'a peint ces
₁₀(譜ヲ) ₇(最モ) ₈(美麗ナル) ₁₁(誰カ) ₁₂(汝ニ) ₁₃(顯タカ) ₃(此)

bouquets, ces fleurs qui entourent ta cage?
₄(花束) ₉(此) ₁₀(花ヲ) ₅(所) ₇(圍繞スル) ₂(汝) ₆(籠ヲ)

Qui te prive de voir le ciel et les
₁(誰カ) ₂(汝ニ) ₉(剝タカ) ₈(付テ)₇(看ルコトニ) ₃(青天) ₄(而)

riantes campagnes? Qui des deux est le
₅(愉快ナル) ₆(田野ヲ) ₁₁(孰カ) ₁₀(二ツノ) ₁₄(有ルカ)

plus heureux, de toi ou de ce moineau
₁₂(最モ) ₁₃(幸福デ) ₈(付テ) ₉(汝ニ) ₇(或ハ) ₆(付テ) ₄(此) ₅(雀ニ)

qui manque de tout?" Tout cela n'était
₃(所) ₂(缺ク) ₁(凡テヲ) ₁(凡テノ) ₂(夫ハ) ₉(有ラザリシ)

pour notre oiseau qu'un songe; il n'-
₅(向テハ) ₃(我々ノ) ₄(鳥ニ) ₈(ナラデハ) ₆(或ル) ₇(夢) ₁₀(彼ハ)

aspirait qu'à la liberté. "Tout
₁₄(熱望セザリシ) ₁₃(ナラデハ) ₁₂(於テ) ₁₁(自由ニ) ₆(全キ)

ceci, disait-il en son langage, n'est
₇(此モノハ) ₅(云ヒシ) ₄(彼カ) ₃(於テ) ₁(彼) ₂(國語ニ) ₁₂(有ラヌ)

qu'un vain son; de quelque ornement
₁₁(ナラデハ) ₈(或ル) ₉(無益ナル) ₁₀(音響) ₁(如何ナル) ₂(飾テ)

qu'il pare cette cage, elle n'est après
₃(彼カ) ₆(飾ルトモ) ₄(此) ₅(籠ヲ) ₇(彼カ) ₁₂(有ラヌ) ₈(到

tout, qu'une belle prison. La liberté, je
底) ₁₁(ナラデハ) ₉(美キ) ₁₀(獄舎) ₁(自由) ₂(私カ)

le répète, la liberté, voilà toute ma passion."
₃(夫ヲ) ₄(復言スル) ₅(自由) ₉(看ヨ) ₆(凡テノ) ₇(私ノ) ₈(慾情ヲ)

Il raisonnait ainsi, quand le maitre vient
₁(彼カ) ₃(道理ヲ述シ) ₂(如斯) ₃(時ニ) ₄(主人カ) ₇(來タ)

le voir, lui apporte un biscuit, et
₅(夫ヲ) ₆(看ニ) ₉(彼ニ) ₁₂(持チ來タ) ₁₀(或ル) ₁₁(ビスケット菓子フ) ₁₃(而

oublie en le quittant de refermer la cage.
₁₈(忘レタ) ₁₄(夫ニ) ₁₅(別レツヽ) ₁₇(閉ツルコフ) ₁₆(籠ノ)

(第 百 八)

"Qui m'a si bien servi?" s'écrie-t-il
₁(誰カ) ₂(私ニ) ₃(左様ニ) ₄(宜ク) ₅(用立タカ) ₈(叫ダ) ₇(彼カ)

aussitôt; et sans tarder un seul instant, il
₆(程ナク) ₉(而) ₁₂(無ク) ₁₁(猶豫スルコ) ₁₀(寸時モ) ₁₃(彼カ)

s'élance hors de sa cage. Qui fera
₁₇(飛出シタ) ₁₆(外ニ) ₁₄(彼) ₁₅(籠ノ) ₁(誰カ) ₄(成スデアローカ)

ses adieux? qui protestera de sa reconnais-
₂(彼) ₃(告別ヲ) ₅(誰カ) ₈(憶メルデアローカ) ₆(彼) ₇(恩謝

sance? Ce n'est pas qu'il oublie; mais
ヲ) ₄(夫ハ) ₅(有ラヌ) ₃(コデ) ₁(彼カ) ₂(忘レタ) ₆(乍併)

c'eût été un obstacle à ce
₇(夫ハ) ₁₆(有ツタデモアロー) ₁₄(或ル) ₁₅(障碍デ) ₁₃(於テ) ₁₂(モノニ)

qu'il désirait tant. "Qui sera
₁₁(所) ₈(彼カ) ₁₀(熱望セシ) ₉(多ク) ₁(誰カ) ₇(有ルデアローカ)

désormais plus heureux que moi? Qui peut
₂(以來) ₅(ヨリ) ₆(幸福デ) ₄(ヨリ) ₃(私) ₁(誰) ₉(得コ)

décrire les charmes de la liberté, s'il ne
₈(記載シ) ₇(美シサヲ) ₆(自由ノ) ₅(トモ) ₂(彼カ)

l'a goûtée!" Ainsi raisonnait notre
₃(夫ヲ) ₄(味ヒヌ) ₁(如斯) ₄(道理フ述シ) ₂(我々ノ)

oiseau; mais, hélas! qui donc avait placé
₃(鳥カ) ₅(乍併) ₆(嗚呼) ₇(誰カ) ₈(然ルガニ) ₁₅(タカ) ₁₇(置キ)

sur le toit voisin un vieux chat en
₁₁(上ニ) ₁₀(屋根ノ) ₉(隣家ノ) ₁₄(或ル) ₁₂(古キ) ₁₆(猫カ) ₁₃(於ル)

sentinelle? Qui l'avertit du départ du
₁₂(張リ番ニ) ₁(誰カ) ₂(夫フ) ₅(告知シタカ) ₄(出立ヲ)

serin? Au moment où celui-ci veut
₃(カナリヤノ) ₉(時ニ) ₈(所ノ) ₁(此者カ) ₇(望ム)

prendre l'essor et agiter ses ailes, notre
₂(飛揚ランフヲ) ₃(而) ₆(動カスフヲ) ₄(彼) ₅(羽ヲ) ₁₀(我々ノ)

vieux Rodilard l'agrippe et le croque.
₁₁(古キ) ₁₂(ロジラールカ) ₁₃(夫フ) ₁₄(摑ム) ₁₅(而) ₁₆(夫ヲ) ₁₇(咬食フタ)
　　　　　　猫ノ名
Qui de nous, hélas! trop semblable au
₁₁(誰カ) ₁₀(ノ) ₉(我々) ₁(嗚呼) ₇(餘リ) ₈(齊キ) ₆(於テ)

serin de cette fable, ne soupire sans cesse
₅(カナリヤニ) ₄(ノ) ₂(此) ₃(小説) ₁₄(熱望セヌカハ) ₁₃(絶間ナク)

après la liberté? Qui n'est pas dupe de
13(自由ヲ) 1(誰カ) 8(有ラヌカ) 7(欺者デ) 6(ノ)

ce fantôme de félicité? Trop souvent la
4(此) 5(影) 3(付テ) 2(幸福ニ) 9(余リ) 10(數々)

perfide, en nous rendant l'espoir du bonheur,
11(不信實カ) 12(我々ニ) 15(ナシツヽ) 14(希望ヲ) 13(幸福ノ)

nous rend plus méprisables que nous
16(我々ヲ) 24(成ス) 22(ヨリ) 23(不幸ト) 21(コリモ) 17(我々カ)

n'étions sans elle. Celui qui sait vivre
20(有ラザリシ) 19(無ク) 18(彼) 14(人ハ) 13(所) 6(得) 5(生活ヲ)

content de son sort, et n'envie point
4(滿足ナル) 3(付テ) 1(彼) 2(運命ニ) 7(而) 12(羨マヌ) 11(決シテ)

celui d'un autre, est libre, à mon avis,
10(モノヲ) 9(ノ) 8(他人) 23(有ル) 22(自由デ) 17(於テ) 15(私) 16(説ニ)

fût-il même esclave.
20(有タ) 18(彼カ) 21(サヘモ) 19(奴隷デ)

* Il ne peute pas à faire les adieux, n'a pas chargé quelqu'un de les faire à la place.

† soupirer après. 熱望スル

(第百九)

Une mouche, en rôdant, vit un vase plein
1(或ル) 2(蠅カ) 3(徘徊シツヽ) 9(見タ) 7(或ル) 8(瓶ヲ) 6(滿タル)

de lait. Que va-t-elle faire? "Bon!
5(カラ) 4(牛乳) 2(ナニフ) 4(行カ) 1(彼カ) 3(ナシ) (好シ)

dit-elle, ceci est fait pour moi.
2(云フタ) 1(彼カ) 3(此ノモノハ) 7(有ル) 6(成サレテ) 5(爲メニ) 4(私)

Que dirais-je de mon bonheur? Je
1(何ニノ) 5(云フダローカ) 4(付テ) 2(私ノ) 3(幸福ニ) 1(私カ)

vais m'abreuver de cette liqueur à souhait.
₆(行ク) ₅(飲ニ) ₃'此) ₄(液ヲ) ₂(望ミ通リニ)

Que prétendait notre sotte? elle voulait boire
₁(何ヲ)₄(請求セシカ)₂(我々ノ)₃(愚昧カ)₅'彼ハ)₆(欲セシ)₇(飲ムコヲ)

seulement. Oui, sans doute, mais elle ne
₆(唯ニ) ₁(然リ) ₃(無ク) ₂(疑ヒ) ₄(乍併) ₅(彼ハ)

prévoyait pas y trouver son tombeau.
₁₀(豫知セヌ) ₆(ソコニ) ₉(見出スコヲ) ₇(彼) ₆(墓ヲ)

Elle s'y jette et se rassasie à loisir.
₁(彼カ) ₂(ソコニ) ₃(投入シタ) ₄(而) ₆(飽食シタ) ₅(隨意ニ)

C'est fort bien; mais il fallut sortir.
₁'夫ハ)₄(有ル)₂(甚々) ₃(善ク) ₅(乍併) ₆(夫ハ)₈(要シタ)₇(出ルコヲ)

Que voyez-vous de difficile? Pour un
₄(ナニヲ) ₅(覺知スルカ)₁(汝ハ)₃(付テ)₂(困難ニ) ₈(向テハ) ₆'或)

oiseau la chose eût été facile, mais pour
₇(鳥ニ) ₉(仕事カ) ₁₁(有タデモアロフ)₁₀(容易ク)₁₂'乍併) ₁₄(向テハ)

la mouche le vase fut un abîme. Que
₁₃(蠅ニ) ₁₅'瓶カ) ₁₈(有タ)₁₆(或ル) ₁₇(深淵デ) ₁(如何ナルコカ)

lui arriva-t-il? un funeste naufrage. Que
₂(彼ニ)₃(到着シタカ) ₄'或ル) ₅'不幸ナル) ₆(溺死) ₃(ナニヲ)

figure ce vase? de quoi est-il l'image?
₄(形定スルカ)₁(此)₂(瓶カ) ₃(ノ) ₂'何)₅(有ルカ)₁(彼カ) ₄(肖像テ)

Il peint les attraits séducteurs des plaisirs.
₁(夫カ) ₆(顯ス) ₅'外美ヲ) ₄(欺キノ) ₃(ノ) ₂(愉快)

Que nous apprend la mouche? que conclure
₁(何ヲ)₂(我々ニ) ₄(敎ルカ) ₃'蠅カ) ₉(何カ) ₁₀'決定スルカ)

du sort qu'elle éprouva? Le mortel trop
₈(運命ヲ)₇(所)₅(彼カ) ₆(試タ) ₇(人間ハ) ₁(餘リ)

souvent ignorant et peu sage trouve sa
₂(數々) ₃(無識ナル) ₄(而) ₅(僅カノ)₆(才智ノ) ₁₅(見出ス)₁₃(彼)

perte dans les plaisirs qu'il poursuit.
14(失敗ヲ) 12(中ニ) 11(愉快ノ) 10(所) 8(彼カ) 9(追行ク)

(第 百 十)

Que produisent les vapeurs de la terre et
12(ナニヲ) 13(生スルカ) 11(蒸發氣力) 10(ノ) 9(地球) 8(而)

des rivières qui s'élèvent dans l'air, sinon la
7(河ノ) 6(所) 5(騰上スル) 4(中ニ) 3(空天) 2(アラザレバ)

pluie ? Quoi de plus admirable que cette
1(雨ニ) 11(何ニカアルカ) 9(ヨリ) 10(感スヘキモノハ) 8(ヨリ) 6(此)

harmonie que l'auteur de la nature a mise entre
7(配合) 5(所) 1(造物者カ) 4(置タ) 3(内ニ)

les éléments ? Que récolterait le cultiva-
2(元素) 6(何ニフ) 8(收納スルデアロフカ) 7(農夫

teur, si les pluies ne rendaient les terres
カ) 5(ナラバ) 1(雨カ) 4(成サリシ) 3(土地ヲ)

fécondes ? Que produirait la terre sans
2(豐饒ナル) 7(何ニヲ) 8(生スルデアローカ) 6(土地カ) 5(無クハ)

la pluie qui l'humecte ? Qu'avons-nous
4(雨) 3(所ノ) 1(夫ヲ) 2(濕ス) 5(何ニヲ) 9(我々カ)

recueilli lorsque nous avons eu un été si
10(採收タカ) 7(ル二) 1(我々カ) 6(持タ) 4(或ル) 3(夏ヲ) 2(左樣ニ)

sec ? Quoi de plus précieux pour la
3(乾キタル) 17(何ニカ) 15(ヨリ) 16(結搆ナルモノハ) 5(向テ)

fécondité de nos campagnes, que ces pluies
4(豐饒ニ) 3(ノ) 1(我々カ) 2(田野) 14(ヨリ) 11(此) 13(雨)

douces qui tempèrent une chaleur excessive ?
12(溫和ナル) 10(所) 9(程ヨクスル) 6(或ル) 8(熱氣ノ) 7(過度ナル)

La pluie purge l'air des exhalaisons qui
1(雨ハ) 11(清洗スル) 10(氣ヲ) 9(ノ) 8(蒸發) 7(所)

pourraient nuire à notre respiration.
₆(能フルデアロー) ₅(害シ) ₄(於テ) ₂(我々カ) ₃(呼吸ニ)

Elle est la principale source de toutes les
₁(彼ハ) ₁₁(有ル) ₉(主眼ナル) ₁₀(源泉テ) ₄(付テ) ₂(凡テノ)

fontaine et de toutes les rivières. Quoi de
₃(泉ニ) ₅(而) ₈(付テ) ₆(凡テノ) ₇(河ニ) ₆(何ニカ)

plus utile et de plus nécessaire ? Qu'-
₁(ヨリ) ₂(利益ナル) ₃(而) ₄(ヨリ) ₅(必要ナルモノハ) ₇(何ニヲ)

étudierez-vous, quand vous aurez fini ce
₉(勉強スルデアロフカ) ₈(汝ハ) ₆(ニ) ₁(汝カ) ₅(ダロフ) ₄(終タ) ₂(此)

volume ?
₃(書冊ヲ)

(第百十一)

Que pensez-vous de la fécondité de la
₆(如何ニ) ₇(思考スルカ) ₁(汝ハ) ₅(付テ) ₄(豐饒ニ) ₃(ノ)

terre ? Que pouvez-vous étudier de plus
₂(土地) ₄(何ニヲ) ₇(能フカ) ₅(汝ハ) ₆(勉強シ) ₃(付テ) ₁(ヨリ)

utile ? que pouvez-vous admirer d'avantage ?
₂(必要ニ) ₈(何ニヲ) ₁₂(能フカ) ₉(汝ハ) ₁₁(感服シ) ₁₀(尚多ク)

Qu'y a-t-il de nécessaire à l'homme qu'-
₄(何ニカ) ₈(有ルカ) ₇(必要カ) ₆(於テ) ₅(人ニ) ₃(所)

elle ne produise ? Quoi de plus admirable
₁(彼カ) ₂(生セヌ) ₁₁(何ニカ) ₉(多ク) ₁₀(感服スヘキ丁ハ)

que la variété des richesses qu'elle nous
₈(ヨリ) ₇(種々ナルモノ) ₆(ノ) ₅(富貴) ₄(所)₁(彼カ) ₂(我々ニ)

prodigue ? Quoi de plus diversifié que
₃(賜ス) ₁₀(何ニカ) ₅(多ク) ₉(種々サルヽモノハ) ₇(ヨリ)

les différentes manières dont le bois peut
₅(種々ナル) ₆(法方) ₄(所ノ) ₁(木カ) ₃(能フ)

s'employer? Dites-moi, bûcheron, je vous
₂(使用サレ) ₂(云ニ) ₁(私ニ) ₃(樵夫ヨ) ₄(私ハ) ₅(汝ニ)
prie, à quoi servira cet arbre
₆(乞ウ) ₈(於テ) ₇(何ニ) ₁₅(用ヒラルヽダローカ) ₁₂(此) ₁₄(樹木カ)
énorme que vous abattez? Que lui
₁₃(廣大ナル) ₁₁(所) ₉(汝カ) ₁₀(伐倒ス) ₁(何ニヲ) ₂(彼ニ)
demandez-vous? Il l'ignore; mais cet
₄(問フカ) ₃(汝ハ) ₁(彼ハ) ₂(夫ヲ) ₃(知ラス) ₄(乍併) ₅(此)
ingénieur l'a destiné pour la construction d'-
₆(技師カ) ₁₂(夫ヲ) ₁₃(定メタ) ₁₁(向テ) ₁₀(建築ニ) ₉(ノ)
un vaisseau. Qu'attend ce menuisier?
₇(或ル) ₈(船舶) ₃(何ニヲ)₄(希望スルカ) ₁(此) ₂(建具師カ)
du bois pour faire des meubles qui décore-
₅(材木ヲ) ₁₂(爲メニ) ₁₁(作ル) ₁₀(家具ヲ) ₉(所ノ) ₈(飾ルタ
ront cet appartement. Que deviendraient,
ロー) ₆(此) ₇(部屋ヲ) ₃₀(如何ニ) ₃₁(成リ行デアロフ)
dans la saison rigoureuse de l'hiver, les vieillards
₂₉(間タ) ₂₈(時候ノ) ₂₇(嚴シキ) ₂₆(ノ) ₂₅(冬) ₂₄(老人ハ)
et les enfants, si les menues branches de
₂₃(而) ₂₂(小兒ヤ) ₂₁(ナラバ) ₁₇(微細ナル) ₁₈(小枝カ) ₁₆(ノ)
ces arbres ne leur procuraient une chaleur
₁₄(此) ₁₅(樹木) ₁₉(彼等ニ) ₂₀(與ヘヌデアロー) ₁₂(或ル) ₁₃(熱氣ヲ)
dont les membres froids de l'un et délicats
₁₁(所) ₈(肢體カ) ₇(寒冷ナル) ₆(ノ) ₅(獨ノ者) ₄(而) ₃(微弱ナル)
de l'autre ont besoin?
₂(ノ) ₁(他者) ₁₀(持ツ) ₉(必要フ)

(第百十二)

Une mouche avait fait, dans le lait qu'elle
₁(或ル) ₂(蠅カ) ₁₂(タ) ₁₁(成シ) ₇(中ニ) ₈(牛乳ノ) ₅(所)₆(彼カ)

buvait, un triste naufrage, "Quoi de plus
₄(飲ミシ) ₈(或ル) ₉(悲ムベキ) ₁₀(失敗ヲ) ₁₅(何ニカ) ₁₆(コリ多クノ)

dangereux que le plaisir ? s'écria d'un
₁₇(危難カアルカ) ₁₄(ヨリ) ₁₃(愉快) ₂₈(叫ンタ) ₂₁(付テ)₁₅(或ル)

ton grave une sœur qui l'avait
₂₀(音調ニ) ₁₉(嚴シキ) ₂₆(或ル) ₂₇(姉妹カ) ₂₅(所) ₂₂(夫ヲ)₂₄(タ)

aperçue. Que promet le plaisir ? il promet
₂₃(見付ケ) ₁(何ヲ) ₃(約スルカ) ₂(愉快カ) ₄(彼カ) ₆(約束スル)

de la joie ; et cependant que procure-t-il ? il
₅(悦ヲ) ₇(而) ₈(乍併) ₉(何ニヲ) ₁₁(得サスルカ)₁₀(彼カ) ₁₂(彼カ)

conduit à la mort. Pour moi, je profi-
₁₅(導ク) ₁₄(於テ) ₁₃(死ニ) ₂(爲メニハ) ₁(私) ₃(私カ) ₈(昇益ス

terai d'un tel exemple ; je n'irai
ルテアロー) ₇(付テ)₄(或ル) ₅(如斯キ) ₆(先例ニ) ₉(私ハ) ₁₅(行カヌテアロー)

point m'abreuver à ce pot ; à moins de frais
₁₃(必ス) ₁₄(飲ミニ) ₁₂(於テ) ₁₀(此) ₁₁(壺ニ) ₁(危險ナク)

j'aurai ce qu'il me faut.
(私ハ) ₇(持ツデアロー) ₆(モノヲ) ₅(所)₂(夫カ) ₃(私ニ) ₄(要スル)

Que vient d'apporter le domestique ! qu'a-t-il
₁(何ニヲ) ₃(今持來タカ) ₂(僕カ) ₄(何ニヲ) ₈(置

posé sur cette table ? Si je ne me trompe,
タカ) ₇(上ニ) ₅(此) ₆(机) ₁(恐ラクハ)

c'est un bassin plein de miel, mets
₂₁(夫ハ)₂₃(アル) ₂₂(鉢デ) ₂₀(充タル) ₁₉(カラ) ₁₈(蜂密) ₁₇(食物

délectable et dont je pourrai, sans danger
₁₆(美ナル) ₁₅(而) ₁₄(所) ₁₁(私カ) ₁₃(得ルデアロー) ₆(ナク) ₅(危難)

de ma vie, me régaler tout à mon aise
₄(付テ)₂(私ノ) ₃(命ニ) ₁₂(馳走シ) ₇(全ク)₁₀(於テ)₈(私ノ) ₉(氣隨意ニ)

Quoi de plus doux que ce mets délicieux ?
₇(何ニカ) ₅(コリ多ク) ₆(甘キ物ハ) ₄(ヨリ) ₁(此) ₃(食物) ₂(旨キ)

Comme il est moins liquide que ce
15(故ニ) 8(彼ハ) 14(有ル) 12(コリ僅カ) 13(液體テ) 11(ヨリ) 9(此)

lait, je puis, sur sa surface, errer d'-
10(牛乳) 16(私ハ) 27(得ル) 19(上ニ) 17(彼) 18(裏面ノ) 26(迷ヒ) 25(付テ)

un pas ferme et solide, et je
20(或ル) 24(步調ニ) 21(安全ナル) 22(而) 23(堅牢ナル) 28(而) 29(私ハ)

ne cours pas le danger de mes noyers."
34(走ラス) 33(危難ニ) 32(付テ) 30(私カ) 31(溺死ニ)

Trop souvent que faisons—nous? ce que
1(餘リ) 2(數度ビ) 4(何ヲ) 5(成スカ) 3(我々カ) 6(モノ) 7(夫ヲ)

fit notre mouche, éviter un danger, et
18(成シタ) 8(我々ノ) 9(蠅カ) 17(避クルコヲ) 15(或ル) 16(危難ヲ) 14(而)

tomber dans un autre. Mais revenons
13(落ルコ) 12(中ニ) 10(或ル) 11(他ノモノハ) 1(乍併) 5(戻ロフ)

à notre sujet.
4(於テ) 2(我々ノ) 3(目的ニ)

(第百十三)

Pleine de confiance en sa prudence, la
6(滿チタル) 5(付テ) 4(信用ニ) 3(於テ) 1(彼) 2(用心ニ)

mouche se pose sur la douce liqueur;
7(蠅カ) 11(已レヲ) 12(器タ) 10(上ニ) 8(甘キ) 9(液汁ノ)

elle la contemple avec complaisance, elle
13(彼カ) 14(夫ヲ) 17(監察スル) 16(以テ) 15(滿足ヲ) 18(彼カ)

en savoure la douceur. Mais que
19(夫ニ付テ) 21(賞味スル) 20(甘味ヲ) 1(乍併) 11(如何ニ)

deviendra-t-elle lorsque, après s'en être
15(成リ行クデアローカ) 12(彼カ) 10(キニ) 6(後ニ) 7(夫ニ付テ) 5(有ル)

largement repue, elle voudra se retirer?
3(多ク) 4(食テ) 7(彼カ) 6(望ムダロー) 8(退クコヲ)

Que sera-ce lorsqu'elle sentira
₁₂(如何テ) ₁₄(有ルダローカ)₁₃(其レカ) ₁₁(キニ)₁(彼カ) ₁₀(感タデアロー)

avec surprise ses pieds empêtrés de ce miel ?
₉(以テ) ₈(恐怖ヲ) ₆(彼ノ)₇(足ヲ) ₅(附著シタル) ₄(付テ) ₂(此)₃(蜂蜜ニ)

Qu'est-il besoin de vous dire le sort
₈(何カ)₁₀(有ルカ) ₉(必要デ) ₇(付テ) ₅(汝ニ) ₆(云フコニ) ₄(運命ヲ)

qu'elle éprouva ? Au milieu de ce miel
₃(所)₁(彼) ₂(試ミタ) ₉(於テ) ₈(中央ニ) ₇(ノ) ₅(此) ₆(蜂蜜)

dont elle était éprise, la pauvre mouche
₄(所) ₁(彼) ₃(有リシ) ₂(好愛シテ) ₁₀(不幸ナル) ₁₁(蠅カ)

expira. Souvent celui qui insulte à l'-
₁₂(死タ) ₁(數々) ₁₂(人ハ) ₆(所) ₅(誹ル) ₄(於テ)

imprudence d'autrui et se promet plus de
₃(不用心ニ) ₂(他人ノ) ₇(而) ₁₁(自ヲ誓フ) ₁₀(多クヲ) ₉(ノ)

sagesse, a le même sort que celui dont il
₈(賢明) ₂₁(持ツ) ₁₉(同シ) ₂₀(運命) ₁₈(如ク)₁₇(人ノ) ₁₇(所)₁₃(彼カ)

s'est moqué. Qu'apprendrons-nous de ce
₁₅(タ) ₁₄(誹リ) ₁(何ニヲ)₆(學ブデアローカ)₂(我々カ) ₆(付テ) ₃(此)

double exemple ? Que vous dirai-je
₄(二倍ノ) ₅(例ニ) ₇(何ニヲ) ₈(汝ニ) ₁₁(云フダローカ)₉(私カ)

encore ? Que sert d'éviter un danger,
₁₀(尚ホ) ₆(何ニ) ₁₀(用立カ) ₉(避ケルコカ) ₇(或ル) ₈(危難ヲ)

si nous n'évitons tous les autres.
₁₅(ナラバ) ₁₁(我々カ) ₁₄(避ケヌ) ₁₂(凡テノ) ₁₃(他ノモノヲ)

* satisfaction.

(第百十四)

Quelle cuisine pourraient faire nos
₁₁(如何ナル) ₁₂(臺所ヲ) ₁₄(得ルデアローカ) ₁₃(作リ) ₉(我々ノ)

traiteurs et nos cuisiniers, s'ils n'avaient
₁₀(料理店主カ) ₈(而) ₆(我々ノ) ₇(料理人) ₅(ナラバ) ₁(彼等カ) ₄(有ラヌ)

point de bois ? Quel boulanger cuirait
₂(決テ) ₃(木ヲ) ₁(如何ナル) ₂(麵包屋カ) ₄(燒ダローカ)

le pain ? Quel légume sec pourrait
₃(麵包ヲ) ₅(如何ニ) ₇(野菜カ) ₆(乾キタル) ₁₂(得ルダローカ)

servir à notre nourriture ? Quelle
₁₁(用立) ₁₀(於テ) ₈(我々ノ) ₉(食物ニ) ₁(如何ナル)

manufacture pourrait continuer les travaux
₂(職工カ) ₈(得ルデアローカ) ₇(繼續シ) ₆(工事ヲ)

auxquels elle se livre ? Quelle vaste étendue
₅(所) ₃(彼カ) ₄(從事スル) ₁₂(如何ニ) ₁₃(廣キ) ₁₄(延長カ)

de terrain demeurait inculte, s'il n'était
₁₁(ノ) ₁₀(土地) ₁₆(荒レシゾ) ₁₅(不毛ニ) ₉(ナラバ) ₁(夫カ) ₈(有ラザリシ)

couvert de bois et de forêts ! Quelle
₇(覆ハレテ) ₃(付テ) ₂(林ニ) ₄(而) ₆(付テ) ₅(森ニ) ₁(如何ナル)

retraite aurait le gibier ? Quelle désolation
₂(巢窟ヲ) ₄(持ダロフカ) ₃(禽獸カ) ₃(如何ナル) ₄(憂愁コ)

pour le chasseur ! Quelle calamité pour
₂(爲メニハ) ₁(獵師ノ) ₈(如何ナル) ₉(不幸ゾヤ) ₇(爲メニハ)

ceux qui doivent venir après nous ! Quel
₆(人ノ) ₅(所) ₄(ナラヌ) ₃(來ラチバ) ₂(後ニ) ₁(我々ノ) ₁₃(如何ナル)

couvert aurait le voyageur contre les
₁₄(口覆ヲ) ₁₆(持ツデアローカ) ₁₅(旅人カ) ₁₂(反テ)

chaleurs brûlantes du soleil si les arbres
₁₂(熱氣ニ) ₁₁(激烈ナル) ₁₀(ノ) ₉(太陽) ₈(ナラバ) ₄(樹木カ)

disposés sur la route ne l'en défendaient ?
₃(配レタル) ₂(上ニ) ₁(途) ₅(夫フ) ₆(夫ニ就テ) ₇(防セカザリシ)

Quel avantage, quelle richesse pour un
₁₂(如何ナル) ₁₃(利益ゾ) ₁₄(如何ナル) ₁₅(富有ゾ) ₁₁(向テ)

Etat, qu'un grand nombres de forêts vastes
₁₀(國ニ) ₉(ヨリハ) ₇(大ナル) ₈(數) ₆(ノ) ₅(森) ₁(廣キ)

et bien entretenues! Quel malheur menace-
₂(而) ₃(能ク) ₄(保存サレタル) ₈(如何ナル) ₉(不幸カ) ₁₂(驚怖サスル

rait nos neveux si cette partie de
テアローコ) ₁₀(我々ノ) ₁₁(子孫ヲ) ₇(ナラバ) ₁(此) ₄(部分カ) ₃(ノ)

l'administration était négligée!
₂(支配) ₆(有リシ) ₅(忘慢サレテ)

(第百十五)

Un écureuil joli, mignon et fait à peindre,
₅(木鼠カ) ₁(美キ) ₂(奇麗ナル) ₃(而) ₄(體裁好キ)

se démenait dans sa prison d'une belle manière.
₁₀(騷キシ) ₈(中ニ) ₆(彼) ₇(獄舍ノ) ₉(強ク)

Quel avantage y trouvait-il? quelle
₁(如何ナル) ₂(利益ヲ) ₃(ソコニ) ₅(見出セシカ)₄(彼カ) ₆(如何ナル)

espérance nourrissait-il? Ce n'est pas ce
₇(希望ヲ) ₉(養ヒシカ) ₈(彼カ) ₁₆(夫ハ)₁₇(アラヌ) ₁₅(モノデ)

dont il est ici question. Une troupe
₁₄(所) ₁₀(夫カ) ₁₃(有ル) ₁₁(玆ニ) ₁₂(間デ) ₆(或ル) ₇(群集カ)

d'enfants qui le regardaient, en étaient
₅(ノ) ₄(小兒) ₃(所) ₁(夫ヲ) ₂(見タ) ₈(夫ニ付テ) ₁₀(タリシ)

émerveillés: l'un d'eux prenant un air
₉(驚サレ) ₂₂(獨リカ) ₂₁(ノ)₂₀(彼等) ₁₉(取ル所デ) ₁₆(或ル) ₁₈(風采ヲ)

grave, quoiqu'il fût maitre étourdi, prend
₁₇(嚴恪ナル) ₁₅(ニモセヨ)₁₁(彼) ₁₄(有タ) ₁₂(茲シキ)₁₃(輕躁者デ) ₂₄(タ)*

la parole: "Ami, dit-il, quel est ton
₂₃(話シ始メ) ₂₅(朋友コ) ₂₇(云フタ) ₂₆(彼カ) ₂₈(如何ニ) ₃₁(有ルカ) ₂₉(汝ノ)

but? quel avantage espères-tu de tous
₃₀(目的ハ) ₅(如何ナル) ₆(利益ヲ) ₈(切望スルカ)₇(汝ハ) ₄(付テ) ₁(凡テ)

ces mouvements? et toi, répond l'écureuil
₂(此) ₃'運動ニ) ₉(而) ₁₀'汝ハ) ₁₃'答エタ) ₁'(木鼠カ)

à l'instant, quel fruit retires-tu du
₁₁(忽チ) ₂₂(如何ナル) ₂₃'果實ヲ) ₂₃(取ルカ)₂₄'汝ハ) ₂₁(付テ)

jeu, du badinage qui t'occupent tout entier?
₂₀(遊戯ニ) ₁₉(付テ) ₁₈(慰ミニ) ₁₇(所) ₁₄'汝ヲ)₁₆(頓スル) ₁₅'(全ク)

Si je m'amuse, je n'ai rien de mieux
₄(トモ) ₁(私ハ)₂(私カ)₃(樂ム) ₅(私ハ)₉(要セヌ) ₇(何ニモ) ₆(ヨリ好キ)

à faire. Pour toi, tu joues continuellement
₈(成スヲ) ₂(向テ) ₁(汝ニ) ₁₀(汝ハ) ₁₁(遊ブ) ₉(間斷ナク)

comme si tu n'avais pas d'autre affaire, et
₈(如ク) ₇(カノ)₃(汝ハ) ₆(持タヌ) ₄(他ノ) ₅(仕事ヲ) ₁₂(而)

cependant tu me blâmes. Ah! si,
₁₃(乍併) ₁₄(汝ハ) ₁₅(私ヲ) ₁₆'誹難スル) (嗚呼) ₁₃(ナラバ)

comme vous, j'étais pourvu de cette
₂(如ク) ₁(汝ノ) ₃'私ハ)₁₂(有リシ) ₁₁(供サレテ) ₁₀(付テ) ₈'此)

raison dont vous abusez tant!" Quelle
₉(道理ニ) ₇(所) ₄(汝カ) ₆(濫用スル) ₅(多ク) ₁₄'如何ニ)

sage leçon donnait cet écureuil! mais
₁₅(賢明ナル) ₁₆(教訓ヲ) ₁₉(與ヘシゾ) ₁₇(此) ₁₈'木鼠ハ) ₂₀'乍併)

quel profit en retira l'enfant? Quelle
₂₁(如何ナル) ₂₂(利益ヲ) ₂₃(夫ニ付テ)₂₅(引タカ) ₂₄(小兒カ) ₁(何ニ)

heure déroba-t-il à ses vains amusements?
₂(時) ₇(偸ンタカ) ₆(ニ)₃(彼等) ₄(無益ノ) ₅(快樂)

aucune. Il resta comme l'écureuil de la
₆(何ンニモ) ₁(彼ハ)₆'止リタ) ₅(如ク) ₄(木鼠ノ) ₃(ノ)

fable. De sages leçons ne suffisent pas;
₂(小説) ₁'賢明ナル) ₂(教訓カ) ₃'充分セヌ)

il faut en profiter.
₄(夫ハ) ₇(要スル) ₅(夫ニ付テ) ₆(利益スルコヲ)

* Commencer à porler.

(第百十六)

Quelle est cette herbe que j'apercois dans
₁₀(何ンデ) ₁₁(有ルカ) ₈(此) ₉(草ハ) ₇(所) ₁(私カ)₆(認ムル) ₅(中ニ)

ce petit champ ? Quelle odeur forte et
₂(此) ₃(小キノ) ₄(田圃ノ) ₁(如何ナル) ₅(臭ヲ) ₂(強キ) ₃(而)

désagréable exhale-t-elle ? Cette herbe que
₄(不快ナル) ₄(發散スルカ)₆(彼カ) ₁₁(此) ₁₂(草ハ) ₃(所)

vous voyez, et qui grandira à la hauteur
₁(汝カ) ₂(看ル) ₄(而) ₁₀(所)₉(生長スルダロー) (マデ) ₈(高サニ)

d'un homme, est le chanvre. Quel est
₇(ノ)₅(或ル) ₆(人) ₁₄(有ル) ₁₃(麻デ) ₄(如何ニ) ₅(有ルカ)

l'usage de la graine ? Les pigeonneaux, les
₃(用法カ) ₂(ノ) ₁(種子) ₁(鳩ノ子)

perroquets et plusieurs autres oiseaux s'en
₂(鸚鵡) ₃(而) ₄(多ク) ₅(他ノ) ₆(鳥カ) ₇(夫ニ付テ)

nourrissent. Mais le chanvre est d'un autre
₈(養ハルル) ₁(乍併) ₂(麻ハ) ₁₀(有ル) ₇(或ル) ₈(他ノ)

usage, plus intéressant pour nous. Lors-
₉(用法カ) ₅(ヨリ多ク) ₆(利益ス可ク) ₄(向テ) ₃(我々ニ) ₄(片ニハ)

qu'il est múr, le paysan le cueille ; il
₁(彼カ) ₄(有ル) ₂(熟シテ) ₅(農夫カ) ₆(夫ヲ) ₇(摘取ル) ₈(彼カ)

le laisse quelque temps dans l'eau, afin
₉(夫ヲ) ₁₇(捨置ク) ₁₆(暫 時) ₁₅(中ニ) ₁₄(水ノ) ₁₃(為メニ)

que l'enveloppe pourrisse. Que fait-il
₁₂(ノ) ₁₀(外皮カ) ₁₁(腐敗スル) ₃(何ヲ) ₅(成スカ)₄(彼カ)

après cela ? Les femmes l'en retirent,
₂(後デ) ₁(其) ₁(婦人カ) ₂(夫ヲ)₄(カラ) ₃(引キ上ル)

elles l'exposent ensuite à l'air ou au
₅(彼等カ) ₁₂(夫ヲ)₁₃(暴露ス) ₁₁(次ニ) ₇(於テ) ₆(空氣ニ) ₈(或ハ) ₁₀(於テ)

soleil ; lorsqu'il est sec, elles le brisent et
9'(太陽ニ) 4'(ドニ) 1'(彼) 3'(有ル) 2'(乾テ) 5'(彼等カ) 6'(夫フ) 7'(砕キ) 8'(而)

en tirent la filasse. La partie plus
9'(夫ニ付テ) 11'(引キ出ス) 10'(麻屑ヲ) 3'(部分ハ) 1'(最)

grossière est employée par le cordier ; il en
2'(粗悪ナル) 7'(ルヽ) 6'(用ヒラ) 5'(由テ) 4'(綱屋ニ) 8'(夫ハ) 9'(夫ニ付テ)

fait de la corde ou de la ficelle. La
13'(成ス) 12'(綱ニ) 11'(或ハ) 10'(細綱ニ)

plus fine est mise en réserve: les
1'(最) 2'(細旦ナルモノフ) (ルヽ) 5'(貯カ) 4'(於テ) 3'(貯ニ)

femmes en font un fil, dont le
6'(婦人カ) 7'(夫ニ付テ) 10'(製ス) 8'(或ル) 9'(糸シ) 11'(夫ニ付テ)

tisserand fait ensuite la toile.
12'(織工カ) 15'(成ス) 13'(次ニ) 14'(織物ト)

(第百十七)

" Quel crime peux-tu me reprocher,
1'(如何ナル) 2'(罪科ヲ) 6'(得ルカ) 3'(汝カ) 4'(私ヲ) 5'(讒謗シ)

disait un trompette au vainqueur qui l'-
15'(云ヒシカ) 14'(喇叭手カ) 13'(於テ) 12'(勝者ニ) 11'(所) 7'(夫フ)

avait fait prisonnier ? (Quel traitement peu
10'(タ) 9'(成シ) 8'(囚人ト) 3'(如何ナル) 4'(取扱ヲ) 1'(僅カ)

mérité tu me fait souffrir ! Quand
2'(償チシタル) 5'(汝ハ) 6'(私ニ) 8'(シムルコ) 7'(苦シマ) 8'(トキ)

nos soldats marchèrent contre vous avec
1'(我々ノ) 2'(兵卒カ) 7'(進行シタリ) 6'(反フ) 5'(汝ニ) 4'(以テ)

audace, quelle place occupais-je ? Quelles
3'(大胆ノ) 9'(如何ナル) 10'(場所ヲ) 12'(占領セシカ) 11'(私ハ) 1'(如何ナル)

armes m'as — tu trouvées ? Quelle
2'(武器ヲ) 4'(私ニ) 6'(タカ) 3'(汝カ) 5'(見出シ) 1'(如何ナル)

faute peux-tu me reprocher? peut-être m'-
₂(過失ヲ) ₆(得ルカ)₃(汝カ) ₄(私ニ) ₅(誹謗リ) ₁(恐クハ) ₈(私ニ)

accuseras-tu d'avoir embouché quelquefois
₉(訴ヘルダローカ)₆(汝) ₅(付テ) ₄(吹タフニ) ₂(時アツテハ)

la trompette? Vous n'avez, je le sais,
₃(喇叭ヲ) ₁₁(汝ハ) ₁₃(ナカツタ) ₁(私ハ) ₂(夫ヲ) ₃(知ル)

dit le vainqueur, jamais déployé votre bras
₅(云タ) ₄(勝者カ) ₁₀(決シテ) ₁₂(顯サレ) ₈(汝ノ) ₉(腕ヲ)

dans les batailles. Mais, dites-moi, quel
₇(於テ) ₆(戰場ニ) ₁(乍併) ₃(云ヘ)₂(私ニ) ₉(何ンデ)

était votre but en embouchant la trompette
₁₀(有リシカ) ₇(汝) ₈(目的ハ) ₆(吹キツヽ) ₅(喇叭ヲ)

guerrière? Quel courage, quelle valeur
₄(軍人ノ) ₁(如何ナル) ₂(勇敢) ₃(如何ナル) ₄(勇猛ヲ)

n'inspirait-elle pas à vos guerriers! Vous
₈(吸込マナカツタローカ) ₇(於テ) ₅(汝ノ) ₆(軍人ニ) ₁(汝ハ)

ne nous avez pas fait de mal par vous-
₂(我々ニ) ₇(成サナカツタ) ₆(惡シキコヲ) ₅(由テ) ₃(汝)

même, je l'avoue; mais vous y avez
₄(自ラニ) ₈(私ハ) ₉(夫ヲ)₁₀(自白スル) ₁₁(乍併) ₁₂(汝ハ) ₁₃(ソレニ) ₁₅(奬

animé les vôtres. Quelle injure vous fais-
勵シタ) ₁₄(汝ノ者ヲ) ₆(如何ナル) ₇(誹謗ヲ)₈(汝ニ) ₁₀(成タカ)

je donc en vous traitant, en ennemi?
₉(私カ) ₁(然ルトキニ) ₂(汝ヲ) ₅(取扱ヒツヽ) ₄(於テ) ₃(敵ニ)

Quel sort différent devez-vous attendre de
₁(如何カニ) ₃(運命ヲ) ₂(種々ナル) ₈(ナラヌ)₆(汝ハ) ₇(待子ハ) ₅(付テ)

moi?" Qui conseille le mal et y excit,
₃(私ニ) ₆(所ノ人ハ) ₂(助言シ) ₁(惡事ノ) ₃(而) ₄(ソレヲ)₅(奬勵スル)

est plus conpable encore que celui qui le
₁₅(有ル) ₁₂(ヨリ) ₁₄(非ミスベタ) ₁₃(尚ホ) ₁₁(コリ) ₁₀(人) ₉(所ノ) ₈(夫ヲ)

commet. Quel malheur de le conseiller
₈(犯ス)　₉(如何ナル)　₁₀(不幸ゾヤ)　₃(付テ)　₁(夫ヲ)　₂(助成スル コニ)

et de se croire innocent !
₄(而)　₈(付テ)　₆(自ラ)　₇(信スル コヲ)　₅(無罪ヲ)

(第 百 十 八)

Quelle grêle a plusieurs fois ravagé nos
₁(如何ナル)　₂(霰カ)　₇(有ルゾ)　₃(数度ヒ)　₆(荒シテ)　₄(我々ノ)

campagnes ! quels maux a-t-elle causés !
₅(田圃ヲ)　₁(如何ナル)　₂(損害ヲ)　₄(タコ)　₃(生シ)

Quelle heure était-il quand elle commença
₅(何ン)　₆(時デ)　₇(有リシカ)　₄(片ハ)　₁(夫カ)　₂(始メタ)

à tomber ? Quel bonheur avez-vous eu de
₂(降リ)　₇(如何ナル)　₈(幸福ヲ)　₁₀(持タヨ)　₉(汝ハ)　₆(付テ)

ne pas être sorti à ce moment-là !
₅(有ラヌ コニ)　₄(外出シテ)　₃(於テ)　₁(此)　₂(時ニ)

Quelle récolte auraient eue nos fermiers,
₉(如何ナル)　₁₀(収納ヲ)　₁₁(待タデ有ローゾ)　₇(我々ノ)　₈(農夫カ)

si la grêle n'eût détruit nos
₆(ナラバ)　₁(霰カ)　₅(有ラナカツタロー)　₄(害サレテ)　₂(我々ノ)

moissons ! Quelles vendanges feront nos
₃(収穫物ヲ)　₇(如何ナル)　₈(葡萄収穫ヲ)　₁₁(成スデアローカ)　₉(我々ノ)

vignerons après le ravage de ce terrible
₁₀(葡萄造ル人カ)　₆(後チニ)　₅(荒レノ)　₄(ノ)　₁(此)　₂(恐ルベキ)

fléau ? Quelles branches d'arbres ont pu
₃(天災)　₈(如何ナル)　₄(幹枝カ)　₂(ノ)₁(樹木)　₁₁(得タカ)

résister à cette grêle affreuse ? Quels
₁₀(堪ヘ)　₉(於テ)　₅(此)　₇(霰ニ)　₆(恐ルベキ)　₆(如何ナル)

troupeaux alors paissant dans nos plaines
₇(家畜ヲ)　₁(然ル片ニ)　₅(食フ所)　₄(於テ)　₂(我々ノ)　₃(平原ニ)

a-t-elle épargnés? Quel quantième du mois
₉(タカ) ₈(節儉サレ) ₃(幾タ) ₄(日デ) ₂(月ノ)

est - ce aujourd'hui? Qu'avez - vous étudié
₅(有ルカ) ₁(今日ハ) ₁(何ヲ)₅(タカ) ₂(汝ハ) ₄(勉強サレ)

hier? Quel malheur menace ceux qui ne
₃(昨日) ₁(如何ナル) ₂(不幸カ) ₈(脅迫スルゾ) ₇(人ヲ) ₆(所)

prennent pas les précautions suffisantes!
₅(取ラヌ) ₄(注意ヲ) ₃(充分ナル)

Quelles personnes ont été blessées mortellement
₁(如何ナル) ₂(人カ) ₉(タカ) ₈(傷ラレ) ₇(劇シク)

par ce redoutable fléau? Quelle sera la
₆(由デ) ₃(此) ₄(恐ルベキ) ₅(天災ニ) ₆(何ンデ)₇(有ルダローカ)

récompense que vous me réservez? Quel
₅(賞美ハ) ₄(所) ₁(汝カ) ₂(私ニ) ₃(貯ヘル) ₆(如何ナル)

avantage obtiendra mon fils, si je
₇(利益ヲ) ₁₀(保ツデアローカ) ₈(私ノ) ₉(子息カ) ₅(ナラバ) ₁(私カ)

vous le confie? demandait un ignorant à
₂(汝ニ) ₃(夫ヲ)₄(依頼スル) ₆(問ヒシ) ₁(或ル)₂(無學者カ)₅(於テ)

un philosophe. Quelle fut la réponse? elle
₃(或ル) ₄(哲學者ニ) ₂(如何ンデ)₃(有タカ) ₁(返答ハ) ₄(彼レハ)

vous est connue.
₅(汝カ) ₆(知ラレテアル)

(第百十九)

Qui a donné à la terre cette fécondité que
₁(誰カ) ₁₃(タカ)(與ヘ) ₃(於テ) ₂(土地ニ) ₁₁(此) ₁₂(豐饒ヲ) ₆(所)

nous admirons et dont nous profitons? C'-
₄(我々カ) ₅(感服スル) ₇(而) ₁₀(所) ₈(我々カ) ₉(利益スル) ₁₄(夫ハ)

est Dieu. Que sème ce laboureur? Du
₁₆(有ル) ₁₅(神デ) ₁(何ヲ) ₄(種蒔カ) ₂(此) ₃(耕作人カ)

blé. Que fait cette femme? Du pain.
₅(麥ヲ) ₁(何ニヲ) ₄(製スルカ)₂(此) ₃(婦人カ) ₅(麪包ヲ)

Que vois-je dans ce coffre devant lequel
₁₀(何ヲ) ₁₁(晉ルカ)₉(私カ)(中ニ) ₆(此) ₇(櫃ノ) ₅(前ニ) ₄(所)

elle est debout? De la farine. Que délaye-t-
₁(彼カ) ₃(有ル)₂(直立シテ) ₁₂(粉ヲ) ₄(何ヲ) ₅(浸スカ)

elle dans cette farine? Du levain. Qu'est-
₃(中ニ) ₁(此) ₂(粉ノ) ₆(酵) ₂(何ンデ)

ce que du levain? Un morceau de pâte qu'-
アルカ) ₁(酵ハ) ₁₂(片) ₁₁(ノ)₁₀(揑粉) ₉(所)

elle a gardé de la dernière cuisson, et qui
₁(彼カ) ₅(貯タ) ₄(付テ) ₂(此間ノ) ₃(燒物ニ) ₇(而) ₉(夫ハ)

s'est aigri. Que lui importe-t-il de
₈(酸ナリタ) ₁₂(何ニ) ₁₃(彼ニ) ₁₄(必要デアルカ)(夫カ) ₁₁(付テ)

délayer cette pâte aigrie avec la nouvelle
₁₀(浸漬スルコニ) ₇(此) ₉(揑粉ヲ) ₈(酸キ) ₆(以テ) ₄(新シキ)

farine qu'elle pétrit? Il lui importe
₅(粉ヲ) ₃(所)₁(彼カ) ₂(煉ル) ₁₀(夫ハ) ₁₁(彼ニ) ₁₃(必要デアル)

extrêmement, afin que la nouvelle pâte qu'-
₁₂(非常ニ) ₉(爲メニ) ₈(コノ) ₄(新キ) ₅(揑粉) ₃(所ノ)

elle fait puisse lever. Que fera-t-
₁(彼カ) ₂(ナス) ₇(得ル)₆(膨脹スルコヲ) ₇(何ニフ)₈(成スデアローカ)

elle quand cette pâte sera finie? Que
₆(彼カ)₅(中ニ) ₁(此) ₂(揑粉カ) ₄(アロー) ₃(終タデ) ₇(何カ)

vous importe de me faire toutes ces
₈(汝ニ) ₉(必要デアルカ)₆(付テ) ₄(私ニ) ₅(成スニ) ₁(凡テ) ₂(此)

questions? Il m'importe plus que vous
₃(問ヒヲ) ₅(夫ハ) ₆(私ニ)₇(必要デアル) ₄(白リ)₃(ヨリモ)₁(汝カ)

ne pensez; Je veux satisfaire ma curiosité.
₂(想像スル) ₆(私カ)₁₂(望ム) ₁₁(滿足スルコヲ)₉(私) ₁₀(好奇心ヲ)

Eh bien! je répondrai à vos questions,
₁(サラバ) ₂(私ハ) ₆(答ユルデアロー) ₅(於テ) ₃(汝) ₄(問ヒニ)

mais une autre fois.
₇(乍昨) ₈(他日ニ)

(第百二十)

Me direz-vous ce que va faire
₈(私ニ) ₁₀(云フダローカ) ₉(汝ハ) ₇(モノヲ) ₆(所) ₅(カヽル) ₄(製シ)

maintenant cette femme? Car elle a fini
₁(只今) ₂(此) ₃(婦人カ) ₁₁(奈ントナレバ) ₁₂(彼ハ) ₁₅(終タ)
₁₆(故ニ)

sa pâte. Oui Apercevez-vous là des
₁₃(彼) ₁₄(捏物ヲ) (然) ₄(認メタカ) ₁(汝ハ) ₂(ソコニ)

paniers? Oui. Ne voyez-vous pas la pâte
₃(籠ヲ) ₅(然) ₉(看ヌカ) ₈(汝ハ) ₇(捏物ヲ)

divisée et mise dans ces corbeilles? J'-
₆(分割シタル) ₅(而) ₄(入タル) ₃(中ニ) ₁(此) ₂(小籠) ₁₀(私ハ)

ai vu tout cela. Ne remarquez-vous pas
₁₃(看タ) ₁₁(全ク) ₁₂(夫レヲ) ₁₁(注目シナカツタカ) ₁₀(汝ハ)

ces couvertures qu'elle a eu soin d'étendre
₈(此) ₉(覆ヒヲ) ₇(所) ₅(彼カ) ₆(以タ) ₄(注意ヲ) ₃(付テ) ₂(擴ケルコニ)

dessus? Oui. Elle agit ainsi pour entretenir
₁(上ニ) ₁₂(然) ₁₀(彼カ) ₁₂(行フタ) ₁₁(如斯) ₉(爲メニ) ₈(保ツ)

une chaleur nécessaire à la pâte pour lever.
₅(或ル) ₇(熱ヲ) ₆(必要ナル) ₄(於テ) ₃(捏物ニ) ₂(爲メニ) ₁(膨張スル)

Allons, ne vous contentez pas de la regarder;
₁(サー) ₂(汝ハ) ₆(満足スルナ) ₅(付テ) ₃(夫フ) ₄(注目スルコニ)

aidez-la plutôt; prenez ce fourgon, remuez
₉(援助セヨ) ₈(夫ヲ) ₇(寧ロ) ₁₂(取レヨ) ₁₀(此) ₁₁(火箸ヲ) ₁₈(動カセヨ)

le bois qui est dans le four. Maintenant
₁₇(薪ヲ) ₁₆(所) ₁₅(有ル) ₁₄(中ニ) ₁₃(竈ノ) ₁(只今)

retirez la braise, et qu'il n'y reste pas de
₃(取レヨ) ₂(活火ノ炭ヲ) ₄(而) ₇(コヲ)* ₆(燼ヲヌ)

cendre. Armez - vous de ce balai, et balayez
₅(炭カ) ₃(準備セヨ) ₁(此) ₂(箒ヲ) ₄(而) ₇(箒ケコ)

bien le four. Avez-vous bien nettoyé l'âtre ?
₅(頁ク) ₆(竈ヲ) ₅(タカ)₁(汝ハ) ₂(頁ク) ₄(掃除シ) ₃(竈ヲ)

Oui. Que votre jeune camarade vous
₆(然) ₈(コヲ)ナ ₁(汝ノ) ₂(若キ) ₃(仲間カ) ₄(汝ニ)

apporte cette pelle ; mettez dessus un pain
₇(持來タス) ₅(此) ₆(燒キ網ヲ) ₁₂(置ケヨ) ₁₁(上ニ) ₉(或ル) ₁₀(麺包ヲ)

et enfournez - le ; faites de même des
₁₃(而) ₁₅(竈ノ中ニ入レヨ)₁₄(夫ヲ) ₁₈(成セヨ) ₁₇(仝様ニ)

autres. Quand cela sera fait, que
₁₆(他ノモノモ) ₄(井ニ) ₁(夫カ) ₈(ルダロー) ₂(成サル) ₁₀(コヲ)

votre four soit bien fermé, et ne retirez
₅(汝ノ) ₆(竈カ) ₉(ルヽ) ₇(頁ク) ₈(閉ヲ) ₁₁(而) ₁₈(引出スナ)

votre pain que dans une heure et demie.
₁₆(汝ノ) ₁₇(麺包ヲ) ₁₅(ナラデハ) ₁₄(於テ) ₁₂(一時間ヲ) ₁₃(半ニ)

* il faut que......

† il faut que......

(第百二十一)

Quelle est la matière dont on fait le
₆(何ンデ) ₇(有ルカ) ₅(物質ハ) ₄(所) ₁(人カ) ₃(製スル)

papier ? De petits morceaux de linge
₂(紙ヲ) ₉(付テ) ₇(小紲ナル) ₆(小片ニ) ₆(ノ) ₅(麻)

souvent jetés dans la rue, et que les
₃(數々) ₄(擲レタル) ₂(於テ) ₁(道ノ) ₁₀(而) ₁₄(所)

pauvres gens ramassent. Leur importe-t-il
₁₁(貧) ₁₂(民カ) ₁₃(拾ヒ集メル) ₁(彼等カ) ₅(必要デアルカ)

de les ramasser? Oui, sans doute; ils
₄(付テ) ₂(夫ヲ) ₃(拾ヒ集メルコ二) ₆(然) ₇(無論) ₈(彼等カ)

les vendent aux fabricants. Ces chiffons
₉(夫ヲ) ₁₂(賣却スル) ₁₁(於テ) ₁₀(製造人二) ₆(此) ₇(襤褸屑ハ)

sont-ils employés par le fabricant tels
₁₁(有ルカ) ₁₀(使用サレテ) ₉(由テ) ₈(製造人二) ₅(カコーナル)

qu'il les reçoit? Quelle demande
₄(コホド) ₁(彼カ) ₂(夫ヲ) ₃(受取ル) ₁(如何ナル) ₂(問ヲ)

me faites-vous? Non, sans doute; il les
₄(私二) ₅(成スカ) ₃(汝ハ) ₁(否ナ) ₂(無論) ₃(彼ハ) ₄(夫ヲ)

lave et les dépose dans les cuves, jusqu'à
₅(洗ス) ₆(而) ₁₉(夫ヲ) ₂₀(置ク) ₁₈(中二) ₁₇(大桶ノ) ₁₆(迄)

ce qu'ils soient broyés et réduits en
₁₅(夫二) ₁₄(所) ₇(彼カ) ₁₃(タ) ₈(碎カレテ) ₉(而) ₁₂(減ラレ) ₁₁(於テ)

pâte. Que devient ensuite cette pâte?
₁₀(捏物二) ₄(如何二) ₅(成ルカ) ₁(次二) ₂(此) ₈(捏物ヲ)

Elle est mise dans des mortiers, et pilée
₁(彼ハ) (ル丶) ₄(置ク) ₃(中二) ₂(臼ノ) ₅(而) ₈(搗カ)

plusieurs fois. Est-ce la dernière prépara-
₆(數) ₇(度ヒ) ₄(有ルカ) ₁(夫ハ) ₂(最後ノ) ₃(準備

tion? Non, certes. N'avez vous pas entendu
ヲ) ₅(否ナ) ₆(必ス) ₅(汝ハ) ₆(聞タカ)

le fabricant donner d'autres ordres? Oui,
₄(製造人ヲ) ₃(與フル) ₁(外ノ) ₂(命令ヲ) ₇(然リ)

mais je ne m'en souviens pas; continuez
₈(乍併) ₉(私ハ) ₁₀(私カ) ₁₁(夫二付テ) ₁₂(氣憶セヌ) ₁₇(續ケヨ)

donc de nous instruire. "Retirez,
₁₃(然ラバ) ₁₆(付テ) ₁₄(我々カ) ₁₅(教育スルコ二) ₆(取出セヨト)

a-t-il dit, cette pâte de ces mortiers;
₉(タ) ₇(彼カ) ₈(云フ) ₄(此) ₅(捏物ヲ) ₃(カラ) ₁(此) ₂(臼)

ayez soin de la faire sécher, et
15(持テコ) 14(注意ヲ) 13(付テ) 10(夫ヲ) 12(ス) 11(乾カ) 16(而)

quand vous vous en servirez pour
24(片ニ) 17(汝ハ) 18(汝ヲ) 19(夫ニ付テ) 23(使用スル) 22(爲メニ)

fabriquer le papier, jetez - la dans un
21(製スル) 20(紙ヲ) 30(投セヨ)25(夫ヲ) 29(中ニ) 26(或ル)

troisième mortier. Quand elle sera ainsi
27(第三回ノ) 28(臼ノ) 5(片ニ) 1(彼カ) 4(有ルダロー) 2(如斯)

perfectionnée, mettez - la dans des cuves pleine
3(準備サレテ) 18(入レヨ)6(夫ヲ) 17(中ニ) 16(大桶ノ)15(満チタル)

d'une eau très - claire et un peu chaude,
14(カラ)12(或ル) 13(水ヲ) 7(甚タ)8(透明ナル) 9(而) 10(僅カ) 11(熱キ)

et remuez - la plusieurs fois."
19(而) 22(動搖セヨ)20(夫ヲ) 21(數度ビ)

分詞ノ文章論

(第百二十二)

L'ouvrier, faisant chaque feuille de papier
7(職人カ) 6(成ス所) 4(各々ノ) 5(毎數ヲ) 3(ノ) 2(紙)

séparément, la coule dans un moule.
1(別々ニ) 8(夫ヲ) 2(流カス) 11(中ニ) 9(或ル) 10(模型)

Chaque fabricant donnant aux outils dont il
1(各) 2(製造人カ) 9(表ハス所ニ) 6(於テ) 5(器具ニ) 4(所)

se sert un nom propre, on a donné à
3(用ユル) 8(名ヲ) 7(固有ノ) 10(人カ) 16(與ヘタ) 15(於テ)

celui-ci le nom de forme. Chaque forme,
14(夫レ) 13(名ヲ) 12(ノ) 11(摸容) 1(各々ノ) 2(摸容ハ)

ayant été plongée dans une cuve pleine
15(有ツタ) 14(沈メラレテ) 13(中ニ) 11(或ル) 12(大桶ノ) 10(満チタル)

d'une eau épaissie par la pâte des
9(付テ) 7(或ル) 8(水) 6(濃クサレタル) 5(由テ) 4(捏物ニ)

chiffons, est couverte, quand on la
3(襤褸屑ノ) 25(有ル) 24(覆ハレテ) 19(片ニハ) 16(人カ) 17(夫ヲ)

retire, de la matière la plus épaisse. La
18(引キ出ス) 23(付テ) 22(物質ニ) 20(最モ) 21(濃キ)

plus claire s'étant écoulée, laisse une
3(最モ) 4(透明ナルモノカ) 2(テ) 1(流レ) 9(残ス) 7(或ル)

pâte plus solide, la feuille de papier est
8(捏物ヲ) 5(ヨリ) 6(堅固ナル) 12(一枚カ) 11(ノ) 10(紙) 21(有ル)

renversée sur un morceau d'étoffe de
10(顛倒サレテ) 19(上ニ) 17(或ル) 15(片ノ) 16(ノ) 15(織物) 14(ノ)

laine. Plusieurs feuilles ayant été ainsi
13(毛) 1(多クノ) 2(毎数カ) 5(有タ所デ) 3(如斯)

entassées, l'ouvrier les met en presse, afin
4(積テ) 6(職人カ) 17(夫ヲ) 18(置夕) 16(於テ) 15(壓搾ニ) 14(爲メニ)

d'exprimer la plus grande partie de l'eau;
13(ノ) 12(搾ルコ) 9(最モ) 10(大ナル) 11(部分ヲ) 8(ノ) 7(水)

puis il les étend jusqu'à ce qu'elles
19(次ニ) 20(彼カ) 28(夫ヲ) 26(擴ケル) 27(迄) 26(夫レ) 25(コノ) 21(彼等カ)

soient parfaitement sèches. Ces feuilles ayant
24(有ル) 22(全ク) 23(乾テ) 4(此) 5(紙カ) 3(有タ)

été ainsi séchées, il les plonge dans une
所ノ) 1(如斯) 2(乾レテ) 15(彼カ) 13(夫ヲ) 17(沈メル) 14(中ニ) 12(或ル)

chaudière remplie d'une colle très-claire,
13(鑵ノ) 11(充チタル) 10(付テ) 8(或ル) 9(糊ニ) 6(甚タ) 7(透明ナル)

faite de rognure de parchemin. Toutes
22(成サルヽ) 21(付テ) 20(切屑ニ) 19(ノ) 18(羊皮紙) 1(凡テ)

ces préparations étant faites, il faut
2(此) 3(準備カ) 5(有タ處デ) 4(成サレテ) 6(夫ハ) 19(要スル)

polir ces feuilles avec une pierre
₁₉(琢磨スルコヲ) ₁₆(此) ₁₇(紙ヲ) ₁₄(以テ) ₁₂(或ル) ₁₃(石ヲ)

légèrement frottée de graisse de mouton.
₁₅(輕ロク) ₁₁(摩擦シタル) ₁₀(付テ) ₉(油ニ) ₈(ノ) ₇(羊)

（第百二十三）

Une description exacte de l'imprimerie
₇(或ル) ₈(記事ヲ) ₆(精確ナル) ₅(ノ) ₄(活版)

surpassant votre intelligence, je puis néan-
₃(超過スル處デ) ₁(汝) ₂(才智ヲ) ₉(私ハ) ₁₇(能フ) ₁₀(乍

moins vous en donner une légère idée.
幷) ₁₁(汝ニ) ₁₂(夫ニ付テ) ₁₆(示シ) ₁₃(或ル) ₁₄(輕少ナル) ₁₅(槪略ヲ)

L'art de fondre ayant été inventé, quelqu'un
₃(技術カ) ₂(ノ) ₁(鑄ル コ) ₅(有タ處デ) ₄(發明サレテ) ₆(或ル人カ)

s'en servit pour fondre séparément toutes
₇(夫ニ付テ) ₁₃(使用スル) ₁₂(爲メニ) ₁₁(鑄ル) ₁₀(別々ニ) ₈(凡テノ)

les lettres. Ces lettres ou caractères avait été
₉(文字ヲ) ₁(此) ₂(文字) ₃(或ハ) ₄(字體カ) ₁₁(有タリシ)

distribuées dans une multitude de cassetins,
₁₀(配分サレテ) ₆(中ニ) ₇(或ル) ₈(多クノ) ₆(ノ) ₅(區域アル活字箱)

l'ouvrier les tire et les place dans
₁₂(職工カ) ₁₃(夫ヲ) ₁₄(拾フ) ₁₅(而) ₁₆(夫ヲ) ₁₉(置ク) ₁₈(中ニ)

le composteur: tel est le nom de
₁₇(植字ノ匣) ₂₀(如斯モノ) ₂₈(有ル) ₂₇(名デ) ₂₆(ノ)

l'instrument où il les assemble. Les
₂₅(機械) ₂₄(所ノ) ₂₁(彼カ) ₂₂(夫ヲ) ₂₃(集メル)

lettres ainsi assemblées forment des mots, puis
₃(文字ハ) ₁(如斯) ₂(集メラレタル) ₇(形造ル) ₄(詞) ₅(次ニ)

des lignes. De plusieurs lignes réunies se
₆(線ヲ) ₄(付テ) ₁(多クノ) ₃(線ニ) ₂(集メタ)

forment des pages, qui sont ensuite fortement
18(形造ル)　17(頁ヲ)　13(所)　15(ルヽ)　5(次ニ)　13(堅ク)

serrées dans un chassis de fer, nommé
14(密接サ)　12(中ニ)　10(或ル)　11(ワク)　9(ノ)　8(鐵)　7(名稱シタル)

forme. Cette forme, apportée par un
6(活字函ト)　6(此)　7(活字組函カ)　5(持チ運レタル)　4(由テ)　1(或ル)

ouvrier robuste, est placée sous la presse.
3(職工ニ)　2(壯健ナル)　11(ルヽ)　10(置カ)　9(下ニ)　8(壓榨機ノ)

Là, un autre ouvrier barbouille cette
12(ソコニ)　13(或ル)　14(他ノ)　15(職工カ)　20(塗抹スル)　18(此)

forme d'encre. Ensuite, tirant fortement
19(活字函ヲ)　17(付テ)　16(墨ニ)　1(次ニ)　5(引キツヽ)　2(強コク)

un barreau, il presse sur la forme la
3(或ル)　4(鐵棒ヲ)　6(彼カ)　20(壓搾スル)　19(上ニ)　18(活字函ノ)

feuille de papier, qui reçoit exactement
17(壹葉ヲ)　16(ノ)　15(紙)　14(所)　13(受クル)　12(精確ニ)

l'empreinte de toutes ces lettres.
11(印刷ヲ)　10(ノ)　7(凡テ)　8(此)　9(文字)

前置詞ノ文章

(第百二十四)

Le chocolat est fait des amandes d'-
1(カヽヲト砂糖ニテ)　9(ルヽ)　8(製サ)　7(杏實デ)　6(ノ)
製シタル食物ハ

un arbrisseau nommé cacaotier. Les
4(或ル)　5(小樹)　3(名ケタル)　2(カヽヲチエート)
(樹名)

fabricants mettent ces amandes sur le feu, et
1(製造人カ)　6(置ク)　2(此)　3(杏實ヲ)　5(上ニ)　4(火ノ)　7(而)

les tournent jusqu'à ce que la peau se
15(夫ヲ)　16(擦回ス)　14(迄テ)　13(夫レ)　12(コノ)　8(外皮カ)

détache de l'amande. Ils réduisent en
11(脱スル) 10(カラ) 9(杏實) 1(彼等カ) 9(減スル) 8(於テ)

poudre ces amandes dans un mortier, y
7(粉ニスルコニ) 5(此) 6(杏實ヲ) 4(中ニ) 2(或ル) 3(捏ノ) 10(其中ニ)

mettent du sucre, de la cannelle, et mêlent
13(入ルヽ) 11(砂糖) 12(桂皮ヲ) 14(而) 16(混合スル)

le tout ensemble. Après cela ils mettent
15(概シテ) 2(後ニ) 1(其ノ) 3(彼等カ) 15(匿ク)

cette pâte sur une pierre échauffée par
13(此) 14(捏物ヲ) 12(上ニ) 10(或ル) 11(石ノ) 9(熱セラレタル) 8(由テ)

un réchaud de feu. L'ouvrier, appuyant
6(或ル) 7(爐ニ) 5(ノ) 4(鐵) 10(職人カ) 9(張テ)

fortement les mains sur un pesant rouleau
7(強ヨク) 8(手ヲ) 6(上ニ) 3(或ル) 4(重キ) 5(旋壓機)

de fer, broie cette pâte. Le soir il
2(ノ) 1(鐵) 13(粉ニスル) 11(此) 12(捏物ヲ) 1(夕刻) 2(彼カ)

la divise et en forme ces tablettes
3(夫ヲ) 4(別チ) 5(而) 11(夫ニ付テ) 12(形造ル) 9(此) 10(方形物ヲ)

que vous voyez. Vous avez plus d'une fois
8(所) 6(汝カ) 7(看ル) 1(汝カ) 9(タ) 8(數度)

fait un déjouner avec du chocolat. Vous
8(成シ) 6(或ル) 7(朝飯ヲ) 5(以テ) 4(シココラーヲ) 1(汝カ)

en avez pris ce matin dans une tasse
2(夫ニ付テ) 10(食ダ) 3(今朝) 5(於テ) 6(或ル) 7(茶碗ニ)

de porcelaine, et votre frère dans un gobelet
5(ノ) 4(陶器) 9(而) 10(汝カ) 11(兄弟カ) 15(於テ) 13(或ル) 14(杯)

d'argent. Le domestique vous avait apporté
12(銀ノ) 1(僕カ) 2(汝ニ) 9(タ) 8(持來)

du pain de la plus pure farine. Plusieurs
7(麺包ヲ) 7(付テノ) 3(最モ) 4(純良ナル) 5(粉ニ) 3(多ノ)

personnes, après le chocolat, avalent un verre
₄(人カ)　₂(後デ)　₃(ショコラノ)　₃(呑ム)　₆(一)　₇(杯ヲ)

d'eau.
₅(水ノ)

(第百二十五)

La pêche de la baleine se fait dans la
　₃(漁ハ)　₂(ノ)　₁(鯨)　₁₀(成サルヽ)　₉(於テ)

partie la plus septentrionale de l'Europe.
₈(部分ニ)　₆(最モ)　₇(北方ノ)　₅(ノ)　₄(歐羅巴)

Il s'y rassemble une multitude de barques
₁(夫レカ)₂(ソコニ)₁₁(集ムル)　₉(或ル)　₁₀(群集ガ)　₈(ノ)　₇(小船)

destinées à cette capture. Lorsqu'une
₆(準備サレタル)　₅(於テ)　₃(此)　₄(捕獲)　₆(井ニハ)₁(或ル)

baleine paraît sur l'eau, le plus hardi et
₂(鯨カ)　₅(現出スル)　₄(上ニ)₃(水ノ)　₁₉(最モ)　₂₀(大胆ナル)　₂₁(而)

le plus vigoureux des pêcheurs armé d'un
　₂₂(最モ)　₂₃(活潑ナル者カ)　₁₈(ノ)　₁₇(漁者)　₁₆(武裝サレタル)₁₅(付テ)

javelot long de cinq ou six pieds,
₁₄(擲鎗ニ)　₁₃(長キ)　₁₂(ノ)　₈(五)　₉(或ハ)　₁₀(六)　₁₁(ピエ尺名)

attaché à une corde de deux cents
₇(結ヒ付ラレタル)₆(於テ)　　₅(綱ニ)　₄(ノ)　₁(貳)　₂(百)

toises, le lance sur la baleine. Quand il
₃(尺名)₂₆(夫ヲ)₂₇(擲ツ)₂₅(上ニ)　₂₄(鯨ノ)　　₅(井ニハ)₁(彼)

a pu la percer, c'est ville prise; le
₄(得タ)₂(夫ヲ)₃(突貫キ)₆(夫ハ)₉(有ル)₈(街デ)₇(取獲スル)

monstre coule à fond. Les pêcheurs laissent
₁₀(怪物カ)　(沈ム)　　₁(漁人カ)　₅(マヽニスル)

filer leur corde. S'il en faut
₄(延ス)₂(彼等ノ)₃(綱ヲ)　₅(ナラバ)₁(夫カ)₂(夫ニ付テ)₇(要スル)

une trop grande quantité, ils attachent
₈(一ノ) ₄(余リ) ₅('大ヒナル) ₆(分量ヲ) ₉(彼等ハ) ₂₅('結ヒ付ケル)

au bout une table de liège ou une citrouille
₂₄(於テ) ₂₃(端ニ) ₂₁(或ル) ₂₂(浮票ヲ) ₂₀(或ハ) ₁₇(或ハ) ₁₉(西瓜)

vide et bien fermée, dont ils observent
₁₈(空胃ノ) ₁₆(而) ₁₄(甚タ) ₁₅(閉サシタル) ₁₃(所) ₁₀(彼等カ) ₁₂('監擦スル)

les mouvements. Quand la baleine a perdu
₁₁(運動ヲ) ₅(片ニ) ₁(鯨カ) ₄('失タ)*

son sang, elle revient sur l'eau; alors les
₂(彼)₃'血ヲ) ₆(彼カ) ₉('漂着スル) ₈'上ニ) ₇(水ノ) ₁₀('然ル時ニ)

pêcheurs la tirent avec la corde, l'-
₁₁'漁人カ) ₁₂(夫ヲ) ₁₅(曳ク) ₁₄(以テ) ₁₃(綱ヲ) ₁₆'夫ヲ)

achèvent, la traînent sur le rivage et
₁₇'成就スル) ₁₈(夫ヲ) ₂₁('引キ上ル) ₂₀(上ニ) ₁₉('岸ノ) ₂₂'而)

s'en emparent.
₂₃(夫ニ付テ) ₂₄('獲捕スル)

* perdre la vie.

(第百二十六)

Cette pierre, qui a été tirée de la carrière
₇(此) ₈'石ハ) ₆'所) ₅(タ) ₄'引出シ) ₃'カラ) ₂'石坑)

voisine, est longue de six pieds et large
₁(近郷ノ) ₁₇(有ル) ₁₂'長サ) ₁₁(ノ) ₉'六) ₁₀'ピエー) ₁₈'而) ₁₆'幅サテ)

古ノ尺度

d'un. Le diamètre de la roue dont les
₁₅(ノ)₁₄'壹ピエー) ₁₀'直徑ハ) ₉(ノ) ₈'車輪) ₇'所)

ouvriers se sont servis pour la montrer
₁(職工カ) ₆'タ) ₅'使用シ) ₄(爲メニ) ₂'夫ヲ) ₃'乘セルコノ)

était de quinze pieds. Les ouvriers l'ont
₁₃(有リシ) ₁₁'十五) ₁₂'ピエーデ) ₁'職工カ) ₂'夫ヲ)₉'タ)

roulée à cinquante pas de la carrière,
8(運搬シ) 7(マテ) 5(五十) 6(歩ニ) 4(カラ) 3(石坑)

Le bloc de marbre que j'ai vu dans l'atelier
11(塊ハ) 10(ノ) 9(大理石) 8(所) 1(私カ) 7(看タ) 6(於テ) 5(工塲ニ)

de ce marbrier, était plus large d'un pied
4(ノ) 3(此) 2(大理石職工) 20(有リシ) 14(ヨリ) 15(廣ク) 12(壹) 13(ピエー)

et plus long de deux; il a été transporté
16(而) 18(ヨリ) 15(長ク) 17(貳ピエー) 21(彼カ) 33(タ) 32(運搬サレ)

à cinquante pas de l'endroit où il
31(迄テ) 50(五十) 30(歩ノ所ニ) 28(カラ) 27(塲所) 26(所) 22(彼カ)

doit être placé. Cette tablette de
25(子ハナラヌ) 24(アラ) 23(置レテ) 3(此) 4(臺ハ) 2(ノ)

marbre est longue de quatre pieds, et
1(大理石) 14(アル) 8(長サ) 7(ノ) 5(四) 6(ピエー) 9(而)

large de dix pouces. Votre maison de
13(幅サデ) 12(ノ) 10(拾) 11(プース) 6(汝カ) 9(別墅ハ) 8(ノ)

campagne, où elle doit être posée, est
7(田舎) 5(所) 1(彼カ) 4(子ハナラヌ) 3(レ) 2(ニ) 15(有ル)

éloignée de Paris de deux lieues. Ces glaces
14(隔テ) 11(カラ) 10(巴利) 12(貳) 13(里) 1(此) 2(玻璃ハ)

sont plus hautes d'un pied que celles que
12(有ル) 10(ヨリ) 11(髙ク) 8(壹) 9(ピエー) 7(ヨリ) 6(夫レ) 5(所)

vous avez vendues. Les portefaix, qui les
3(汝カ) 4(賣却ナシタ) 4(擔夫ハ) 3(所) 1(夫ヲ)

ont apportées, les ont déposées à vingt pas
2(運搬サレタ) 5(夫ヲ) 11(罷レタ) 10(マテ) 8(廿) 9(歩ノ所ニ)

de la maison, et les ont mises en lieu
7(カラ) 6(家) 12(而) 13(夫ヲ) 17(罷タ) 16(於テ) 15(場所ニ)

sûr. Le brancard sur lequel elles étaient
11(確ナル) 1(擔架) 3(上ニ) 2(夫ノ) 4(彼カ) 6(タリシ)

posées avait deux pieds de large ; il était
₅(置レ) ₁₀(持シ) ₈(貳) ₉(ピエーヲ) ₇(幅サカ) ₁₁(彼ハ) ₁₆(有シ)

long de huit pieds.
₁₅(長サデ) ₁₄(ノ) ₁₂(八) ₁₃(ピエー)

（第百二十七）

Les métaux sont des matières pesantes, dures,
₁(金屬ハ) ₁₂(有ル) ₁₁(物質デ) ₁₀(重キ) ₉(硬キ)

éclatantes, qui deviennent fluides par l'ardeur
₈(光輝アル) ₇(所) ₆(成ル) ₅(液體ト) ₄(由テ) ₃(猛熱ニ)

du feu, et reprennent leur solidité en
₂(火ノ) ₁₃(而) ₁₈(再ヒ取ル) ₁₆(彼等ノ) ₁₇(堅硬質ヲ) ₁₅(於テハ)

refroidissant. Cet ouvrier se sert du marteau
₁₄(冷スコニ) ₁(此) ₂(職工カ) ₉(用ユル) ₈(鐵槌ヲ)

pour aplanir ce lingot d'or. Ce métal
₇(爲メニ) ₆(平ニスルコノ) ₃(此) ₅(地金ヲ) ₄(金ノ) ₁(此) ₂(金屬ハ)

l'emporte sur les autres en valeur et en
₉(優ル) (ニ) ₈(他者) ₄(於テ) ₃(價値ニ) ₅(而) ₇(於テ)

éclat. Il obtient cette valeur, soit de
₆(光輝ニ) ₁(彼ハ) ₁₆(保ツ) ₁₄(此) ₁₅(價値ヲ) ₈(セコ)

l'opinion que nous nous en sommes formée,
₇(考ニモ) ₆(所ノ) ₂(我々ハ) (我々ヲ) ₃(夫ニ付テ) ₅(タ) ₄(形造)

soit de la difficulté de l'exploiter.
₁₃(有ルニモセヨ) ₁₂(困難カ) ₁₁(付テ) ₉(夫ヲ) ₁₀(堀出スコニ)

Les vases destinés aux usages les plus
₆(器ハ) ₅(定ラレタル) ₄(於テ) ₃(用法ニ) ₁(最モ)

sacrés sont quelquefois d'or ou d'argent ;
₂(神聖ナル) ₁₁(有ル) ₇(時ニ由テハ) ₈(金) ₉(或ハ) ₁₀(銀デ)

autrefois ils étaient de bois ou de
₁₂(昔ハ) ₁₃(彼等カ) ₁₉(有リシ) ₁₅(付テ) ₁₄(木ニ) ₁₆(或ハ) ₁₈(付テ)

verre. Le toit de certains édifices était
₁₇(玻璃ニ) ₃(屋根カ) ₁(或ル) ₂(健物ノ) ₇(有リシ)

autrefois de plomb, quelques-uns l'avaient
₄(昔ハ) ₆(付テ) ₅(亞鉛ニ) ₈(二三ノ物ハ) ₉(夫ヲ)₁₂(持シ)

d'argent. Les ustensiles de cuisine sont
₁₁(付テ)₁₀(銀ニ) ₃(厨具ハ) ₂(ノ) ₁(厨房) ₇(アル)

ordinairement de cuivre ; les outils de fer
₄(普通ニ) ₆(付テ) ₅(銅ニ) ₈(道具ハ) ₁₀(付テ) ₉(鐵ニ)

ou d'acier. Les bijoux sont faits de
₁₁(或ハ) ₁₃(付テ)₁₂(鋼ニ) ₁(寶玉ハ)₈(有ル) ₇(成サレテ) ₆(付テ)

pierreries enchâssées dans l'or. Certaines
₅(寶石ニ) ₄(嵌メラレタル) ₃(中ニ) ₂(金ノ) ₁(或ル)

étoffes ont un tissu d'or d'autres d'-
₂(織物ハ) ₈(有ル) ₄(織物デ) ₃(金ニ付テ) ₅(其他) ₇(付テ)

argent. Cette cuiller d'argent a coûté soixante
₆(銀デ) ₁(此) ₄(匙ハ) ₃(ノ)₂(銀) ₁₂(價ヘシタ) ₅(七

et douze francs, et cet anneau vingt-cinq
十二) ₆(フラン) ₇(而) ₈(此) ₉(環ハ) ₁₀(廿五)

francs.
₁₁(フランヲ)

(第百二十八)

Je suis sorti ces jours derniers avec votre
₁(私ハ) ₇(有ル) ₆(出テ) ₂(先 日) ₅(共ニ) ₃(汝カ)

parent ; nous fîmes ensemble plusieurs
₄(親族ト) ₈(我々ハ) ₁₂(成シタ) ₉(共ニ) ₁₀(多クノ)

achats. L'epicier nous vendit le sucre
₁₁(買物ヲ) ₁(香味商人カ) ₂(我々ニ) ₁₃(賣タ) ₃(砂糖ヲ)

un franc soixante et dix centimes, et le café
₄(壹フラン) ₅(七 十) ₆(サンチーム) ₇(而) ₈(咖啡ヲ)

trois francs les deux livres.　　Le marchand
11(參) 12(フランデ)　　9(貳)　10(斤)　　　　2(商人カ)

de drap nous vendit quatre aunes de drap
1(羅紗) 3(我々ニ) 20(賣タ) 10(四) 11(オーヌヲ) 9(ノ) 8(羅紗)
(我カ三尺七寸)

à quarante francs l'aune et trois aunes
7(於テ) 5(四十) 6(フランニ) 4(三尺七寸ヲ) 12(而) 19(參) 19(オーヌヲ)

de velours pour trante francs.　　Mon
17(ノ) 16(ビラウド) 15(對テ) 19(三十) 14(フランニ)　1(私ノ)

cordonnier nous vendit à chacun une paire
2(靴商人) 3(我々) 15(賣タ) 5(於テ) 4(各々ニ) 13(壹) 14(足ヲ)

de bottes, que nous payâmes trente-six francs.
12(ノ) 11(長靴) 10(所) 6(我々カ) 9(拂フタ) 7(三十) (六) 8(フラン)

Je dois aller incessamment voir le libraire.
1(私ハ) 6(子バナラヌ) 5(行カ) 2(間斷ナク) 4(看ニ) 3(書房主ヲ)

Je lui achèterai les œuvres complètes
1(私ハ) 13(彼レカラ) 14(購求スルデアロー)　　12(著述ヲ)

de Rollin s'il ne me les vend pas
11(ノ) 10(ローラン) 9(トモ) 2(彼カ)　　3(私ニ) 4(夫ヲ) 8(賣ラヌ)

plus de quarante francs.　　Il m'a vendu
7(コリ多ク)　 5(四十)　 6(フラン)　 1(彼ハ) 2(私ニ) 15(賣タ)

les œuvres de Cicéron soixante francs ; un
5(著書ヲ) 4(ノ) 3(シセロン) 6(六十) 7(フラン)

Virgile　　　　avec notes, vingt-quatre francs ;
10(ビルジールノ著書ヲ) 9(入リノ) 8(註) 11(廿四) 12(フラン)

le Cours de Littérature de La Harpe, cent cinqu-
15(文學書ヲ) 14(ノ) 13(ハルプ) 16(百五

ante francs.　　Le mémoire de l'architecte qui
十) 17(フランデ)　　　7(書物カ) 6(ノ) 5(技師) 4(所)

a construit cette maison, a été soldé vingt mille
3(建築シタ) 1(此) 2(家ヲ) 11(タ) 10(支拂レ) 8(貳萬)

francs. Le bâtiment que votre oncle a mis
9(フラン) 7(船カ) 6(所) 1(汝ノ) 2(伯父カ) 5(置タ)

à la mer, a coûté cinq cent mille francs.
4(於テ) 3(海ニ) 10(價ヘシタ) 8(五十萬) 9(フラン)

(第百二十九)

Ces jeunes gens se proposent de faire une
1(此) 2(若キ) 3(體カ) 13(言顯シタ) 6(成スコヲ) 4(或ル)

promenade, et de la terminer par une colla-
5(散歩ヲ) 7(而) 8(夫ヲ) 12(終ルコヲ) 11(由テ) 9(或ル) 10(小宴

tion. Le plus versé dans l'économie a été
ニ) 3(最モ) 4(實驗アル者カ) 2(於テ) 1(節儉ニ) 11(タ)

chargé de présenter le mémoire à la société.
10(任ラレ) 9(付テ) 8(顯スコニ) 7(書付ヲ) 6(於テ) 5(仲間ニ)

Il se montait à dix francs : il a voulu
1(夫カ) 5(登リシ) 4(於テ) 2(拾) 3(フランニ) 6(彼ハ) 9(欲シタ)

détailler les objects. Chez le pâtissier,
8(明細ニスルコヲ) 7(品物ヲ) 2(屋テ) 1(菓子)

un pâté a coûté deux francs. Il a été
3(或ル) 4(捏菓子ヲ) 7(價チシタ) 5(貮) 6(フラン) 1(夫カ)17(レタ)

acheté à la fruitière une salade de laitue,
10(購ハ) 9(於テ) 2(果物商ニ) 6(或ル) 7(サラードヲ) 5(ノ) 4(萵苣)

dix sous ; et pour l'assaisonnement, payé quinze
8(拾) 9(錢テ) 11(而) 13(向テ) 12(調味スルコニ) 16(支拂フ) 14(拾五)

sous. Il a acheté chez le charcutier une
15(錢ヲ) 1(彼カ) 10(購フタ) 3(家デ) 2(肉商人ノ) 6(壹)

tranche de jambon vingt quatre sous. Le
7(片ヲ) 5(ノ) 4(ラカン) 8(廿四) 9(錢デ)

limonadier lui a vendu quatre bouteilles de
1(洋酒商人カ) 2(彼ニ) 3(賣却シタ) 7(四) 5(瓶ヲ) 6(ノ)

bière trente deux sous. Puis un large
5(麥酒) 3(卅貳) 4(錢デ) 1(次ニ) 4(或ル) 5(大ナル)

saladier de fraises a coûté quarante sous.
6(一器ノ調釆カ) 3(ノ) 2(草覆盃子) 9(價チシタ) 7(四拾) 8(錢ノ)

Dépensé pour croquignoles et petites friandises
8(費シタ) 5(爲メニ) 1(菓子類) 2(而) 3(小キ) 4(甘味物ノ)

dix-neuf sous. Le total de la dépense monte
6(拾九) 7(錢ヲ) 3(合計カ) 2(ノ) 1(入費) 7(登ル)

à neuf francs. La petite société a cru
3(於テ) 4(九) 5(フランニ) 1(小キ) 2(仲間ノ者カ) 16(信ジタ)

ne pouvoir mieux faire que de décider
15(能ハスト) 13(コリヨク) 14(成シ) 12(ヨリハ) 11(決定スル)

à l'unanimiter que les vingt sous restants
10(全意シテ) 9(ヲ) 4(廿) 5(錢ヲ) 3(殘ル所ノ)

seraient la portion du pauvre; ils ont été
8(有ルデアロー) 7(分デ) 6(貧民ノ) 17(彼等カ) 22(有ツタ)

remis par l'un d'eux à une mère
28(渡サレテ) 27(由テ) 26(獨リニ) 25(彼等ノ) 24(於テ) 22(或ル) 23(母ニ)

de famille chargée d'enfants.
21(ノ) 20(親族) 19(負擔シタル) 18(多クノ小兒ヲ)

（第百三十）

Rome fut fondée vers l'an du monde
1(羅馬カ) 12(アツタ) 11(創テ) 5(頃ロ) 4(年ノ) 2(世界ノ)

3250, environ 750 ans avant Jésus-
5(三千二百五十) 6(殆ンド) 9(七百五十) 10(年ニ) 8(前) 7(耶蘇)

Christ. Depuis Romulus, son fondateur,
紀元) 4(カラ) 3(ロミユリュース人名) 1(彼) 2(創立者ナル)

jusqu'à la bataille d'Actium, tombeau de
13(マデ) 12(戰爭ニ) 11(ノ) 10(アクチオーム) 9(墳墓ナル) 8(ノ)

cette fière république, elle subsista 720 ans,
₅(此) ₄(傲慢ナル) ₇(共和政治) ₁₄(彼カ) ₂₃(存在シタ) ₂₁(七百廿) ₂₂(年)

qui peuvent se diviser en cinq époques.
₂₀(所) ₁₉(能フ) ₁₈(區別サレ) ₁₇(於テ) ₁₅(五ノ) ₁₆(時限ニ)

Elle eut d'abord les rois qui la gouvernèrent
₁(彼カ) ₃(持タ) ₂(最初ニ) ₇(王ヲ) ₄(所) ₈(夫ヲ) ₅(支配タ)

244 ans. A ces rois, dont le dernier
₃(二百四十四年) ₁₀(於テ) ₈(此等ノ) ₄(王ニ) ₇(所) ₅(最終ノ人カ)

périt 508 ans avant Jésus-Christ, succéda
₆(死タ) ₃(五百八) ₄(年ニ) ₂(前) ₁(耶蘇紀元) ₁₃(繼續シタ)

le gouvernement des consuls. Mais, sous
₁₂(政體カ) ₁₁(督理官) ₁(乍併) ₆(下ニ)

cette nouvelle forme de gouvernement, elle fut
₄(此) ₅(新式ノ) ₃(ノ) ₂(政體) ₇(彼カ) ₁₄(タ)

prise par les Gaulois l'an du monde
₁₅(押領サレ) ₁₂(由テ) ₁₁(ゴーロワー人ニ) ₁₀(年ニ) ₈(ノ) ₇(世界)

3617. Il y avait 120 ans que les consuls
₉(三千六百十七) ₉(有リシ) ₈(百廿年デ) ₇(フカ) ₁(督理官)

étaient à la tête de la république. Entre
₆(有リシ) ₅(於テ) ₄(頭ニ) ₃(ノ) ₂(共和政體) ₂₁(間ニ)

la prise de Rome par les Gaulois et la
₂₀(奪掠ノ) ₁₉(ノ) ₁₈(羅馬) ₁₇(由テ) ₁₆(ゴーロワー人ニ) ₁₅(而)

première guerre punique, arrivée vers l'an
₁₃(第壹ノ) ₁₄(戰爭ノ) ₁₂(ピユニツクノ) ₁₁(到着シタル) ₁₀(頃ロニ) ₄(年)

490 de Rome et 264 ans avant Jésus-
₃(四百九十) ₂(ノ) ₁(羅馬) ₅(而) ₈(二百六十四) ₉(年ニ) ₇(前) ₆(耶蘇)

Christ, il s'était écoulé 123 ans. La
紀元) ₂₂(夫ハ) ₂₅(タ) ₂₄(經過サレ) ₂₃(百廿三年)

quatrième époque est celle de la ruine de
₁(第四ノ) ₂(時限ハ) ₁₂(有ル) ₁₁(夫レデ) ₁₀(ノ) ₅(零落) ₈(ノ)

Carthage par le second Scipion l'Africain.
₇(カルタージュ) ₆(由テ) ₃(第二世) ₄(スシピオン) ₅(アフリカンニ)

Il y avait près de cent vingt ans que les
₁₃(有リシ) ₁₂(始ンド) ₁₀(百廿) ₁₁(年デ) ₉(ノガ)

premières hostilités entre Rome et Carthage
₅(第壹ノ) ₆(敵對カ) ₄(間ニ) ₁(羅馬) ₂(而) ₃(カルタージュノ)

avaient commencé. Enfin la bataille d'Ac-
₈(タ) ₇(始リ) ₁(終リニ) ₁₆(戰爭カ) ₁₅(ノ) ₁₄(アク

tium, livrée l'an du monde 3973, l'an
チオーム) ₁₃(渡サレタル) ₄(年) ₂(世界ノ) ₃(三千九百七十三) ₈(年)

de Rome 720, et 31 ans avant Jésus-Christ,
₆(ノ) ₅(羅馬) ₇(七百廿) ₉(而) ₁₂(三十一年ニ) ₁₁(前) ₁₀(耶蘇紀元)

mit fin à cette république.
₂₁(匿タ) ₂₀(終リヲ) ₁₉(於テ) ₁₇(此) ₁₈(共和政體ニ)

(第百三十一)

L'histoire de France peut se diviser en
₃(歷史ハ) ₂(ノ) ₁(佛國) ₈(得ル) ₇(分割シ) ₆(於テ)

cinq époques. L'établissement de cette
₄(五ノ) ₅(時代ニ) ₄(設置カ) ₃(ノ) ₁(此)

monarchie date de l'an 420. Mérovée,
₂(立君政治) ₈(始マル) ₇(カラ) ₆(年) ₅(四百廿) ₁₀(メロベーハ)
　　　　　　　　　　　　　　　　　　　　　　王ノ名

troisième roi, qui donna son nom à
₈(第三番目ノ) ₉(王ナル) ₇(所) ₆(與ヘタ) ₄(彼ノ) ₅(名ヲ) ₃(於テ)

la race des Mérovingiens, était aïeul
₂(人種) ₁(メロバンジアン人種ノ名) ₁₄(有リシ) ₁₃(祖父デ)

du grand Clovis. Cette branche dura
₁₁(高名ナル) ₁₂(クロビースノ) ₁(此) ₂(系統カ) ₅(引續タ)
　　　　　　王ノ名

330 ans. Pepin le Bref, père de
₃(三百卅) (年) ₄(ペパンルブレツフ) ₃(父ナル) ₂(ノ)

Charlemagne, fut élu en 761. Ce
₁(シヤル︑マーギユ帝) ₈(タ) ₇(選出サレ) ₆(於テ) ₅(七百六十一年) ₅(此)

dernier, décharé empereur d'Occident, régna
₆(最終ノ者カ) ₄(布告サレタル) ₃(帝ト) ₂(ノ) ₁(西) ₉(支配シタ)

46 ans; il fonda l'université. Sous ce
₇(四十六)₈(年) ₁₀(彼カ) ₁₂(設置シタ) ₁₁(大學ヲ) ₃(代ニ) ₁(此)

prince la langue latine cessa d'être langue
₂(君主) ₅('語カ) ₄(羅旬) ₉'止メタ) ₈'有ルコヲ) ₇(語ア)

vulgaire. Cette seconde race dura 236
₆(通俗ノ) ₁(此) ₂(第二番目ノ) ₃(種族カ) ₆(引續タ) ₄(二百卅六)

ans. Hugues Capet, chef de la troisième
₅(年) ₅(ユーグ) ₆(カツペ) ₄(頭ナル) ₃(ノ) ₁'第三番目ノ)

race, fut élu roi en 987. Depuis
₂'種族) ₁₁(タ) ₁₀(選出サレ) ₉(王ニ) ₈(於テ) ₇(七百八十七年) ₃(カラ)

ce prince jusqu'à Philippe VI, chef de la
₁(此) ₂(君主) ₁₀(迄テ) ₈(フヒリツプ) ₉(第六世) ₇(頭ナル) ₆(ノ)

branche des Valois, il s'écoula 340 ans.
₅(系統) ₄(バロハー) ₁₁(夫カ) ₁₁(經過シタ) ₁₂(三百四十) ₁₃(年)

Cette branche posséda la couronne 260 ans,
₁(此) ₂(系統カ) ₁₂(維持シタ) ₁₁(王冠ヲ) ₉'二百六十) ₁₀(年)

jusqu'à Henri IV, chef de la branche des
₈(迄テ) ₇(ハンリー第四世) ₆(頭ナル) ₅(ノ) ₄(家)

Bourbons. Ce prince, dont le nom est
₃(ブールボン) ₈(此) ₉(君主カ) ₇(所) ₁(名カ) ₆(有ル)

si cher à la France, régna 21 ans.
₄(左様ニ) ₅(親ク) ₃(於テ) ₂(佛國ニ) ₁₂(支配シタ) ₁₀(廿壹) ₁₁(年)

Depuis ce prince jusqu'au Président de la
₃(カラ) ₁(此) ₂(君主) ₈(迄テハ) ₇(大統領) ₆(ノ)

république actuelle nous trouvons un espace
₅(共和政體) ₄(現今ノ) ₉(我々カ) ₁₅(見出ス) ₁₃(或ル) ₁₄(年間ヲ)

de 276 ans.
12(ノ) 10(二百七十) 11(年)

(第百三十二)

Votre ami vient de m'envoyer la relation
1(汝ノ) 2(朋友カ) 12(今私ニ送リタリ) 11(紀事ヲ)
du 'voyage qu'il a fait sur les côtes de
10(旅行ノ) 9(所) 7(彼カ) 6(ナシタ) 6(上ニ) 5(海岸ノ) 4(ノ)
la France. Je suis parti d'Anvers,
3(不蘭西) 16(私ハ) 18(タ) 17(出立シ) 15(カラ) 14(アンベール)
port célèbre, me dit-il, avec un de
13(港ノ) 12(有名ナル) 20(私ニ) 21(云タ) 19(彼カ) 11(共ニ) 10(獨リト) 9(ノ)
mes parents qui arrivait de Malines, ville
7(私ノ) 8(兩親) 6(所) 5(到着セシ) 4(カラ) 3(マリーヌ) 2(町ナル)
archiépiscopale. Nous nous rendîme de là
1(牧師ノ) 1(我々ハ) 6(行ク) 3(カラ) 2(ソコ)
à Ostende; puis, traversant la Flandre,
5(ニ) 4(オスタンド) 7(次ニ) 9(經過シツヽ) 8(フランドルヲ)
nous vîmes à Lille, ancienne capitale de
10(我々ハ) 23(着キタ) 22(於テ) 21(リールニ) 14(古ノ) 15(首府ナル) 13(ノ)
cette province, et aujourd'hui chef-lieu de
11(此) 12(州) 16(而) 17(現今) 20(首府ナル) 19(ノ)
departement. De Lille, nous nous arretâmes
18(縣) 2(カラ) 1(リール) 3(我々ハ) 13(滞留シタ)
à Arras où nous ne fîmes qu'un
12(於テ) 11(アラーニ) 10(處) 4(我々カ) 9(成サス) 8(ナラデハ)
séjour très-court. Nous voulions incessamment
7(滞在) 5(至タ) 6(短キ) 1(我々ハ) 11(希望タ) 2(間斷ナク)
visiter tous les ports de la Normandie et
10(見物スルヲ) 5(各ノ) 6(港ヲ) 4(ノ) 3(ノルマンジー) 7(而)

des provinces maritime. Nous allâmes d'abord
₉(州ヲ) ₈(海岸ノ) ₁(我々カ) ₁₀(赴タ) ₂(最初)

à Dieppe, port célèbre par le concours
₉(ニ) ₈(ジエツプ) ₇(港ノ) ₆(有名ナル) ₅(由テ) ₄(集合ニ)

des pêcheurs. Nous nous embarquâmes à
₃(漁夫ノ) ₁(我々ハ) ₄(乗船シタ) ₃(於テ)

Dieppe, et nous abordâmes au Havre ;
₂(ジエツプニ) ₅(而) ₆(我々カ) ₉(到着シタ) ₈(於テ) ₇(アーブルニ)

puis longeant toujours les côtes, nous
₁₀(次ニ) ₁₃(沿フテ) ₁₁(常ニ) ₁₂(海岸ヲ) ₁₄(我々カ)

vînmes à Cherbourg. De là, notre
₁₇(到着シタ) ₁₆(ニ) ₁₅(シエルブール) ₂(カラ) ₁(ソコ) ₃(我々ノ)

bâtiment ayant été porté un peu en haute
₄(船カ) ₉(有タ所デ) ₈(持チ行カレテ) ₅(少シク) ₇(於テ) ₆(沖

mer, nous descendîmes aux îles de Guernesey,
ニ) ₁₀(我々カ) ₁₉(上陸シタ) ₁₈(於テ) ₁₇(島ニ) ₁₆(ノ) ₁₅(ジエルチセー)

qui n'offrent rien de remarquable.
₁₄(處) ₁₃(供ヘヌ) ₁₁(何ニモ) ₁₂(著キモノヲ)

(第百三十三)

Ayant mis à la voile, nous partîmes de l'ile
₁(航海ヲ始タ所デ)* ₂(我々カ) ₇(出立シタ) ₆(カラ) ₅(島)

de Jersey et arrivames au port de
₄(ノ) ₃(ジエルセー) ₈(而) ₂₁(到着シタ) ₂₀(於テ) ₁₉(港ニ) ₁₈(ノ)

Brest, un des plus beaux et des plus
₁₇(ブレスト) ₁₂(一ツノ) ₁₁(ノ) ₉(最モ) ₁₀(美キモノ) ₁₃(而) ₁₆(ノ) ₁₄(最モ)

commerçants. De Brest nous descendîmes
₁₅(商業繁榮ナルモノ) ₂(カラ) ₁(ブレスト) ₃(我々ハ) ₁₄(下航シタ)

a Lorient, port célèbre par le grand
₁₃(於テ) ₁₂(ロリアンニ) ₁₁(瓦港) ₁₀(有名ナル) ₉(由テ) ₇(大ナル)

commerce qui s'y fait. Résolu de
 8(貿易ニ) 6(遁) 4(ソコニ)5(ナサル、) 10(思慮シタル) 9(付テ)
visiter plusieurs villes pendant qu'on
 8(見物スルコニ) 6(多ノ) 7(街ヲ) 5(間ニ) 4(コノ)1(人カ)
radoubait le vaisseau, nous prîmes la poste, qui
 3(修理セシ) 2(船舶ヲ) 11(我々カ) 33(驛馬ヲ取レリ) 3(遁)
d'abord nous conduisit à Nantes, seconde
 12(最初ニ) 30(我々ヲ) 31(導ク) 29(於テ) 28(ナントニ) 26(第二ノ)
ville de la Bretagne, située sur la
 27(街ノ) 25(ノ) 24(ブルターギユ) 23(置レタル) 22(上ニ)
Loire, près de l'endroit où elle se
 21(ロワール河ノ) 20(際ノ) 19(ノ) 18(場處) 13(處) 13(彼カ)
jette dans l'océan. De Nantes, nous
 16(落流サル、) 15(中ニ) 14(大洋ノ) 2(カラ) 1(ナント) 3(我々カ)
allâmes à Angers, chef-lieu de département.
 9(行タ) 8(ニ) 7(アンジエ) 6(首府ナル) 5(ノ) 4(縣)
Le mauvais temps nous y retint plus
 1(惡キ) 2(天氣カ) 3(我々ヲ) 4(ソコニ) 13(停タ) 11(ヨリ)
longtemps que nous ne nous étions proposé d'-
 12(久ク) 10(ヨリ) 5(我々ハ) 9(發議シタ) 8(付テ)
y rester. Nous ne voulûmes pas
 6(ソコニ) 7(滯留スルコニ) 1(我々ハ) 17(好マザリシ)
continuer notre course sur mer avant d'-
 16(繼續スルコヲ) 14(我々ノ) 15(路程ヲ) 13(海上) 12(前ニ) 11(ノ)
aller à Tours, si célèbre par ses
 10(行クコ) 9(ニ) 8(トウル) 6(左樣ニ) 7(高名ナル) 5(由テ) 2(彼ノ)
excellents pruneaux. Le canal de Briare
 3(良好ナル) 4(乾梅ニ) 3(堀割カ) 2(ノ) 1(ブリアール)
fixa notre curiosité. A Orléans, ville
 6(止メタ) 4(我々ノ) 5(好奇心ヲ) 8(於テ) 7(オルレアンニ) 6(街ノ)

célèbre jadis par ses raffineries, nous
₅(高名ナル) ₁(昔シ) ₄(由テ) ₂(彼ノ) ₃(砂糖製造所ニ) ₉(我々カ)

descendimes par la Loire jusqu'à Nantes,
₁₉(下航シタ) ₁₈(由テ) ₁₇(ロワール河ニ) ₁₆(迄テ) ₁₅(ナントニ)

où le pilote du vaisseau nous attendait.
₁₄(處) ₁₁(導船者カ) ₁₀(船ノ) ₁₂(我々ヲ) ₁₃(待チシ)

* Commencer la navigation.

† plus que ne.

(第百三十四)

Mais nous jugeâmes à propos de ne nous
₁(乍併) ₂(我々ハ) ₉(判斷シタ) ₈(適當ト) ₇(付テ) ₆(乘船

rembarquer qu'à Bordeaux. De Nantes
セヌコニ) ₅(ナラテハ) ₄(於テ) ₃(ボルドウニ) ₂(カラ) ₁(ナント)

nous passâmes par Poitiers, chef-lieu de
₈(我々ハ) ₉(通過シタ) ₇(由テ) ₆(ポワツチエニ) ₅(首府ナル) ₄(ノ)

département. Nous eussions manqué de
₃(縣) ₁(我々ハ) ₂₃(缺タデモアロフ) ₂₂(付テ)

visiter un endroit des plus remarquables,
₂₁(見物スルコニ) ₂₀(場所ヲ) ₁₈(最モ) ₁₉(著名ナル)

si nous ne fussions passés par la Rochelle,
₁₇(若) ₁₅(我々カ) ₁₆(通行セヌデアロフ) ₁₄(由テ) ₁₃(ロフシエルニ)

port et place forte, célèbre par l'assaut que
₁₀(港) ₁₁(而) ₁₂(城塞ナル) ₉(名高キ) ₈(由テ) ₇(攻擊ニ) ₆(所)

lui fit donner Louis XIV. Nous en
₃(彼ニ) ₅(シメタ) ₄(與ヘ) ₂(ルイ一十四世カ) ₁(我々ハ) ₂(夫ニ付テ)

visitâmes le bassin et les fortifications. Nous
₆(見物シタ) ₃(堀) ₄(而) ₅(堡壘ヲ) ₁(我々ハ)

passâmes par Rochefort, célèbre par ses
₉(通行シタ) ₈(由テ) ₇(ロウシュフォールニ) ₆(有名ナル) ₅(由テ) ₂(彼ノ)

excellents fromages. De là, traversant le
₃(秀タル) ₄(乾酪ニ) ₂(カラ) ₁(ソコ) ₄(打越ス處デ)

Bocage, nous vinmes à Cognac, ville
₃(ボカアジユヲ) ₁₂(我々カ) ₁₃(若シタ) ₁₁(ニ) ₁₀(コギヤク) ₉(街ノ)

fameuse par ses eaux-de-vie. Après avoir
₈(高名ナル) ₇(由テ) ₅(彼ノ) ₆(燒酎ニ) ₃(後ニ) ₂(横

traversé le Périgard, nous vinmes enfin à
切タ) ₁(ペリゴールヲ) ₄(我々カ) ₂₄(來リタ) ₅(遂ニ) ₂₃(マデ)

Bordeaux, ville située sur la Garonne, dont
₂₂(ボルドウニ) ₂₁(街ノ) ₂₀(置レタル) ₁₉(上ニ) ₁₈(ガロンヌノ) ₁₀(所ノ)

les vins sont si renommés et qui en
₆(葡萄酒カ) ₉(有ル) ₇(左樣ニ) ₈(有名デ) ₁₁(而) ₁₇(所ノ) ₁₂(夫ニ付テ)

fait un grand commerce. Alors nous
₁₆(ナス) ₁₃(或ル) ₁₄(大ヒナル) ₁₅(貿易ヲ) ₁(然ルニ) ₂(我々ハ)

nous embarquâmes une seconde fois, et, ayant
₄(乘船シタ) ₃(再度) ₅(而) ₁₀(タ所デ)

passé le détroit de Gibraltar, nous entrâmes
₉(横切) ₈(海峽ヲ) ₇(ノ) ₆(ジブラルタル) ₁₁(我々ハ) ₁₄(入リ込ミタ)

dans la Méditerranée, et débarquâmes à
₁₃(内ニ) ₁₂(地中海ノ) ₁₅(而) ₂₃(上陸シタ) ₂₂(ニ)

Marseille, port célèbre par son commerce.
₂₁(マルセイユ) ₂₀(港ノ) ₁₉(有名ナル) ₁₈(由テ) ₁₆(彼ノ) ₁₇(貿易ニ)

(第百三十四)

Arrivés à Marseilles, nous résolûmes de
₃(到着シタル) ₂(ニ) ₁(マルセイユ港) ₄(我々ハ) ₁₄(決定シタ) ₁₃(付テ)

traverser l'intérieur de la France pour
₁₂(通り抜ケルコニ) ₁₁(内部ヲ) ₁₀(ノ) ₉(佛國) ₈(爲メニ)

retourner à Anvers. De marseille, nous
₇(戻ル) ₆(ニ) ₅(アンベール) ₂(カラ) ₁(マルセイユ) ₃(我々カ)

vinmes à Arles et après avoir traversé la
₆(來リタ) ₅(ニ) ₄(アルヽ) 而) ₁₄(後ニ) ₁₃(タ) ₁₂(通行シ)

partie occidentale de la Provence, nous vinmes
₁₁(部分ヲ) ₁₀(西方ノ) (ノ) ₈(プロバンス) ₁₅(我々カ) ₂₁(來リタ)

à Avignon, ancien séjour des papes. Ayant
₂₀(ニ) ₁₉(アビギヨン) ₁₆(昔シ) ₁₈(住ナル) ₁₇(法王ノ) ₅(タ所デ)

parcouru la partie méridionale du Dauphiné,
₄(經過シ) ₃(部ヲ) ₂(南) ₁(ドウフヒ子ノ)

nous passâmes par Grenoble, pour
₂₁(我々カ) ₂₂(通行シタ) ₂₀(由デ) ₁₉(グルノーブルニ) ₁₈(爲メニ)

nous rendre de là à Lyon, ville célèbre
₁₇(赴ク) ₁₆(カラ) ₁₅(ソコ) ₁₄(ニ) ₁₃(リオン) ₁₂(街ノ) ₁₁(有名ナル)

par ses étoffes de soie. Nous résolûmes
₁₀(由デ) ₆(彼) ₉(織物ニ) ₈(ノ) ₇(絹) ₉(我々カ) ₁₀(決定シタ)

de passer à Mâcon, dont les vins sont
₈(付デ) ₇(行クコニ) ₆(ニ) ₅(マーコン) ₄(所ノ) ₁(葡萄酒カ) ₃(アル)

renommés, et de là nous nous rendîmes à
₂(高名デ) ₁₁(而) ₁₂(ソコカラ) ₁₃(我々ハ) ₂₃(赴キタリ) ₂₂(ニ)

Nevers, ville célèbre par ses manufactures
₂₁(子ベール) ₂₀(街ノ) ₁₉(有名ナル) ₁₈(由デ) ₁₄(彼) ₁₇(製造所ニ)

de faïence. De Nevers nous passâmes,
₁₆(ノ) ₁₅(陶器) ₂(カラ) ₁(子ベール) ₁₄(我々カ) ₁₅(通行シタ)

en nous détournant vers l'est, à Dijon,
₇(ツヽ) ₃(我々ヲ) ₆(轉回シ) ₅(方ニ) ₅(東ノ) ₁₃(マデ) ₁₂(ジヂヨン)

ancienne capitale de la Bourgogne; et
₁₀(昔ノ) ₁₁(都府ナル) ₉(ノ) ₈(ブールゴーキュ) ₁₀(而)

traversant la Champagne, nous nous arrêtâmes
₁₅(通リ行タ所デ) ₁₇(シヤンパーギュフ) ₁₉(我々ハ) ₃₆(滯在シタ)

quelques jours à Troyes, ancienne capitale de
₃₅(兩三日) ₃₄(ニ) ₃₃(トロワ) ₃₁(昔) ₃₂(都府ナル) ₃₀(ノ)

cette province, ville qui fait un commerce
28(此) 29(州) 27(街ナル) 26(所ノ) 25(ナス) 24(商法ヲ)
de toiles assez considérable. De Troyes
23(ノ) 22(織物) 20(可リ) 21(著シキ) 2(カラ) 1(トロツ)
nous passâmes par Châlons et Reims.
3(我々カ) 8(通行シタ) 7(由テ) 4(シャーロンニ) 5(而) 6(レームニ)
Nous fimes un petit séjours à Charle-
1(我々ハ) 7(成シタ) 4(或ル) 5(僅カノ) 6(滞留ヲ) 3(於テ) 2(シヤル、
ville; nous passâmes par Bruxelles, ancienne
ビールニ) 8(我々カ) 14(通行シタ) 13(由テ) 12(ブリッセールニ) 9(昔シ)
capitale des Pays-Bas, et nous nous rendîmes
11(都府ナル) 10(ペイバーノ) 15(而) 16(我々カ) 20(赴キタ)
de suite à Anvers.
17(直ニ) 19(ニ) 18(アンベール)

(第百三十六)

Je ferai incessamment un voyage en
8(私ハ) 14(成スデアロフ) 11(間断ナク) 12(或ル) 13(旅行ヲ) 10(於テ)
France. lorsque je serai de retour
9(佛國ニ) 7(時ニ) 1(私カ) 6(有ルダロー) 5(付テ) 4(臨着スルコトニ)
d'Angleterre. Notre vaisseau abordera
3(カラ) 2(英國) 1(我々ノ) 2(船カ) 5(乘陸スルダロフ)
à Dunkerque. Je me propose de passer
4(ニ) 3(ドンケルク) 1(私ハ) 8(志サス) 7(付テ) 6(經過スルコトニ)
quelques jours à Calais. De Calais, ville
4(二三) 5(日ヲ) 3(ニ) 2(カレェ) 11(カラ) 10(カレェ) 9(街ノ)
célèbre par le siége qu'elle soutint contre
8(有名ナル) 7(由テ) 6(圍ミニ) 5(所ノ)1(彼カ) 4(維持シタ) 3(反シテ)
Edouard, je passerai par Saint-
2(エドアールニ) 12(私ハ) 15(通行スルデアロフ) 17(由テ) 16(セント

Omer, ville assez marchande; mais je veux
メール二) ₁₅(街ノ) ₁₃(十分) ₁₄(商品アル) ₁₉(乍併) ₂₀(私ハ) ₂₈(望ム)

visiter les différentes villes célèbres du nord
₂₇(見物スルコヲ) ₂₅(種々ナル) ₂₆(街ヲ) ₂₄(有名ノ) ₂₄(北方ノ)

de la France. De Saint-Omer, je me rend-
₂₃(ノ) ₂₁(佛國) ₂(カラ) ₁(セントメール) ₃(私ハ) ₁₀(赴クデア

rai à Lille, ancienne capitale de la Flandre;
ロフ) ₉(二) ₈(リール) ₆(昔シ) ₇(都府ナル) ₅(ノ) ₄(フランドル)

J'y ferai un séjour assez court.
₁₁(私カ)₁₂(ソコ二) ₁₇(成スデアロフ) ₁₅(或ル) ₁₆(滯在ヲ) ₁₃(十分) ₁₄(短キ)

De là je passerai par Douai pour
₁(其レヨリ) ₁₅(私ハ) ₁₆(通行スルダロフ) ₁₄(由テ) ₁₃(ドウエ二) ₁₂(爲メ二)

me rendre à Valenciennes, ville célèbre par
₁₁(赴ク) ₁₀(二) ₉(バランシエンヌ) ₈(街ノ) ₇(有名ナル) ₆(由テ)

son commerce de dentelles. Je descendrai
₂(彼) ₅(商業二) ₄(ノ) ₃(毛織) ₁(私ハ) ₁₂(下航スルデアロフ)

ensuite à Cambrai, ville épiscopale, qui rappelle
₂(次二) ₁₁(二) ₁₀(カンブレエ) ₉(街ノ) ₈(法王領ナル) ₇(所ノ)₆(追想スル)

le nom de Fénelon. Après avoir visité le
₅(名ヲ) ₄(ノ) ₃(フエヌロン) ₅(後二) ₄(見物シタ)

canal de Saint-Quentin, je passerai par
₃(堀割ヲ) ₂(ノ) ₁(センケンタン) ₆(私ハ) ₅(通行スルデアロフ)₈(由テ)

Péronne, et me rendrai à Amiens, situé
₇(ペロンヌ二) ₁₀(而) ₂₃(赴クデアロフ) ₂₂(二) ₂₁(アミアン) ₂₀(置レタル)

sur la Somme qui se jette dans la
₁₉(上二) ₁₅(ソンム河ノ) ₁₇(所ノ) ₁₆(落流スル) ₁₅(內二)

Manche au-dessus de Saint-Valery.
₁₄(マンシュ海ノ) ₁₃(上二) ₁₂(ノ) ₁₁(センバレー)

(第百三十七)

Le jeune homme qui doit vous accom-
5(若キ) 6(男ハ) 4(所ノ) 8(子バナラヌ) 1(汝カ) 2(同伴

pagner est né à Beauvais, ville célèbre
ナサ) 16(タ) 15(産レ) 14(於テ) 13(ボウベーニ) 12(街ノ) 11(有名ナル)

par ses toiles peintes. J'ai fait pendant
10(由テ) 7(彼) 9(織物ニ) 8(彩色シタ) 1(私カ)10(ナシタ) 3(間ニ)

les vacances quelque séjour à Soissons, ville
2(休課ノ) 8(或ル) 9(滞在ヲ) 7(於テ) 6(ソワンニ) 5(街ノ)

fortifiée. J'ai fait un voyage à Laon, et
4(堅固ナル) 1(私ハ)6(ナシタ)4(或ル)5(旅行ヲ)3(於テ)2(ランニ)7(而)

j'y dinai chez un des premiers
8(私ハ)9(ソコニ) 11(午餐シタ) 13(家ニ) 12(一リノ) 10(第壹ノ)

habitants ; nous le trouvâmes dans sa maison,
11(住民ノ) 15(我々カ) 16(夫ヲ) 20(終ル) 19(於テ) 17(彼) 18(家ニ)

et après le diner nous nous promenâmes,
21(而) 23(後ニ) 22(午餐ノ) 24(我々ハ) 30(逍遙シタ)

non dans le campagne, mais dans la ville,
28(ナク) 27(於テ) 26(田野ニ) 29(乍併) 33(中ニ) 34(街ノ)

dont nous visitâmes les mouvements. Votre
33(所) 30(我々カ) 32(見物シタ) 31(紀念物ヲ) 1(汝ノ)

ami ira bientôt dans l'ancienne
2(友人ハ) 7(行クダロー) 3(頓テ) 6(於テ) 4(昔ノ)

Normandie. Il doit passer par
5(ノルマンジーニ) 1(彼ハ) 9(ナサ子バナラヌ) 8(經過) 7(由テ)

Versailles, ancien séjour de la cour. Il
6(ベルサイユ宮ニ) 2(昔シ) 5(住居ナル) 4(ノ) 8(朝庭) 1(彼ハ)

ira chez le préfet du département et
6(行クダロフ) 5(家ニ) 4(知事ノ) 3(ノ) 2(縣) 7(而)

se rendra à l'assemblée des électeurs. Lorsqu'-
₁₀(赴クダロフ) ₉(ニ) ₈(選擧會) ₄(トキ)

il sortira du département, il descendra
₁(彼カ) ₃(出タデアロフ) ₂(縣カラ) ₅(彼ハ) ₁₀(下航スルダロフ)

la Seine jusqu'à Rouen; là, il attendra
₉(セーヌヲ) ₈(迄) ₇(ニ) ₆(ルーアン) ₁₁(ソコニ) ₁₂(彼カ) ₁₉(待ツデアロフ)

qu'un vaisseau parte du Havre.
₁₈(コヲ) ₁₃(或ル) ₁₄(船カ) ₁₇(出帆スル) ₁₆(カラ) ₁₅(アーブル)

Votre parent a tiré des huiles de Nice et
₁(汝ノ) ₂(親族カ) ₁₀(求メタ) ₅(油) ₄(ノ) ₃(ニース) ₆(而)

des jambons de Bayonne. Je revenais de
₉(ラカンヲ) ₈(ノ) ₇(ベイコンヌ) ₁(私ハ) ₆(戻リシ) ₅(カラ)

chez votre correspondant, et mon ami arrivait
₃(家) ₂(汝ノ) ₃(通信者ノ) ₇(而) ₁₄(私ノ) ₁₅(友人カ) ₁₈(到着セシ)

de la chasse, lorsque le courrier m'a remis
₁₇(カラ) ₁₆(狩獵) ₁₃(トキニ) ₈(脚夫カ) ₉(私ニ) ₁₂(渡シタ)

une lettre.
₁₀(或ル) ₁₁(手紙ヲ).

副詞上ノ文章

(第百三十八)

Où étiez-vous quand je vous appelai?
₅(何處ニ) ₇(有リシカ) ₆(汝ハ) ₁(トキニ) ₁(私カ) ₂(汝ヲ) ₃(呼ビシ)

J'étais là où vous êtes, et mon
₁(私ハ) ₆(有リシ) ₅(ソコニ) ₄(所ノ) ₂(汝ハ) ₃(居ル) ₇(而) ₉(非ス)

ailleurs. Où prétendez-vous nous mener
₈(他ノ處ニ) ₁(何處ニ) ₇(主張スルカ) ₂(汝ハ) ₃(我々ヲ) ₆(導クコヲ)

promener jeudi? Quelque part. En quelque
₅(逍遙ニ) ₄(木曜日) ₈(ドコカエ) ₁(如何ナル)

lieu que vous nous meniez, nous y serons
場所ニ汝ハ我々ヲ導クトモ)　9(我々カ) 10(ソレニ)12(有ルダロフ)

bien, si vous voulez y venir avec
11(快ヨク) 8(ナラバ) 9(汝カ) 7(欲スル) 5(ソコニ) 6(來ルコヲ) 4(共ニ)

nous. D'où revient cet enfant tout
3(我々ト) 8(ドコカラ) 9(來リタカ) 6(此) 7(小兒ハ) 1(全ク)

essoufflé et tout en Sueur ? Du même
2(息切リタル) 3(而) 4(全ク) 5(發汗シタル) 8(カラ) 6(同シ)

lien où nous allâmes nous promener hier.
7(塲所) 5(所) 1(我々カ) 4(行タ) 3(逍遙シニ) 2(昨日)

Nous en sommes revenus ; pourquoi y
1(我々ハ) 2(夫レカラ) 4(タ) 3(立チ戻リ) 5(何ニ故ニ) 6(ソコニ)

êtes-vous retourner ? J'allais y chercher
9(タカ) 7(汝ハ) 8(立チ戻リ) 8(私ハ)11(行キシ) 9(ソコニ) 10(尋子ニ)

un chapeau que j'y avais laissé. Par
6(或ル) 7(帽子ヲ) 5(所) 1(私カ) 2(ソコニ) 4(タリシ) 3(置キ) 9(カラ)

où coule cette rivière ? Par le même
1(何所) 5(流ヽカ) 3(此) 4(河ハ) 7(カラ) 5(同シ)

endroit où serpente ce ruisseau. Par quelque
6(塲所) 4(所) 5(曲リ行ク) 1(此) 2(小川カ) 3(由テ) 1(如何ナル)

endroit que je passe, en quelque lieu que
2(塲處ニ) 6(トモ) 4(私カ) 5(過キル) 9(於テ) 7(如何ナル)8(所ニ) 12(トモ)

je m'arrête, quelque part que j'aille,
10(私カ)11(止ヽル) 13(如何ナル)14(方向ニ) 17(トモ)15(私カ)16(行ク)

de quelque endroit que je revienne, Muphti.
20(カラ)15(如何ナル)19(塲所) 23(トモ)21(私カ)22(戻ル) 24(ミユフチ)

mon fidèle Muphti, ce chien qui jamais
25(私ノ) 26(忠節ナル) 27(ミユフチハ) 33(此) 34(犬ハ) 32(所) 28(決テ)

n'eut son pareil, ne me quitte pas.
31(アラナンダ) 29(彼ノ) 30(齊キモノハ) 35(私ニ) 36(距レヌ)

Vous n'allez nulle part, dites-vous; mais
₁(汝ハ) ₄(行ヌカ) ₂(何所ナ) ₃(所ニモ) ₆(云フ)₅(汝カ) ₇(乍併)

d'où venez-vous? De quelque endroit
₈(ドコカラ) ₁₀(來ルカ)₉(汝ハ) ₁₃(カラ) ₁₁(如何ナル) ₁₂(場所)

que je vienne, partout où je passe,
₁₄(私カ) ₁₅(來ルトモ) ₁₉(到ル所) ₁₈(所ノ) ₁₆(私カ) ₁₇(過キタ)

je vous ai toujours sur mes pas.
₂₀(私ハ) ₂₁(汝ヲ) ₂₆(持ツ) ₂₂(常ニ) ₂₅(上ニ) ₂₃(私ノ) ₂₄(歩ノ)

(第百二十九)

Un peu de vin est nécessaire pour
₈(僅ハ) ₂(ノ) ₁(葡萄酒) ₃(有ル) ₇(必要デ) ₆(爲メニ)

fortifier l'estoma; mais l'excessive cherté de
₅(堅固ニスル) ₄(胃ヲ) ₉(乍併) ₁₇(過度ナル) ₁₆(高價カ) ₁₆(ノ)

cette liqueur bienfaisante, prise avec modération,
₁₃(此) ₁₅(液) ₁₄(亙德アル) ₁₂(取レタル) ₁₁(以テ) ₁₀(定度ヲ)

oblige un grand nombre de gens à
₂₇(ヨギナクスル) ₂₅(大ナル) ₂₆(人數ヲ) ₂₄(ノ) ₂₃(輩) ₂₂(於テノ)

boire beaucoup d'eau. L'exercice procure
₂₁(飲ムコニ) ₂₀(多クヲ) ₁₉(水ノ) ₁(運動ハ) ₁₁(與フル)

au corps plus de force qu'une
₃(於テ) ₂(體軀ニ) ₁₀(ヨリ多クヲ) ₉(ノ) ₈(體力) ₇(ヨリ)₅(或ル)

occupation tranquille. Le magistrat qui remplit
₆(仕事) ₄(靜ナル) ₁₂(法官カ) ₁₁(所) ₁₀(滿タス)

avec zèle les devoirs de la place qui lui
₉(以テ) ₈(熱心ヲ) ₇(職務ヲ) ₆(ノ) ₅(官職) ₄(所) ₁(彼ニ)

est confiée, n'a pas moins de courage que
₃(タ) ₂(委任サレ) ₁₉(持タヌ) ₁₆(ヨリ僅カ) ₁₅(付テ) ₁₇(勇氣ヲ) ₁₈(ヨリ)

de prudence. Ce libraire vous a vendu
₁₄(付テ) ₁₃(要心ニ) ₁(此) ₂(書肆カ) ₃(汝ニ) ₈(タ) ₇(賣却シ)

assez de livres: les avez-vous tous lus?
₆(充分ヲ) ₅(ノ) ₄(書籍) ₁₀(夫ヲ) ₁₃(ダカ)₁₁(汝ハ) ₉(凡テノ) ₁₂(讀ン)

Nous avons commis trop de fautes pour en
₁(我々ハ) ₅(タ) ₄(犯シ) ₂(多クヲ)* ₃(過チヲ) ₉(爲メニ) ₆(夫ニ付テ)

espérer le pardon. Un écolier qui a peu
₈(恃ム) ₇(許ヲ) ₁₃(或ル) ₁₄(生徒ハ) ₁₂(所) ₁₁(モツ)₃(僅カ)

de talent, et beaucoup d'assiduité et de
₂(ノ) ₁(才智) ₄(而) ₁₀(多ヲ) ₆(ノ) ₅(出精) ₇(而) ₉(ノ)

travail, réussira tôt ou tard. Celui qui
₈(勉強) ₁₉(成就スルダロフ) ₁₅(早晩) ₁₀(モノハ) ₉(所)

a plus de disposition et moins de constance
₈(モツ) ₆(多ノ) ₇(性格ヲ) ₅(而) ₃(僅ノ) ₄(堅固ノ)

dans le travail, sera un peu au dessous du
₂(於テ) ₁(勉強ニ) ₁₄(有ルダロフ)₁₁(少シク) ₁₃(下ニ)

premier. Nous n'aurons jamais trop
₁₂(第一ノ者ノ) ₁(我々ハ)₇(持ヌデアロフ)₅(決シテ) ₆(餘リ多クヲ)

de conseils sages; mais souvent nous n'avons
₄(付テ) ₃(敎訓ニ) ₂(賢明ノ) ₈(乍併) ₉(數々) ₁₀(我々ハ) ₁₃(持タヌ)

pas assez de docilité.
₁₁(充分) ₁₂(從順ヲ)

* Trop pour (In capable)

(第百四十)

En quel lieu du monde trouvez-vous
₅(於テ) ₃(何ンナ) ₄(場所ニ) ₂(ノ) ₁(世界) ₁₂(見出スカ)₆(汝ハ)

quelqu'un content de son sort? Je le
₁₁(或ル人ヲ) ₁₀(滿足ナル) ₉(付テ) ₇(彼) ₈(運命ニ) ₁(私ハ) ₂(夫ヲ)

trouverai plutôt sous l'humble chaumière
₁₁(見出スデアロフ) ₇(寧ロ) ₁₀(下ニ) ₉(賤キ) ₈(茅屋ノ)

que sous les lambris dorés. Nulle part
6(ヨリ) 5(下ト) 4(壁板ノ) 3(金飾サレタル) 7(何ンナ) 8(所ニモ)

vous ne goûterez des plaisirs aussi purs
9(汝ハ) 10(味ヘヌデアロフ) 6(樂ミヲ) 4(亦タ) 5(純粋ノ)

qu'à la campagne. Les jeunes gens que
3(如ク)2(於ル) 1(田舎ニ) 7(若キ) 8(輩カ) 6(所)

j'ai rencontrés la veille de Pâques, se promet-
4(私カ) 5(出會シタ) 8(前日ニ) 2(ノ) 1(パーク) 15(約束
祭日名

taient une promenade aussi longue qu'agréable.
セシ) 13(或ル) 14(逍遙フ) 11(亦タ) 12(永キ) 10(如ク)9(愉快ノ)

Ce congé avait lieu cette année le lendemain
1(此) 2(休日ハ) 7(アリタ) 3(今年ハ) 6(翌日デ)

du dimanche. Il est d'usage de souhaiter
5(ノ) 4(日曜日) 1(夫ハ)5(有ル) 8(習慣デ) 7(ノ) 6(祝スルコ)

la bonne année la veille du premier jour de l'an.
5(年賀ヲ) 4(前日) 3(ノ) 2(元旦)

Un oubli involontaire ne m'a procuré cet
2(或ル) 3(忘却カ) 1(自ラ識ラザル) 4(私ニ)11(得サセザリシ) 5(此)

avantage que le lendemain de la nouvelle année.
6(利益ヲ) 10(ナラデハ) 9(翌日) 8(ノ) 7(新年)

"Voilà un homme exact!" M'a-t-il été
4(呑ヨ) 1(或ル) 3(人ヲ) 2(確實ナル) 9(私ニ) 10(夫カ) 12(タ)

dit dès que je suis entré. Jugez combien
11(云レ) 8(否マ) 5(私カ) 7(ダヤ) 6(入リ込ン) 5(判斷セヨ) 1(何幾)

j'étais honteux. Cependant, après ce
2(私カ)4(有リシカヲ) 3(辱テ) 1(乍併) 5(後ニ) 2(此)

léger reproche, j'ai été admis; et pour
3(輕キ) 4(誹謗ノ) 6(私カ)8(レタ) 7(恕セラ) 9(而) 13(向テ)

l'amour de vous j'ai reçu un accueil
12(愛情ニ) 11(ノ) 10(汝) 24(私カ)26(タ) 25(受取) 22(或ル) 23(優遇ヲ)

— 204 —

plus favorable que je n'aurais osé
20(ヨリ多ク)* 21(惡ミアル) 19(コリ) 14(私カ) 18(デアロフ) 17(敢シタ)

l'espérer. Ce reproche avait été pour
16(夫ヲ)16(希望スルコヲ) 1(此) 2(誹謗ハ) 11(有タ) 4(爲メニ)

moi d'abord comme un coup de foudre: aussi
3(私ノ) 5(最初ハ) 10(如ク) 8(或ル) 9(突ノ) 7(ノ) 6(雷) 12(是故ニ)

désormais j'irai au-devant des devoirs de politesse
13(其後ハ) 14(私ハ)22(先ンジルダロフ) 21(義務ヲ) 18(禮敬)

et d'usage, plutôt que de m'en acquitter trop
19(而) 20(習慣ノ) 17(コリヲモ寧ロ) 16(盡ス) 15(餘リ)

tard. Je ressemble à beaucoup d'autres,
後ニ 1(私ハ) 6(似スル) 5(於テ) 4(多クニ) 3(ノ)2(他ノ者)

Je n'aime pas les mortifications ; je tâcherai
7(私ハ) 9(好ヌ) 8(譴責ヲ) 10(私カ) 15(勤ムルデアロフ)

de ne pas me les attirer.
14(付テ) 11(私ニ) 12(夫ヲ) 13(引キ付ケヌコニ)

* plus que ne.

接續詞上ノ文章
(第百四十一)

Lorsque je me promenais le long de cette
6(ドニ) 1(私ハ) 5(逍遙セシ) 4(傍フテ) 2(此)

rivière, j'aperçus plusieurs poissons, dont j'-
3(河ヲ) 7(私ハ)14(認メタ) 13(多ノ) (魚ヲ) 12(所) 8(私カ)

examinai les divers mouvements. Puisqu'ils
11(省察セシ) 9(種々ナル) 10(運動ヲ) 6(故ニ)1(彼カ)

soutiennent ainsi sur l'eau, et qu'ils
5(支持スル) 4(左樣ニ) 3(上ニ) 2(水ノ) 7(而) 15(故ニ)8(彼カ)

se dirigent partout où il leur plaît, les
₁₄(向フ)　₁₃(到ル處ニ)　₁₂(所)　₉(夫ハ)　₁₀(彼ヲニ)　₁₁(氣ニ叶フ)

nageoires dont ils sont pourvus leur
₂₀(鰭ハ)　₁₉(所)　₁₆(彼ラカ)　₁₈(ル丶)　₁₇(準備サ)　₂₁(彼ヲニ)

servent de rames, et leur queue de
₂₉(使用スル)　₂₈(付テ)　₂₂(槳ニ)　₂₄(而)　₂₅(彼ラノ)　₂₆(尾ハ)　₂₈(付テ)

gouvernail. Tandis que je les considérais,
₂₇(舵ニ)　₄(間ニ)　₄(コノ)　₁(私カ)　₂(夫ヲ)　₃(注目セシ)

j'aperçus de petits canards qui venaient
₆(私カ)₁₇(認メタ)　₁₅(小キ)　₁₆(鴨ヲ)　₁₄(所)　₁₃(來リシ)

se baigner sur les bords de cette rivière.
₁₂(漂浴シ)　₁₁(上ニ)　₁₀(岸ノ)　₉(ノ)　₇(此)　₈(河)

Pourvu que les petits imprudents ne périssent
₄(ナラバ)　₁(小キ)　₂(輕卒者カ)　₃(斃レヌ)

pas!" s'écria une poule qui les avait couvés,
₁₅(叫ダ)　₁₄(牝鷄カ)　₈(所)　₅(夫ヲ)　₇(タ)　₆(孚化シ)

et qui n'avait pas la même hardiesse.
₉(而)　₁₃(所)　₁₂(持タザリシ)　₁₀(同シ)　₁₁(勇氣ヲ)

Mais tandis que je parle de poule et de
₁(乍併)　₁₀(間ニ)　₉(コノ)　₂(私カ)　₈(話ス)　₄(付テ)　₃(牝鷄ニ)　₅(而)　₇(付テ)

canards, j'oublie les poissons. Lorsque
₆(鴨ニ)　₁₁(私ハ)₁₃(忘ル丶)　₁₂(魚ノコヲ)　₇(ドニ)

dernièrement je dînais chez votre ami je
₁(過日)　₂(私ハ)　₆(夕飯セシ)　₅(家デ)　₃(汝カ)　₄(友人ノ)　₈(私カ)

fus étonné de la multitude d'œufs que je
₂₆(有タ)₂₅(驚テ)　₂₄(付テ)　₂₃(群集ニ)　₂₂(ノ)₂₁(卵子)　₂₀(所)　₁₈(私カ)

trouvai dans le ventre d'une énorme carpe
₁₉(見出セシ)　₁₇(中ニ)　₁₆(腹ノ)　₁₃(一定ノ)　₁₄(巨大ナル)　₁₅(鯉ノ)

qu'il nous servit. Puisque telle
₁₂(所)₉(彼カ)　₁₀(我々ニ)　₁₁(供シタ)　　₆(故ニ)　₁(左樣ナルモノカ)

est la fécondité des poissons, ils   doivent
₅(有ル)   ₄(繁殖デ) ₃(ノ) ₂(魚)   ₇(彼ハ) ₁₀(セ子バナラヌ)

se multiplier extraordinairement.   Ce raisonne-
 ₉(自ラ増加)   ₈(非常ニ)   ₁(此) ₂(理由カ)

ment était juste. Mais ceux de cette espèce
 ₄(有リシ) ₃(確デ) ₁(乍併)₅(モノハ)₄(ノ) ₂(此) ₃(種類)

deviennent en partie la pâture des   gros,
  ₉(或ル)   ₆(一部分ハ)   ₈(餌料ト)   ₇(強大ナル魚ノ)

dont la fécondité est beaucoup moindre.
₁₀(夫ニ由テ) ₁₁(繁殖カ) ₁₄(有ル) ₁₂(多ク) ₁₃(ヨリ少ナク)

Puisque l'espèce destinée à notre usage
 ₇(故ニ)   ₅(種類ハ) ₄(定メタル) ₃(於テ) ₁(我々カ) ₂(使用ニ)

ne manque pas, abandonnons tout   à la
  ₆(不足セヌ)   ₁₃(見放サヌコ) ₁₂(凡テノモノフ) ₁₁(於テ)

sagesse du créateur.
 ₁₀(賢才ニ) ₉(ノ) ₈(造物者)

(第百四十二)

Si vous étiez venu avec moi, vous auriez
 ₆(ナラバ) ₁(汝カ) ₅(タ) ₄(來リ) ₃(共ニ) ₂(私ト) ₇(汝ハ) ₁₄(アロフ)

vu   lances en mer un vaisseau.   Si
₁₃(見タデ) ₁₂(投ゲ打ツフヲ)₁₁(於テ)₁₀(海ニ)₈(或ル)₉(船ヲ)* ₇(ナラバ)

j'ai été privé de ce plaisir, du moins
 ₇(私ハ) ₁(アッタ) ₅(奪ハレテ) ₄(カラ) ₂(此) ₃(愉快) ₈(少クモ)

vous me raconterez ce que vous avez vu,
 ₉(汝ハ) ₁₀(私ニ) ₁₆(談話セヨ) ₁₅(モノヲ) ₁₄(所) ₁₁(汝カ) ₁₃(タ) ₁₂(見)

et m'en   ferez   une légère
₁₇(而) ₁₈(私ニ)₁₉(夫ニ付テ) ₂₃(成スデアロフ) ₂₀(或ル) ₂₁(簡易ナル)

description.   Si vous êtes indulgent, et
 ₂₂(説明ヲ)   ₄(ナラバ) ₁(汝カ) ₃(有ル) ₂(恕スベク) ₅(而)

si   vous voulez vous contenter du   peu   que
14(ナラバ) 6(汝ハ) 13(欲スル) 12(滿足スルコヲ)   11(僅カヲ) 10(所)

    j'ai remarqué,   j'y   consens.   S'-
7(私カ)9(タ) 8(注意シ) 15(私カ)16(ソコニ) 17(同意スル)   15(ナラバ).

il   fallait   juger   de la grandeur d'un
1(夫ハ) 14(要セシ) 13(裁判スルコヲ) 12(ヲ) 11(盛大) 10(ノ)8(或ル)

vaisseau par le nombre des personnes qu'il
9(船) 7(由テ) 6(數ニ)   5(人員ノ)   4(所)17(夫カ)

renferme, vous   le   croiriez   plus
8(含有スル) 16(汝ハ)   17(夫ヲ) 24(信認スルナラン) 22(ヨリ)ナ

grand   encore   qu'il n'est. Celui que
23(廣大ナルコヲ) 18(尚ホ) 21(ヨリ)19(夫カ) 20(有ル)   4(モノ) 3(所)

 j'ai vu contenait, comme il m'a été dit,
1(私カ)2(看タ) 13(保チシ) 9(如ク) 5(夫カ) 6(私ニ)8(タ) 7(云ハレ)

six cents personnes. Afin de m'en
10(六) 11(百) 12(人ヲ)   5(爲メニ) 4(ノ) 1(私ヲ)2(夫レニ付)

assurer,   j'ai   compulsé   moi-même les
3(證據立ルコ) 6(私カ)10(タ) 9(驗眞シ)   7(自分自ヲ)

régistres. Assitôt que j'ai été assuré du
8(帳簿ヲ)   6(否ヤ) 5(ヤ) 1(私ハ)4(タ) 3(確定メ)

fait, j'ai parcouru le vaisseau depuis le fond
2(事實ヲ) 7(私ハ)15(徘徊シタ) 14(船ヲ)   11(カラ) 10(奥)

de cale jusqu'au tillac. Si   je ne me
9(ノ) 8(船底) 13(迄テ)12(於ル) 11(甲板ニ) 4(ナラバ) 1(私ハ)2(私ヲ)

trompe,   la charge   était   de cinq cents
3(誤認セヌ) 5(貨物ハ) 10(有リシ) 9(デ) 6(五) 7(百)

tonneaux; et   si   je comptais les barils
6(樽)   11(而) 22(ナラバ) 12(私カ) 21(起算セシ) 20(小樽ヲ)

de poudre au   nombre de deux cents, le
19(ノ) 18(火藥) 17(於テ) 23(員數ニ) 26(ノ) 13(貳) 14(百)

nombre serait de sept cents. S'il
23(員數ハ) 27(有ルダロフ) 26(デ) 24(七) 25(百) 10(ナラバ)1(夫ハ)

fallait user de rames pour faire avancer
9(要セシ) 8(使用スルフヲ) 7(繋ヲ) 6(爲メニ) 5(セシムル) 4(進行)

un tel édifice, la marche serait lente et le
2(如斯キ) 3(船ヲ) 11(進行カ) 16(有ルダロフ) 12(緩慢デ) 13(而)

travail pénible ; mais le vent supplée
15(働デ) 14(困難ナル) 17(乍併) 24(順風アレバナリ) 23(補フ)

à l'impuissance de nos efforts. Plusieurs
22(於テ) 21(微弱ニ) 20(ノ) 18(我々ノ) 19(盡力) 15(多ノ)

mâts ou longue pièce de bois attachées avec
15(檣カ) 13(或ハ) 9(長キ) 12(片) 11(ノ) 10(木) 8(結ビ付ケタル) 7(以テ)

de forts câbles, auxquels sont suspendues des
5(堅固ナル) 6(大綱ヲ) 4(所) 3(有ル) 2(掛ケテ)

voiles, s'élèvent sur le tillac, afin que le
1(帆カ) 13(高メラルヽ) 17(上ニ) 16(甲板ノ) 28(爲メナリ) 27(フノ)

vent, enfant ces voiles, accélère la marche
22(風カ) 21(漲ラス所ノ) 19(此) 20(帆ヲ) 26(急遽ニスル) 25(進行ヲ)

du vaisseau.
24(ノ) 23(船)

* 船ノ進水式

† plus que ne.

(第百四十三)

Un enfant venait réciter sa leçon
1(或ル) 2(小兒カ) 9(來リシ) 8(暗記スルフニ) 6(彼ノ) 7(日課ヲ)

à son maitre. "Puisque vous le voulez,
5(ニ) 3(彼ノ) 4(教師) 4(故ニト) 1(汝カ) 2(夫ヲ) 3(好ム)

dit-il, il faut bien que je vous
6(云タ)5(彼カ) 7(夫ハ) 15(要スル)14(眞ク) 13(フヲ) 8(私カ) 9(汝ニ)

donne mon livre;" mais, lorsqu'il voulut
₁₂(與ユル) ₁₀(私ノ) ₁₁(書籍ヲ) ₁₆(乍併) ₂₀(片ニハ)₁₇(彼カ) ₁₉(欲スル)

réciter, il resta muet. Le fait ne
₁₈(暗記スルコヲ) ₂₁(彼カ) ₂₃(留タ) ₂₂(沈默シテ) ₁(事實カ)

paraîtra pas surprenant, puisque notre
₈(現レヌデアロフ) ₂(意外ニ) ₁₈(故ニ) ₄(我々ノ)

drôle avait joué tandis qu'il devait
₅(狡童) ₁₂(タ) ₁₁(遊戯シ) ₁₀(間ニ) ₉(コノ)₆(彼カ) ₈′子バナラヌ)

étudier. Mais comme les excuses ne nous
₇(勉強セ) ₁(乍併) ₆′(故ニ) ₂(口實ヲ) ₃(我々カ)

manquent jamais, l'enfant s'en prit à la
₅(捨置カヌ) ₄(決テ) ₇(小兒カ) ₈(夫ニ付テ過チヲ)₁₀(歸シタ)

mémoire: " J'étais assez simple, lui dit-
₉(氣臆ニ) ₁₁(私カ)₂₀(有リシ) ₁₈(充分) ₁₉(愚直デ) ₂₁(彼ニ) ₂₃(云フタ)

il, pour attendre de vous quelques
₂₂(彼カ) ₁₇(爲メニ) ₁₆(持ツコノ) ₁₃(付テ) ₁₂(汝ニ) ₁₄(二三ノ)

secours; mais vainement je vous appelle,
₁₅(助ケヲ) ₂₄(乍併) ₂₅(徒ラニ) ₂₆′(私カ) ₂₇(汝ヲ) ₂₈(招ク)

tous les jours vous m'exposez à mille
₂₉(每日) ₃₀(汝ハ) ₃₁(私ヲ)₃₅(曝ス) ₃₄(ニ) ₃₂(多ク)

reproches. Ami, lui répondit-elle, si tu
₃₃(誹謗) ₁(同朋ヨ)₂(彼ニ) ₄(答ヘタ)₃(彼カ) ₈(ナラバ) ₅(汝カ)

me faisais la cour, je me montrerais plus
₆(私ヲ) ₇(尊敬スル) ₉(私ハ) ₁₀(私ヲ) ₁₃(現スデアロフ) ₁₁(ヨリ)

fidèle; si tu ne faisais pas le contraire,
₁₂(忠實ヲ) ₂₆(ナラバ) ₁₄(汝カ) ₂₅(成サヌ) ₂₄(反對ヲ)

allant, venant, courant partout, et me
₁₅(行キツ) ₁₆(來リツ) ₁₈(馳リツ) ₁₇(四方ニ) ₁₉(而) ₂₀′私ヲ)

laissant toujours seule, je ne te
₂₈(捨テ置キタリ) ₂₁(終始) ₂₂(單獨ニ) ₂₇(私ハ) ₂₃(汝ヲ)

laisserais pas à mon tour. Afin de
₃₂(捨テ置ヌデアロフ) ₃₁(於テ) ₂₉(私ノ) ₃₀(順番ニ) ₅(爲メニ) ₄(ノ)

te plaindre avec raison, il faudrait que
₃(歎スルコ) ₂(以テ) ₁(道理ヲ) ₆(夫ハ) ₁₂(要スルダロフ) ₁₁(コヲ)

tu m'eusses cultivée; mais dès que
₇(汝カ) ₈(私ニ) ₁₀(タデアロフ) ₉(親交シ) ₁₃(乍併) ₁₉(カラ) ₁₈(卉)

tu prends un livre. Tu le quittes
₁₄(汝カ) ₁₇(取ル) ₁₅(或ル) ₁₆(書物ヲ) ₁(汝カ) ₂(夫ヲ) ₄(捨ル)

à l'instant. Agis tout autrement, cultive-
₃(忽チ) ₃(働ケヨ) ₁(全ク) ₂(他ノ仕方デ) ₇(親交セヨ)

moi avec soin, et, comme je te le
₆(私ニ) ₅(以テ) ₄(注意ヲ) ₈(而) ₁₃(故ニ) ₉(私カ) ₁₀(汝ニ) ₁₁(夫ヲ)

promets, tu seras à l'avenir contente
₁₂(約束スル) ₁₄(汝ハ) ₂₁(有ルダロフ) ₁₆(於テ) ₁₅(將來ニ) ₂₀(滿足デ)

de mes services." L'enfant trouva l'avis
₁₉(付テ) ₁₇(私ノ) ₁₈(務ニ) ₁(小兒カ) ₄(見出シタ) ₃(說ヲ)

sage, il en profita, et s'en trouva
₂(賢明ナル) ₅(彼カ) ₆(夫ニ由テ) ₇(利益シタ) ₈(而) ₁₀(有リタ)

bien.
₉(幸デ)

明治二十八年五月廿八日印刷
同　年五月卅一日發行

版權所有

印刷所　東京市日本橋區兜町二番地　東京製紙分社

全　出張所　大阪市東區北久寶寺町四丁目

發行所　東京市日本橋區通三丁目十四番地　丸善株式會社書店

印刷者　東京市日本橋區兜町二番地　齋藤章

著作者　東京市日本橋區通三丁目十四番地　小柳津要人

著作者　東京市小石川區初音町七番地　今井孝治

著作者　東京市小石川區雜司ケ谷町五十八番地　輿津辰矩

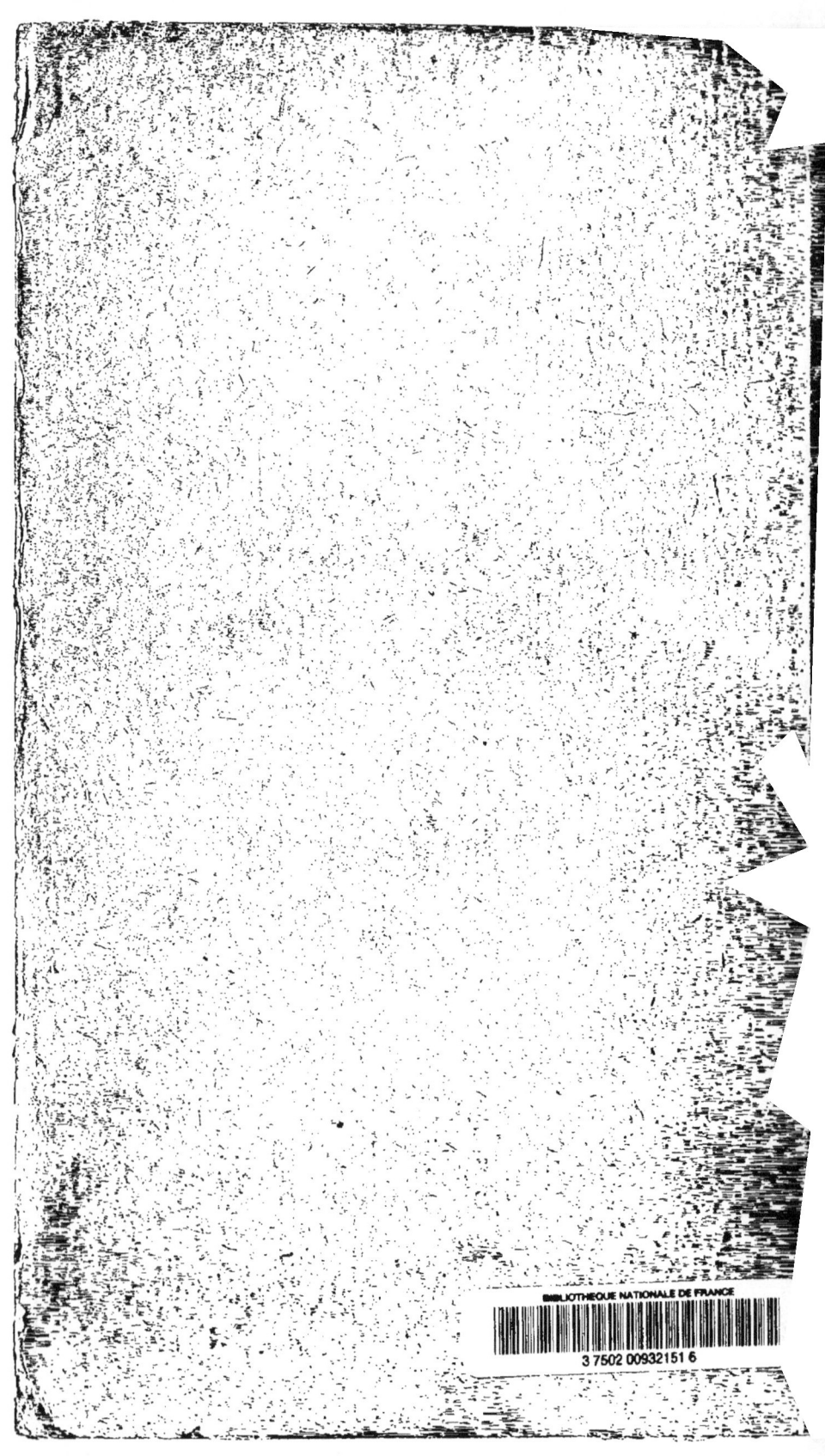

www.ingramcontent.com/pod-product-compliance
Lightning Source LLC
Chambersburg PA
CBHW051901160426
43198CB00012B/1707